남해 바다, 곶자왈, 돌담을 바라보며
제주 올레길을 걷고자 하는

_____ 님께

제주올레 MAP

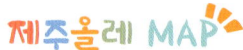

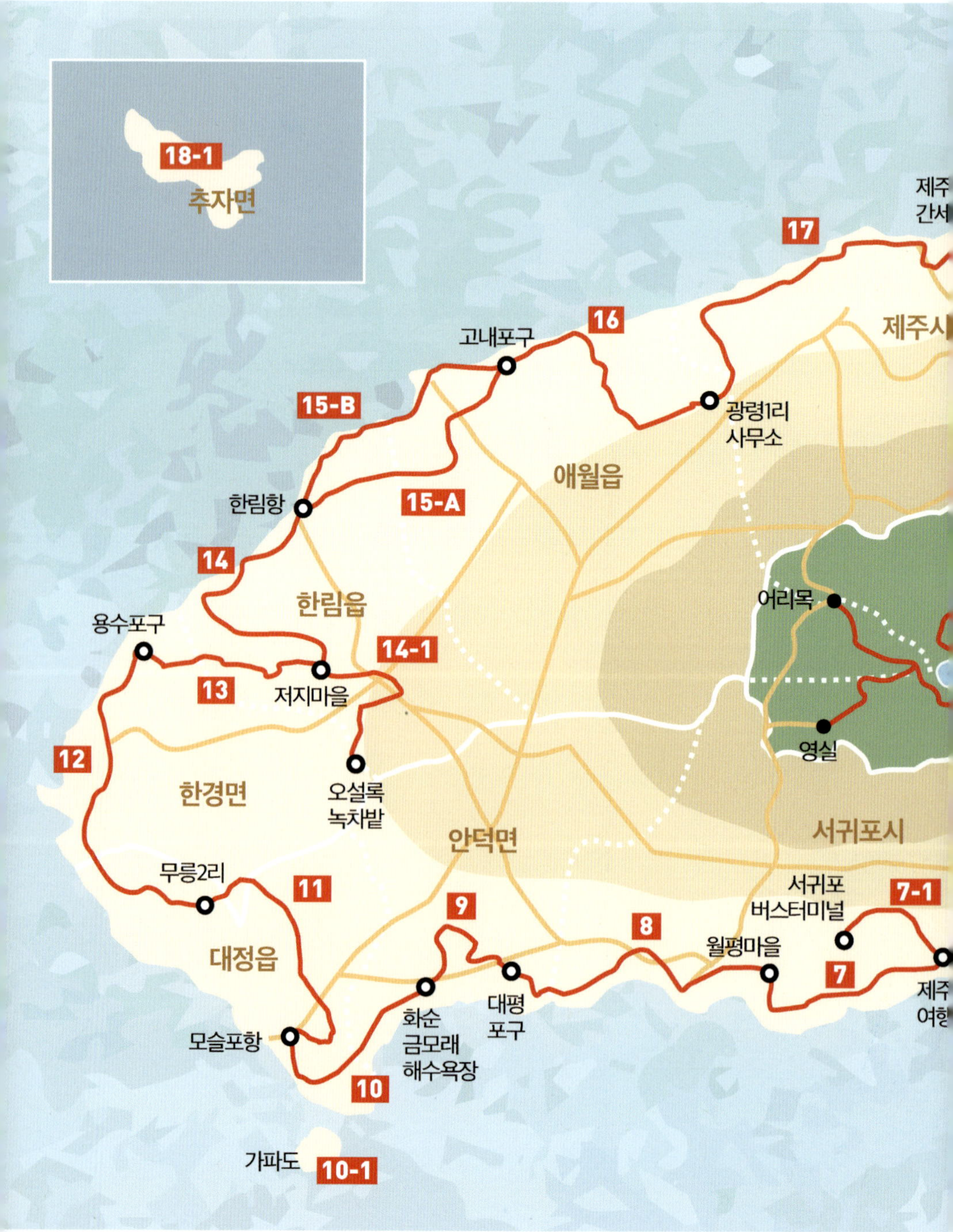
18-1
추자면
17
제주
간서
16
제주시
고내포구
15-B
광령1리
사무소
애월읍
한림항
15-A
14
한림읍
어리목
용수포구
14-1
저지마을
13
12
오설록
녹차밭
영실
한경면
안덕면
서귀포시
무릉2리
11
서귀포
버스터미널
7-1
9
8
월평마을
대정읍
7
대평
포구
제주
여행
화순
금모래
해수욕장
모슬포항
10
가파도
10-1

제주 원도심 트레일 MAP

파란 선 ━━ 올레 7~8 코스
빨간 선 ━━ 원도심 트레일
회색 선 ━━ 옛 제주읍성

〈제주 원도심 트레일〉

총거리 6.5km - 관덕정 –2km→ 제주성지 –2.5km→ 서부두방파제 –2km→ 관덕정

코스 상세 내역

관덕정 - 성내교회 - 이승훈 유배지 - 북두칠성 제이도(에메랄드호텔) - 향사당 -
삼도2동주민센터 - 메가박스 - 중앙성당 - 간세라운지 - 중앙로 정류장 - 광해군 유배지 -
남문 터 - 남문사거리 - 귤림서원 - 오현단 - 제주성지 - 제이각 - 오현교 - 동문시장 8번 게이트 -
동문시장 1번 게이트 - 동문로터리 - 공신정 터 - 건입동 포제단 터 - 금산수원지 - 김만덕기념관 -
용진교 - 산짓물공원 - 고씨주택(제주사랑방) - 북수구광장 - 칠성로 - 한옥 카페 마음에온 -
블랙야크 - 흑돼지거리 - 서부두횟집거리 - 서부두방파제 - 탑동광장 - 아라리오뮤지엄 -
영주관 터 - 제주북초교 - 제주스테이호텔 - 카페 리듬앤브루스 - 제주목 관아지 - 관덕정

제주올레 인문여행

제주올레
인문여행

초판 인쇄일 2021년 7월 19일
초판 발행일 2021년 7월 26일
지은이 이영철
발행인 박정모
등록번호 제9-295호
발행처 도서출판 **혜지원**
주소 (10881) 경기도 파주시 회동길 445-4(문발동 638) 302호
전화 031)955-9221~5 **팩스** 031)955-9220
홈페이지 www.hyejiwon.co.kr

기획 · 진행 김태호
디자인 김보리
영업마케팅 황대일, 서지영
ISBN 979-11-6764-000-0
정가 16,000원

Copyright © 2021 by 이영철 All rights reserved.

No Part of this book may be reproduced or transmitted in any form,
by any means without the prior written permission on the publisher.

이 책은 저작권법에 의해 보호를 받는 저작물이므로 어떠한 형태의 무단 전재나 복제도 금합니다.
본문 중에 인용한 제품명은 각 개발사의 등록상표이며, 특허법과 저작권법 등에 의해 보호를 받고 있습니다.

올레 26개 코스에서 마주하는 제주네 이야기

제주올레
인문여행

이영철 지음

혜지원

머리말

　해외 여행길이 막히거나 부담스러운 코로나 시대에 제주는 대체 여행지로서 더 부각되는 모양새입니다. 제주 관련 여행서는 예나 지금이나 넘쳐납니다. 제주 여행자들이 남긴 SNS 글이나 외지인들이 쓴 제주 여행서들은 한결같이 밝음과 감탄 일색입니다. 멋진 풍경과 맛집 등을 묘사하고 안내하는 글과 사진들만으로도 눈과 입이 즐거워집니다.

　고향 떠나 수십 년 육지 사람으로 살아온 저로선 이런 글들이 반갑고 고마우면서도 마음 한켠엔 늘 아쉬움이 있었습니다. 제주 자연의 아름다움은 보이지만 정작 그 속을 살아가는 '사람들'에 대한 이야기는 없어서입니다. 제주 사람들에 대한 이야기를 널리 알리고 싶다는 일방적 마음이 아닙니다. 어둡고 침침할 수도 있겠지만 고향이 품고 있는 아픔과 상처들을 그들도 함께 안다면, 제주를 다녀간 분들의 여행의 의미가 더 깊고 풍성해졌을 텐데 하는 아쉬움인 것입니다. '인문 여행'이란 거창한 게 아닐 것입니다. 그저 '사람들이 살아오고 살아가는 역사'에도 관심을 가지는 그런 여행일 것이라 생각합니다.

　어릴 적 '어멍'과 '할망'에게서 들었던 이야기들을 비롯하여, 오랜 세월 고향에 무심했던 빚을 갚으려 최근 5년 동안 아등바등 찾아 읽고 만나고 들으며 새롭게 알게 된 고향 이야기들을 한데 모아 봤습니다. 제주는 화산섬 특성상 지하로 스며든 빗물이 흙과 바위 틈새로 흐르다 저지대 해안 근처에서 용천수로 솟아납니다. 오래 전부터 이 샘물 주변으로 사람들이 모여 살았고 촌락을 이뤘습니다. 제주올레 425km 또한 저지대 해안에 근접하여 한 바퀴 이어집니다. 올레길 주변의 이야기들은 제주 사람들의 삶을 대변한다고 할 수 있는 것입니다.

　　제주인들만이 주인공은 아닙니다. 제주인보다 제주를 더 사랑했던 외지인 김영갑이 살았고, 죽기 전 가장 행복한 나날을 보냈던 이중섭과 그의 가족이 있었습니다. 유배인 추사 김정희야 많이 알려졌지만 광해군이 어떻게 제주로 왔는지는 모르는 이들도 많습니다. 정약용의 조카 정난주는 36년을 제주에서 노비로 살았고, 그의 아들 황경한은 추자도에 묻혀 있습니다. 20대에 죽은 3인의 제주 청년 이재수, 김달삼, 이덕구는 시대를 잘못 만난 비운의 장두(狀頭)들이었습니다. 올레길 요소요소에 이들에 얽힌 사연들이 스며 있고, 삶과 죽음의 흔적들이 남아 있습니다.

　　섬을 빚은 설문대할망 설화와 탐라국 시조 고양부 삼씨의 신화는 물론, 삼별초와 목호의 난으로 이어지는 아프고 처참했던 역사, 무명천 할머니와 순이 삼촌으로 대변되는 4·3사건의 여러 상흔들, 학교 교과서에도 실리지 않은 이런 변방의 아픈 역사들이 제주올레와 주변 곳곳에 산재해 있습니다. 아름다운 경관에 가려지다 보니 무심코 지나는 이들에겐 잘 보이지 않습니다.

　　'아는 만큼 보이고 아는 만큼 느낀다'는 말은 예술품 감상에만 국한되는 건 아닐 것입니다. 여행지에 얽힌 역사와 문화에 대한 것들도 마찬가지라서, 아는 정도에 따라 여행의 깊이와 여행자의 상상력은 달라질 수밖에 없습니다. 현지인들이 어떻게 살아왔고 어떤 아픔들을 겪었는지, 아름다운 경관 이면에는 어떤 사연들이 숨어 있는지 등을 알려고 하는 건 여행지에 대한 애정의 발로입니다. 결과적으론 여행을 더욱더 풍요롭게 몰아가는 촉매 역할을 해 줄 것입니다.

2021년 7월, 저자 이영철

올레길에 스며 있는 50개의 제주 이야기

이 책은 4개 카테고리에 50꼭지의 제주 이야기로 구성되어 있습니다. 신화 역사 문화와 관련하여 14개, 일제강점기와 4·3사건 내용이 14개, 유배인과 외지인 등 인물 이야기가 13개, 그리고 화산섬이 갖고 있는 자연 지리 내용이 9개입니다. 각각의 이야기들은 카테고리별 동일한 주제에 속하지만 상호 연결되진 않고 독립적입니다. 순서도 없기 때문에 관심 갖는 분야에 따라 골라 읽어도 무방합니다.

신화 역사 문화

1-1 코스	섬을 빚은 설문대할망
2 코스	삼신인 예식장 혼인지
3-B 코스	환해장성
7 코스	범섬의 최후, 목호의 난
12 코스	차귀도 오백장군
13 코스	용수포구 절부암
15-B 코스	바람의 신 영등할망
16 코스	메밀밭과 자청비
16 코스	항파두리 삼별초
17 코스	원도심과 제주 역사
17 코스	옛 제주읍성과 원도심 트레일
18 코스	화북, 조천비석거리
21 코스	별방진과 3성 9진
21 코스	산북과 산남 그리고 올레 시종점

일제강점기 & 4·3사건

1 코스	성산일출봉 일본군 갱도진지
1 코스	광치기해변 터진목
5 코스	위미 동백나무 군락지
6 코스	정방폭포의 이면
10 코스	송악산과 알뜨르비행장
10 코스	섯알오름 예비 검속
11 코스	의인 김익렬과 문형순
14 코스	무명천 할머니 진아영
14-1 코스	영화「지슬」의 큰넓궤
17 코스	정뜨르비행장
17 코스	4·3의 시작과 끝, 관덕정
18 코스	잃어버린 마을 곤을동
18 코스	장두 이덕구
19 코스	순이 삼촌 너븐숭이

인물

3-A 코스	김영갑갤러리두모악 미술관
4 코스	제주 1호 열녀 고려 정씨
5 코스	영화「건축학개론」서연의 집
6 코스	진시황 불로초와 서복
6 코스	서귀포 이중섭거리
11 코스	정난주 마리아의 삶
11 코스	신축민란 이재수
11 코스	추사 김정희와 4·3 김달삼
12 코스	성지순례 김대건길
16 코스	두 장군 최영과 김통정
18 코스	제주 의인 김만덕
18-1 코스	추자도 황경한의 묘
20 코스	광해군의 말년

자연 지리

7-1 코스	엉또폭포와 고근산
7-1 코스	하논분화구
8 코스	중문과 주상절리
9 코스	박수기정과 산방산
10-1 코스	가파도와 제주의 섬들
13 코스	여자 많은 섬, 삼다도
14-1 코스	생명의 숲 곶자왈
15-A 코스	산남 산북의 차이, 곶자왈
20 코스	제주밭담, 제주 돌담

코스별 정보 보는 법

1. 코스별 경로와 주변을 개괄적으로 살펴 볼 수 있는 지도입니다. ● 아이콘은 코스별 이야기와 밀접하게 관련된 지점입니다. 아이콘은 휠체어 구간 표시입니다.

2. 코스별 주요 경유지와 경유지 간 거리입니다. 경유지는 현지 사정에 따라 바뀌는 경우도 있습니다.

3. 편의시설이 적은 코스가 있는 등 코스별로 다양한 특징이 있습니다. 대표 특징을 정리했습니다. 꼭지별로 수록된 여행 tip과 함께 올레길을 걷기 전에 알아 두면 도움이 됩니다.

※ 코스 정보는 2021년 6월 30일 '제주올레' 홈페이지 기준임.

목차

들어가기에 앞서
제주올레의 역사　　　　12
제주올레 5개 추천 코스　　18

1 코스　시흥 - 광치기　22
성산일출봉 일본군 갱도진지　23 ｜ 광치기해변 터진목　28

1-1 코스　우도올레　34
섬을 빚은 설문대할망　35

2 코스　광치기 - 온평　42
삼신인 예식장 혼인지　43

3-A 코스　온평 - 표선(내륙)　50
김영갑갤러리두모악 미술관　51

3-B 코스　온평 - 표선(해안)　62
환해장성　63

4 코스　표선 - 남원　68
제주 1호 열녀 고려 정씨　69

5 코스　남원 - 쇠소깍　78
위미 동백나무 군락지　79 ｜ 영화「건축학개론」서연의 집　84

6 코스 쇠소깍 - 제주올레여행자센터　90
정방폭포의 이면　91 ｜ 진시황 불로초와 서복　95
서귀포 이중섭거리　102

7 코스 제주올레여행자센터 - 월평　114
범섬의 최후, 목호의 난　115

7-1 코스 서귀포버스터미널 - 제주올레여행자센터　124
엉또폭포와 고근산　125 ｜ 하논분화구　134

8 코스 월평 - 대평　140
중문과 주상절리　141

9 코스 대평 - 화순　148
박수기정과 산방산　149

10 코스 화순 - 모슬포　156
송악산과 알뜨르비행장　157 ｜ 섯알오름 예비 검속　161

10-1 코스 가파도올레　166
가파도와 제주의 섬들　167

11 코스 모슬포 - 무릉　174
의인 김익렬과 문형순　175 ｜ 정난주 마리아의 삶　181
신축민란 이재수　189 ｜ 추사 김정희와 4·3 김달삼　198

12 코스 무릉 - 용수 206
성지순례 김대건길 207 | 차귀도 오백장군 214

13 코스 용수 - 저지 220
여자 많은 섬, 삼다도 221 | 용수포구 절부암 224

14 코스 저지 - 한림 228
무명천 할머니 진아영 229

14-1 코스 저지 - 서광 236
영화 「지슬」의 큰넓궤 237 | 생명의 숲 곶자왈 242

15-A 코스 한림 - 고내(내륙) 246
산남 산북의 차이, 곶자왈 247

15-B 코스 한림 - 고내(해안) 254
바람의 신 영등할망 255

16 코스 고내 - 광령 262
메밀밭과 자청비 263 | 항파두리 삼별초 270
두 장군 최영과 김통정 279

17 코스 **광령 - 제주 원도심** **286**
정뜨르비행장 **287** | 원도심과 제주 역사 **290**
4·3의 시작과 끝, 관덕정 **295** | 옛 제주읍성과 원도심 트레일 **300**

18 코스 **제주 원도심 - 조천** **308**
제주 의인 김만덕 **309** | 잃어버린 마을 곤을동 **316**
화북, 조천비석거리 **322** | 장두 이덕구 **329**

18-1 코스 **추자도올레** **334**
추자도 황경한의 묘 **335**

19 코스 **조천 - 김녕** **344**
순이 삼촌 너븐숭이 **345**

20 코스 **김녕 - 하도** **352**
제주밭담, 제주 돌담 **353** | 광해군의 말년 **360**

21 코스 **하도 - 종달** **368**
별방진과 3성 9진 **369** | 산북과 산남 그리고 올레 시종점 **376**

부록

한라산의 모든 것 **380**

들어가기에 앞서 ❶

제주올레의 역사

산티아고 Santiago 는 성인 야고보 Saint James 의 스페인식 이름이다. 예수 12제자 중 최초의 순교자를 말한다. 이슬람 무어인들과의 전쟁에서 산티아고가 스페인의 수호성인으로 떠오르면서, 그가 묻힌 곳은 유럽 기독교 세계의 성지로 굳어졌다. 이후부터 성인의 유해가 모셔진 대성당까지 걸어가는 산티아고 순례의 역사는 천 년이 넘는다.

현대에 이른 어느 날엔 브라질 사람 파울로 코엘료가 이 길을 걸었다. 종교 목적의 순례라기보다는 자신과의 대화 또는 자기 성찰을 위한 여정이었다. 그리고 1년 후 그는 자전적 에세이 『순례자』를 출간했고, 이 책은 세계적인 베스트셀러로 떠오른다. 책 속의 배경인 산티아고 순례길 또한 유럽을 벗어나 전 세계적으로 알려지는 계기가 됐다. 비로소 이 길은 종교인들의 순례 목적만이 아닌, 일반인들의 자기 성찰을 위한 도보 여행길로도 관심을 끌게 된 것이다.

우리는 제주 올레길을 자연스럽게 생겨난 길로 알고 있는 경우가 많지만, 사실 한 개인의 노력과 열정의 산물이라 해도 과언이 아니다. 제주 사람 서

명숙 씨가 고향에 올레길을 연 것은 2007년이다. 파울로 코엘료가 『순례자』를 출간한 1987년과는 20년 차이이다. 두 사람의 인생 여정에는 몇 가지 공통점이 있다. 둘 모두 일반 기업체 중역으로 있으면서 톱니바퀴 속 일상이 행복하지 않았다는 것, 인생에 새로운 길을 찾아 안정된 직장을 박차고 나왔다는 것, 그리고 스페인으로 떠나 산티아고 순례길을 걸었다는 것이다.

한 달여를 걷는 동안 각자의 마음속에는 전에 없던 뭔가의 자각이 일었을 것이다. 산티아고에서 돌아오자마자 이듬해, 파울로 코엘료가 자신의 삶을 담아낸 에세이 『순례사』를 발간했듯이 서명숙 씨는 고향 땅에 사신의 꿈을 담은 새로운 길 '제주올레'를 열었다.

장거리 도보 여행길이 일반인 한 사람의 개인적 노력에 의해 열리는 경우는 매우 이례적이다. 산티아고 순례길이나 세계 여타의 트레일들처럼 오랜 세월에 걸쳐 수많은 이들의 발자국이 겹겹이 쌓여 가며 자연스럽게 생겨나는 게 일반적이다.

오늘날 '세상에서 가장 멋진 길 The Finest Walk in The World'로 일컬어지는 뉴질랜드 밀포드 트랙 The Milford Track 은 예외의 경우다. 130여 년 전에 살았던 퀸틴 매키넌 Quintin Mackinnon 이란 한 개척자의 노력으로 세상에 알려진 길이다. 4일 트레킹 코스 중 3일째 날 이르는 정상의 이름이 개척자 이름을 딴 매키넌 패스 Mackinnon Pass 다.

영국과 아일랜드를 대표하는 장거리 트레일인 '코스트 투 코스트 CTC'와 '위

제주올레의 역사 13

클로 웨이The Wicklow Way'도 마찬가지다. 알프레드 웨인라이트Alfred Wainwright 와 J.B 말론이라는 선구적 도보 여행가들의 열정이 만들어 낸 산물이다. 50~60년 전 두 사람이 쏟은 땀과 노력 덕택에 오늘날 두 길은 유럽인들이 좋아하는 장거리 트레일로 많은 사랑을 받고 있다.

대한민국의 제주올레 역시 마찬가지다. 서명숙이라는 한 개인의 혜안이 제주 섬의 가치를, 차 타고 다니던 관광지에서 두 발로 걸으며 즐기는 도보 여행지로 완전히 업그레이드시켜 놓은 것이다.

제주올레는 2007년 9월에 1코스를 개장한 이래, 매년 4~5개 코스를 개장하며 확장했다. 5년 만인 2012년 11월에 마침내 마지막 21코스를 이었다. 섬 전체를 두 발로 걸어서 한 바퀴 돌 수 있도록 길이 하나로 연결이 된 것이다.

이들 일주 코스 21개를 합친 거리는 342km이다. 꾸불꾸불한 올레의 특성 때문에 자동차 일주도로(1132 지방도)의 총 거리 176km의 두 배에 가깝게 길어졌다. 제주올레에는 이들 21개 일주 코스만 있지 않다. 사이사이에 추가된 코스들이 있다. 우선, 섬 코스가 있다. 우도(1-1), 가파도(10-1), 추자도(18-1), 이렇게 3개의 섬 코스를 합친 거리는 34km이다.

내륙 중간 산 지역으로 더 깊숙이 들어갔다가 대중교통을 이용해 돌아오도록 인도하는 코스도 두 군데 있다. 알파 코스라 불린다. 서귀포 엉또폭포(7-1)와 저지 문도지 오름(14-1)으로 가는 두 구간이 알파 코스에 해당된다.

마지막으로 두 개의 선택 코스가 더 있다. 해외

유명 트레일들에서도 어떤 특정 구간에서는 '하이 high 루트'와 '로우 low 루트' 등의 이름으로 두 개 코스 중 하나를 선택해서 걷는 경우가 많다. 제주올레에는 온평~표선 간 3코스와 한림 ~고내 간 15코스에 선택 코스가 있다. 내륙 길과 해안길을 A코스와 B코스로 지정했기 에 올레꾼들은 둘 중 하나를 선택해 걸으면 된다.

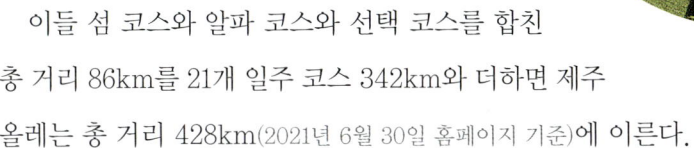

이들 섬 코스와 알파 코스와 선택 코스를 합친 총 거리 86km를 21개 일주 코스 342km와 더하면 제주 올레는 총 거리 428km(2021년 6월 30일 홈페이지 기준)에 이른다.

제주를 한 바퀴 다 돌아 마지막 21코스가 1코스 시작점 근처와 연결된 후에도 제주올레는 성장을 멈추지 않았다. 제주도에서의 확장은 멈춘 대신 해외로 눈을 돌려 '올레'라는 이름의 도보 여행길을 계속 개척해 왔다. 2012년 2월, 규슈에 4개의 올레길이 동시에 열리면서 '규슈올레'라는 이름 이 세상에 처음 나왔다. '올레'라는 브랜드의 사용과 제반 컨설팅을 포함하 는, '제주올레'와의 협약 결과였다. 이를테면 '올레 수출'이면서 제주올레의 해외 '자매의 길'인 셈이다.

이후 매년 3, 4개씩 새로운 코스를 추가하면서 규슈올레는 2019년 4월 기준 21개 코스에 총 거리 235km로 늘어나 있다. 2017년 6월엔 올레 2호 수출인 몽골올레가 2개 코스로 개장한 데 이어, 2018년 10월엔 일본 동북 부 지방 미야기현에도 2개의 올레 코스가 열리며 세 번째 해외 자매의 길 이 생겨났다. 미야기올레는 현재 4개 코스가 오픈되어 있다. '제주올레'의 성공 노하우를 전수받아 인간과 자연을 연결하려는 시도와 노력들이 지구촌 여러 곳에서 진행되고 있는 것이다.

2021년 5~7월에는 서귀포시청과 협력하여 서귀포 원도심에 '하영올레' 3개 코스를 열었다. 도심답지 않게 자연이 오롯이 보전되어 있는 서귀포 원도심의 특성을 반영하여 도심권 6개 공원과 3개의 특화거리 등 인기 관광지를 두루 연결하는 27km 도보 여행 코스이다. 서귀포를 관통하는 제주올레 6, 7코스 그리고 7-1코스와 일부 겹치면서 원도심 도보 여행에 효율적인 동선이 되도록 잘 연계되어 있다. '하영'이란 말은 '많다'는 뜻의 제주어다. '하영올레'에는 물도, 공원도, 사람도, 먹거리도 많은 서귀포 원도심을 속속들이 여행하는 도보 여행 길이라는 속뜻이 들어 있다. 옛 제주의 어머니들이 아들딸들에게 '밥 하영 먹으라'고 말할 때는 '많이'라는 뜻 외에도 '꼭꼭 씹어서 잘' 먹으라는 의미도 포함된다. 사랑의 마음까지 녹아 있는 단어가 '하영'인 것이다.

'올레'라는 명칭은 시골 마을의 골목길을 일컫는 제주어다. 엄밀하게는 집 앞에서 마을의 큰 길까지 이어진 좁은 골목길을 말한다. 고향이 제주인 필자도 어린 시절 자주 들었던 할머니 목소리가 귀에 생생하다. "영철아, 올레 나강 보라, 무사 정 시끄러왐싱고?" 안방에 무료하게 누워 계시던 할머니가 바깥의 소소한 동정에 귀 쫑긋 기울이며 혹시 뭐 재미있는 일이 없나 기대하는 말이다. '집 앞 골목길에 나가 봐라, 왜 저리 시끄러우냐?' 하는 할머니 말씀에, 마루에서 놀던 손자가 쪼르르 마당으로 나가 보는 오래전 제주 고향집에서의 추억이 그려진다.

● 제주올레 코스 구성 및 거리(km) ●

정규 일주 코스		섬 코스		알파 코스		선택 코스	
1. 시흥 - 광치기	15.1	1-1 우도올레	11.3				
2. 광치기 - 온평	15.6						
3-A. 온평 - 표선(내륙)	20.9					3-B 온평-표선(해안)	14.6
4. 표선 - 남원	19						
5. 남원 - 쇠소깍	13.4						
6. 쇠소깍 - 제주올레여행자센터	11						
7. 제주올레여행자센터 - 월평	17.6			7-1 서귀포버스터미널 - 제주올레여행자센터	15.7		
8. 월평 - 대평	19.6						
9. 대평 - 화순	6						
10. 화순 - 모슬포	15.6	10-1 가파도올레	4.2				
11. 모슬포 - 무릉	17.3						
12. 무릉 - 용수	17.5						
13. 용수 - 저지	15.9						
14. 저지 - 한림	19.1			14-1 저지 - 서광	9.3		
15-A. 한림 - 고내(내륙)	16.5					15-B 한림-고내(해안)	13
16. 고내 - 광령	15.8						
17. 광령 - 제주 원도심	18.1						
18. 제주 원도심 - 조천	19.8	18-1 추자도올레	18				
19. 조천 - 김녕	19.4						
20. 김녕 - 하도	17.6						
21. 하도 - 종달	11.3						
합계 거리	342		33.7		25		27.6
						총거리(km)	428

※ 환경 안전 문제 대두 시 수시로 노선 변경함.
그때마다 코스별 거리는 조금씩 바뀜.

위 표의 총 거리 428km는 2021년 6월 30일 '제주올레' 홈페이지 기준임.
올레길 전 코스가 완성된 2012년 11월 기준 올레 사무국에서 지정한 공식 총 거리는 425km임.

───── 들어가기에 앞서 ❷ ─────

제주올레 5개 추천 코스

 제주올레를 처음 걷는다면 _____

❶ 외돌개를 지나는 7코스

객관적으로 누구나 좋아할 만한 코스이다. 올레 운영의 심장부이자 올레꾼들의 베이스캠프 격인 서귀포 제주올레여행자센터가 코스 출발점이다. 아늑한 카페 분위기의 센터 1층에서 차 한 잔 마신 후 건물을 나서면 서귀포 칠십리시공원이 맞아 준다. 자연과 인공 요소가 적당히 섞여진 공원을 거닐며 천지연폭포의 시원한 정경과도 조우한다. 삼매봉에 오르면 서귀포 앞바다의 섶섬, 새섬, 문섬, 범섬은 물론 가파도와 마라도까지 시원하게 펼쳐진다.

외돌개 입구에서 돔배낭골로 이어지는 해안 절벽길은, 차량을 이용한 관광객들이 주차장에 차를 세워 두고 많이 다녀가는 구간이기도 하다. 그만큼 주변 정경이 검증됐음을 의미한다. 속골에서 수봉로를 거쳐 고즈넉한 법환포구를 지나면 강정마을이 나타난다. 오랜 갈등과 아픔의 산물인 강정의 신설 항만 주변을 유심히 살피며 걸어 보자.

❷ 송악산을 한 바퀴 도는 10코스

화순금모래해변에서 산방산과 사계항을 거쳐 송악산을 한 바퀴 돌아 나오는 해안 코스이다. 올레 전 코스를 통틀어 가장 빼어난 절경을 보여 준다. 동시에 제주인들의 역사적 한과 아픔을 가장 많이 품고 있는 코스이기도 하다. 사계포구에서 송악산을 향하여 걷는 동안은 바다 쪽 형제섬을 바라보거나 산방산 경관을 뒤돌아보느라 자기도 모르게 자주 걸음을 멈추게 된다. 마라도행 여객선 선착장과 주차장 주변은 송악산 주변 둘레길을 돌아보려는 단체 관광객들로 늘 북적인다.

송악산 주변에는 일제강점기 때 파놓은 진지 동굴들이 해안 절벽 여기저기에 그대로 남아 있다. 80여 년 전 강제 노역에 동원된 제주인들이 흘린 피와 땀과 눈물의 흔적들이다. 송악산 다음의 섯알오름 인근 알뜨르비행장도 마찬가지이다. 중일전쟁을 일으킨 일본군이 중국 본토 공격을 위한 전진기지로 삼은 비행장이다. 거기에다 4·3사건과 6·25전쟁으로 혼란스러웠던 와중에 섬사람들에겐 엄청난 비극이 있었던 현장이기도 하다. 올레 10코스 중 이곳 섯알오름 인근과 알뜨르비행장 일대는 제주도의 대표적인 다크 투어리즘(Dark Tourism) 구간이다.

제주 여행 중 잠깐 동안만 올레를 느껴보고 싶다면

❶ 한담해안 산책로를 걷는 15-B코스

한림읍은 금능-협재-옹포-한림-수원 등 마을과 마을을 옮겨 갈수록 시시각각 변하는 비양도의 모습이 특히 인상에 남는 곳이다. 비양도 여객선 선착장이 있는 한림항이 올레 15코스 출발점이다. 종착지인 애월읍 고내포구까지는 내륙(A)과 해안(B), 2개 코스가 있기에 선택해서 걸으면 된다.

내륙으로 우회하는 A코스는 납읍리와 금산공원 등을 거치며 제주 서부의 중산간 분위기를 만끽하는 운치가 있지만, 이보다는 해안선을 따라가는 B코스가 대체로 더 인기가 있다. 한림항을 벗어나면 귀덕리 한수풀해녀학교와 곽지해수욕장으로 이어지는데 특히 이후부터 만나는 한담해안 산책로(또는 장한철 산책로)와 애월카페거리는 일반 여행객들에게도 아주 인기 있는 구간이다. 늘 북적이는 게 단점이긴 하지만 그만큼 제주 해안의 수려한 경관을 보여 준다는 반증이다.

❷ 월정리 해안과 만나는 20코스

제주 섬을 동서남북으로 4등분하여 놓고 보면 서귀포와 중문과 모슬포를 잇는 남서쪽 올레에 사람들이 가장 많이 몰린다. 그다음이 성산일출봉과 남원을 잇는 남동 지역일 것이다. 이에 비해 한라산 이북을 일컫는 산북 지역은 걷기이건 관광이건 산남 지역에 비해 관광객들이 적게 찾는 편이다. 그러나 산남 못지않게 꽤 많은 여행객들이 찾는 구간이 올레 20코스이다. 가히 북동 지역 올레를 대표한다고 할 수 있다.

구좌읍 김녕에서 세화까지 이어지는 20코스는 1/3이 해안길이며 나머지 구간은 해안에 인접한 내륙길이다. 마을의 집과 집들 사이 골목길이나 밭과 밭 사이의 푹신한 돌담길을 번갈아 걷는다. 운 좋게 날짜가 맞으면 세화오일장에서 제주 정통의 재래시장 향취를 만끽할 수도 있다. 그러나 역시 20코스의 하이라이트는 김녕에서 월정리로 이어지는 해안길이다. 아름다운 금모래와 해안선의 조화가 찬란하다. 특히 월정리해안을 지날 때는 유럽의 지중해 어느 휴양지 카페거리를 걷는 착각에 빠질 수도 있다.

필자가 가장 좋아하는 코스는 _____

❶ 항파두리를 지나는 16코스

제주 올레길을 서너 코스 정도 걸어 본 이들에게 추천하고 싶다. 16코스는 애월읍 고내포구에서 중산간 마을 광령1리까지 이어지는 길이다. 초반 1/3은 해안길이지만 이후 2/3는 내륙길이다. 역동적인 해안선 정경이 이어지다 내륙으로 들어서면 오름과 저수지와 역사 유적지를 지나고, 뒤이어 아늑한 숲길과 돌담길, 한적한 마을들을 지난다. 제주의 다양한 모습들을 올레 한 코스에서 다 만날 수 있다. 제주올레 전체가 이곳 16코스 하나에 모두 축약되었다고 해도 과언이 아니다.

"내가 그의 이름을 불러주기 전에는 그는 다만 하나의 몸짓에 지나지 않았다"로 유명한 김춘수의 「꽃」 등 아름다운 시들이 시골길 한편에서 올레꾼들을 기다린다. 이들 시를 읊조리느라 열 번 가까이 걸음을 멈춰야 한다.

뒤이어 "더는 물러설 곳 없는 섬 제주, 두려움과 희망은 늘 바다 넘어서 밀려왔다"라는, 항몽유적지 항파두리 토성 앞에 새겨진 이 글귀에서 750년 전의 아픈 역사와도 만난다. 외세와 불의에 억눌리면서도 늘 맞서려 했던 제주도의 역사적 아픔과 슬픔이 올레 16코스 안에 오롯이 담겨 있다.

찾아가는 교통편

제주공항에서 전 지역으로 갈 수 있다. 리무진과 일반 버스로 아주 잘 연결되어 있다. 일주도로인 1132 지방도를 중심으로 거의 모든 코스 방향으로 버스 이동이 가능하다. 제주에서의 버스 여행은 특히 운치 있다.

소요 예산

올레 트레킹에서는 버스 교통비와 식비와 숙박비가 경비의 거의 전부다. 1박에 2~3만 원 정도 하는 저렴하고 운치 있는 게스트하우스들이 거의 전 코스에 포진되어 있다.
서귀포 제주올레여행자센터에 위치한 '올레스테이'는 제주올레에서 운영하는 올레꾼 맞춤형 게스트하우스이다. 6코스를 마치고 투숙한 후 다음날에는 배낭을 숙소에 두고 홀가분한 몸으로 7-1코스와 서귀포 도심 일대를 둘러보며 하루를 보내면 좋다. 제주올레의 본산 또는 심장부에 하루나 이틀 머물러 보는 의미가 크다.

여행하기 좋은 시기

제주의 겨울은 바람이 세나 그다지 춥진 않다. 여름에도 바람이 있어 그다지 덥진 않다. 겨울이건 여름이건 걷기에 큰 지장은 없다. 그래도 역시 올레길 걷기엔 봄(4~5월)과 가을(9~11월)이 가장 좋다.

제주올레
1코스

시흥 – 광치기

총 거리 15.1km
소요 시간 4~5시간
최고 해발 130m(알오름 정상)
최저 해발 0m(광치기해변)

난이도 ★★☆

경유지 & 구간 거리
시흥리 정류장–1.8km→말미오름–1km→알오름 정상–3.6km→종달리사무소–0.1km→종달리 옛 소금밭–1.6km→목화휴게소–3km→성산갑문 입구–2.6km→수마포–1.4km→광치기해변

알아 두면 좋은 점

- 종달~시흥 해안도로는 제주도 해안도로 중 가장 길면서 가장 아름답기로 손꼽히는 길이다.
- 제주올레공식안내소(말미오름 입구) 위치는 서귀포시 성산읍 시흥리 2665-1이다.
- 종달리 옛 소금밭에서 성산갑문 입구까지 4.6km는 휠체어 구간이다.

성산일출봉 일본군 갱도진지

　올레 1코스의 백미는 역시 성산일출봉일 것이다. 잠시 올레 코스를 벗어나 정상에 올라 보는 게 좋겠다. 새벽에 올라 일출을 본다면 금상첨화이다. 물론 올레 코스에만 충실하기로 해서 그냥 지나쳐도 좋다. 멀리서 보이던 성산일출봉이 가까워지는 느낌도 좋고, 지나쳐 멀어지는 성산일출봉을 뒤돌아보는 느낌 또한 아련하다.

　그러나 조금만 의식한다면 아름다운 경관 뒤에 숨겨진 어두운 이면도 볼 수 있다. '자연'이 아닌 '역사'를 만나는 것이다. 일부러 작정하고 유심히 보지 않는 한 대개는 그냥 지나치기가 쉽다. 눈썰미 좋은 올레꾼이라면 1코스 종점 부근에서 성산일출봉을 뒤돌아보며 '저게 뭐지?'라며 궁금해할 수도 있다. 절벽 아래 해안선에 커다란 구멍이 뻥 뚫린 동굴 모양 여러 개가 눈에 들어오는 것이다.

　터진목까지 나아가기 전에 성산일출봉 주차장에서 한라산 방향으로 내려오면 잠시 끊겼던 해안선이 다시 기다랗게 펼쳐진다. 검은모래사장을 따라 광치기해변과 멀리 섭지코지까지 아득하다. 올레 코스만 따라 걷던 걸음을 잠시 돌려서 수마포해안으로 내려가 본다. 옛날 조선시대 때 조정으로 보낼 조랑말들을 실어 나르던 포구 해안이다. 일출봉 절벽으로 이어

● 1코스 시작점

진 이 포구 해안가엔 일제강점기 때의 섬뜩한 현장이 그대로 남아 있다. 일본군들이 마지막 발악을 하면서 파 놓았던 연합군 상륙 방어용 갱도진지들을 원형 그대로 만날 수 있는 것이다.

먼저 만나는 두 개의 갱도 벽이 시멘트로 마감된 것으로 보아 자연 동굴이 아닌 인공으로 판 것임을 알 수 있다. 이곳은 '태평양을 뒤흔든다'는 뜻의 1인승 일본군 자살 특공 보트인 '신요(震洋)'의 보관 진지들이다. 이곳에 숨어 있다가 유사시에 폭탄을 싣고 미 군함에 고속으로 돌진하여 자폭하기 위한 것이었다. 갱도를 보고 있으면 하늘에서의 가미카제(神風) 특공대처럼, 패색이 짙어 가던 당시 일본의 마지막 발악 모습이 떠오른다. 하마터면 제주도 전체를 생지옥으로 만들 뻔했던 역사의 흔적들이다.

아슬아슬했던 섬

태평양 전쟁 말기, 연합군은 오키나와를 점령한 뒤 일본 본토에 상륙할 예정이었다. 패전이 확실시되던 일본 군부는 극도의 두려움에 빠졌다. 어떡하면 본토만큼은 사수할 수 있을지 비책 마련에 혈안이 돼 있었다. 그리하여 턱 바로 밑인 오키나와까지 치고 올라온 미군이 본토에 상륙할 만한 지점 여섯 군데를 예상하여 각각에 대한 가상의 시나리오를 짰다.

북쪽 홋카이도로 상륙할 경우인 '결1호 작전'에서부터 남쪽 규슈로 상륙할 경우의 '결6호 작전'까지 6개의 시나리오가 수립되었다. 그러나 결국에는 가장 가능성이 높아 보이는 다른 하나로 결론이 모아졌다. 바로 '미군은 먼저 제주도에 상륙하여 거점으로 삼은 후 곧이어 규슈 북부로 공격해 온다'는 것이었다. 이에 대비한 시나리오는 '결7호 작전'으로 명명했다.

지도를 펴 놓고 필리핀 열도와 오키나와, 제주도와 일본 열도를 함께 들여다보면 당연히 예상할 수 있는 동선이다. 이에 따라 한반도 남쪽의 외딴 섬 제주도가 일본 본토 사수를 위한 최후의 보루로 결정되었다. 제주도가 일본 열도를 보호하기 위한 방패막이가 되어 태평양전쟁의 소용돌이 속으로 끌려 들어간 것이었다.

일본 군부는 신속했다. 일본군과 한국인 강제 징용 징병을 합해 7~8만 명을 긴급하게 제주에 투입했다. 제주도 전체 인구의 1/3에 해당하는 외부 인력을 섬에 밀어 넣은 것이다. 이들에게는 전원 옥쇄를 각오하고 연합군 상륙을 저지하라는 군부로부터의 무서운 지침이 내려졌다. 일제 초기에 만들어져 중국 폭격 기지로도 사용됐던 모슬포 알뜨르비행장을 필두로 섬

● 성산일출봉 일본군 갱도진지

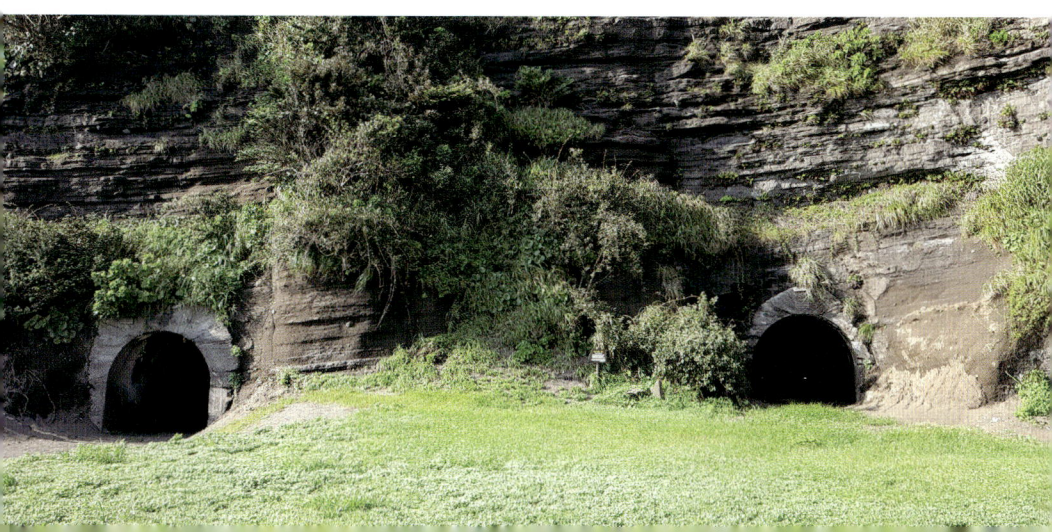

전체에 진지와 요새들이 구축되었다.

강제 노역에 동원된 인력 대부분은 호남 등지에서 끌려온 광산 노무자들과 제주 민간인들이었다. 특히 해안 암벽을 뚫어 갱도진지를 만드는 현장은 죽음의 사역장이었다. 이곳 동쪽 해안 성산일출봉 말고도 서쪽의 수월봉, 남쪽의 송악산과 삼매봉, 북쪽의 서우봉과 사라봉 등 제주도 해안선을 따라 수백 개의 갱도진지가 만들어졌다. 모두 '신요'나 '가이텐(回天)'과 같은 1인승 자폭 병기들을 숨겨둘 자살 특공 기지였다. 해안선 1차 저지선이 뚫렸을 때를 대비하여 어승생 등 중산간 오름들에 거대한 요새도 구축했다. 2차 저지선이지만 최후의 결전장이었다. 이때는 제주 민간인들을 끌고 올라가 총알받이로 내세울 참이었다.

비슷한 시기, 오키나와에서는 미군이 상륙하여 3개월간 치열한 전투가 벌어졌다. 모두 합쳐 20만 명이 목숨을 잃었다. 그중엔 오키나와 주민 10만 명도 포함돼 있었다. 모두 일본 군부에 의해 결사항전을 강요받다가 옥쇄라는 미명하에 강제 집단 자살로 희생된 사람들이다. 이제 어마어마한 희생의 다음 순서는 제주도였다.

그러나 미국은 망설였다. 아군이 치를 희생이 워낙 클 것이 뻔했기 때문이다. 전투기 한두 대가 돌진해 와 미군의 거대한 구축함 한 대를 침몰시키는 가미카제 특공대의 행태를 익히 경험한 바 있었기 때문이다. 오키나와에서는 자멸하는 일본군이 현지 주민들을 끌어다 함께 자결해 버리는 집단 광기도 지켜보았다. 미국으로서는 일본 본토 상륙 작전을 망설일 수밖에 없었다.

아군 피해를 최소화할 수 있는 '결정적 한방'이 필요했다. 일본 군부의 속내를 다각도로 분석한 끝에 미국은 드디어 최종 전략을 수립했다. '인류 최초의 핵무기 사용'이라는 역사적 부담을 감내하기로 결단을 내린 것이다. 이윽고 1945년 여름, '리틀 보이 Little Boy'와 '팻 맨 Fat Man'이라는 귀

● 성산일출봉 일본군 갱도진지 내부

여운 이름의 폭탄 두 방이 히로시마와 나가사키에 3일 간격을 두고 연이어 떨어졌고, 일본은 즉시 항복했다. 그리하여 제2의 오키나와가 될 뻔했던 일촉즉발의 위기에서 제주도는 아슬아슬하게 벗어날 수 있었다. 성산읍 삼달리에서 농장을 경영하는 현용행 전 성산일출봉농협 조합장의 말이 실감난다.

"어릴 때부터 들어 왔던 어른들 말이 아직도 생생해. 해방 직전에 말이지. 미군 7함대가 성산포 앞바다에 정박하며 성산일출봉을 향해 대포를 겨누고 있었다는 거야. 곧 공격을 개시해서 상륙해 쳐들어올 것처럼 말이지. 그때 정말 그렇게 했다면 성산포 사람들은 싹 다 죽었을지도 몰라. 미군 함선에서 포탄을 쏟아붓기 시작했다면 지금과 같은 성산일출봉 모습은 없어졌을지도 몰라."

〈일본군 갱도진지〉 구축 예정 진지까지 포함하여 제주 전역에 104개 정도의 갱도진지가 구축되었다. 미군 상륙 가능성이 가장 컸던 안덕, 대정, 한경 등 서남부 지역이 34개소로 가장 많았고, 제주 중앙부인 제주시와 서귀포 주변에 33개소, 조천, 구좌, 성산, 표선, 남원 등 동부 지역에 21개소, 한림, 애월 등 서북부 지역에 16개소이다(출처 : 디지털제주문화대전).

광치기해변 터진목

해방 직전의 제주도 인구는 22~23만 명 정도였던 것으로 추정된다. 징병과 징용 등으로 끌려갔던 섬사람들이 해방과 함께 속속 돌아왔다. 얼마나 꿈에 그렸던 고향이던가. 섬 인구는 급속도로 늘면서 30만에 가까워졌다. 그러나 곧이어 발생한 4·3사건의 비극은 섬사람들 2~3만 명의 목숨을 앗아갔다. 섬 전체의 1/10에 가까운 인구가 불과 몇 년 사이에 희생된 것이다.

제주 4·3사건을 바라보는 시각은 73주년이 지난 지금까지도 여전히 상반된 주장이 존재한다. 섬사람들 사이에서도 마찬가지이다. 한쪽에서는 남로당 빨갱이들이 일으킨 국가 전복 사건이란 시각이고, 다른 한쪽에서는 국가 권력이 민간인들을 불법 학살한 사건이라고 주장한다. 전자 쪽 주장이 반세기 동안 무소불위로 득세하다가 2000년대에 들어서면서 점차 후자 쪽으로 인식이 바뀌고 있다.

전자니 후자니, 좌익이니 우익이니를 떠나 제주 4·3사건에 대한 '엄연한 사실' 2가지가 존재한다. 무장대 수백 명을 진압하기 위해 군경 수천 명이 동원되었고, 그 와중에 민간인 수만 명이 희생됐다는 사실이다. 이는 누구도 부인할 수 없는 역사적 사실이다. 사건 발생 후 2000년대 초반까지 반세기가 지나도록 희생 당사자들은 물론 그 가족들이 국가로부터 제대로 된 사과나 보상을 받지 못했다는 것 또한 엄연한 사실이다. 희생자의 가족들은 오히려 빨갱이 가족이라는 악의적 누명 속에 오랜 세월 2차 피해를 받으며 숨죽여 살아왔다.

4·3사건의 발단은 전년인 1947년 3·1절 기념식 날, 관덕정에서 일어난 돌발 상황으로 민간인 6명이 경찰이 쏜 총에 맞아 사망한 일에서 시작되었다. 도민들의 항의와 당국의 묵살, 총파업과 관련자 체포 구금이 반복되면서 1년 동안 대립과 갈등이 격화되었다. 남한 단독 정부 수립을 반대하던 남로당이 배후에서 조종하여 사태는 더욱 심각해졌다. 경찰 고문과 총살로 인한 사망자가 늘어나면서 민심은 불같이 타올랐고 사태는 극단으로 치달았다.

이윽고 1948년 4월 3일 새벽 2시, 한라산 곳곳에 나타난 횃불을 신호탄으로 남로당 무장대 수백 명이 봉기했다. 뒤이어, 진압이란 미명하에 무자비하고 무시무시한 광풍이 섬 전체에 휘몰아쳤다. 1949년 6월 무장대 사령관 이덕구가 사살되면서 광풍은 겨우 잦아들었고 사건은 일단락되었다. 이듬해 2차 광풍이 몰아쳤다. 6·25전쟁이 발발하면서 좌익 의심자로 지목된 다수가 예비 검속되어 쥐도 새도 모르게 집단 학살된 것이다. 이와 같은 과정에서 도민 2~3만여 명이 희생된 것이 4·3사건의 결과이다.

아름다움 이면의 어두운 역사

성산포항과 성산일출봉이 속한 성산리는 80여 년 전만 해도 하나의 외로운 섬이었다. 성산리 북쪽은 1994년 한도교가 준공되어 현재 오조리와 연결되어 있고, 남쪽 바다였던 부분은 오랜 세월 모래가 퇴적되면서 약간의 공사를 추가해 육지인 고성리와 이어졌다. 올레 코스를 따라 걷다 보면

● 일출봉 아래 수마포해변

원래 섬이었음을 눈치채지 못하지만 지도를 펴 놓고 보다 보면 감이 온다.
고성리와 이어지는 좁은 길목은 '터진목'이라 불린다. 매립되기 전 '바다끼리 좁게 터진 길목'이라서 붙여진 이름이었는데, 육지로 변한 이후에도 지명은 그대로 남았다. 성산일출봉을 지나 해안선으로 접어들면 곧바로 터진목이다. 올레 1코스 종점인 광치기해변이 멀리 눈앞에 보이는 지점이다. 성산일출봉과 해안선이 어우러진 정경이 너무나 아름다운 위치다. 역사는 모른 체하고 자연 경관만 즐기며 그냥 지나쳐도 그만이긴 하다. 그러나 아름다운 정경 이면에는 수많은 민간인들의 처절한 희생이 숨겨져 있다. 제주올레를 걷기 시작하는 첫 코스 종착지에서 제주 4·3사건의 어두운 역사와 만난다.

해방 이후, 이북에서는 일제하에서 친일로 영화를 누리던 자들이 부역죄로 처단되거나 재산이 몰수되었다. 남한과는 정반대 상황이었다. 그런 친일분자의 자식들은 38선을 넘어 남쪽으로 탈출해 왔다. 남한 정권의 비호 아래 그들은 '서북청년단'을 조직했고 '빨갱이 잡아 죽인다'는 극렬 우익 집단으로 변했다. 그런 이들이 4·3사건을 진압하기 위해 멀리 파견되어 내려온 것이 제주 섬에는 비극이었다.

서북청년단원들에게 섬은 한풀이 장소였고, 섬사람들 대부분은 '잡아 죽여야 할 빨갱이들'이었다. 당시의 제주에서는 '西北'이라 쓰인 완장은 곧 저승사자의 징표였다. 완장을 찬 육지 사내들이 멀리서 보이기만 해도 섬사람들은 오금이 저렸다. 온몸이 와들와들 떨리다 못해 굳어 버리게 만드는 무시무시한 존재들이었던 것이다.

이곳 성산리는 당시 서북청년단원들로 구성된 진압 중대가 주둔하며 학살을 자행했던 곳으로 악명이 높다. 터진목 좁은 길로만 육지와 연결된 섬이나 다름없어서, 소위 폭도들이 쉽게 공격해 올 수 없다는 지리적 여건이 진압대 주둔지로서는 최적의 조건이 된 것이다. 마을의 한 초등학교 교실은 잡혀 온 주민들이 처형되기 전까지 감금되었던 유치장이었고 터진목은 그 학살의 현장이었다.

성산일출봉에서 세계자연유산 해설사로 활동하고 있는 한원택 전 성산리장의 4·3 관련 설명을 들어보자. 물론 본인의 경험담이 아니고, 어릴 적부터 어른들에게 귀가 따갑도록 들어온 이야기들이다.

● 터진목 전경

● 1948년 4·3사건 당시 서북청년단이 주둔했던 성산국민학교

"4·3 당시 현재 성산리 K마트 옆에 있었던 성산국민학교에는 100여 명의 서북청년단으로 구성된 서청특별중대가 1년 정도 주둔했었대요. 그들은 초등학교 건물에서 숙식을 해결하면서 학교 바로 옆 돌담 울타리 너머에 있었던 주정공장 원료 창고 건물을 이용하여, 붙잡아 온 주민들을 수감하고 취조했다고 합니다. 이곳을 기억하는 옛 어른들은 한결같이 혀를 내둘렀어요. 매일같이 고문에 못 이겨 질러대는 비명소리를 귀 틀어막으며 들어야 했고, 형장으로 끌려 나가는 주민들이 울부짖는 모습을 일상적으로 봐 왔기 때문이죠. 한번 잡혀가면 살아 돌아오기가 어려웠다고 해요. 혹독하게 고문당하다가 대부분 총살됐는데 그 장소는 성산일출봉 주변의 터진목과 우뭇개동산이었대요. 당시 공포의 장소였던 성산국민학교 자리에 현재는 일부 건물이 들어서 있고 주정공장 그 자리는 지금은 공터로 남아 있어요. 성산오일장과 K마트 사이입니다. 제주 4·3의 아픔을 간직하고 있는 이곳 주변으로도 여행자들이 많이들 지나는데 그런 아픈 역사가 있는 줄은 대부분 모르고 그냥 지나치죠."

사람이 사람일 수 없었던 그 아수라의 지옥 같은 상황은 몇몇 생존자들 입을 통하여 기록으로 남겨졌다. 1코스를 거의 다 걸어 성산읍 4·3희생자 467인의 이름이 새겨진 위령비 앞에 서면 잠시 당혹할 수 있다. 일출봉과 터진목 그리고 광치기해변으로 이어지는 자연의 아름다움과는 너무나 동떨어진 이면이기 때문이다. 매년 11월 5일이 되면 이곳에선 수백 명의 희생자들의 넋을 달래는 합동 위령제가 유족회 주관으로 열린다고 한다.

몸과 마음의 평온을 얻으며 힐링하려고 올레길을 걷고 있는데, 시작부

● 터진목 4·3유적지 안내 입간판

터 어두운 역사와 만난다는 것은 편치 않은 일이다. 그러나 한편으로는, 아름다움 이면에 숨겨진 역사의 아픔도 함께 들여다볼 수 있어야 속 깊은 성찰로 이어지는 여행이 될 수 있을 것이다.

〈성산일출봉〉 제주특별자치도 지방기념물로 관리해 오다 2000년 7월 18일 국가 지정 천연기념물로 지정·관리되고 있다. 빼어난 경관과 지질학적 가치를 인정받아 2007년 7월 2일 유네스코 세계자연유산에 등재되었다. 2010년 10월에는 유네스코 세계지질공원에 인증되었고, 2011년도 대한민국 자연생태형 3대 관광 으뜸명소, 2012년 12월 한국 관광 기네스 12선에도 선정되었다(출처 : 비짓제주).

제주올레 1-1코스

우도올레

- 총 거리 11.3km
- 소요 시간 4~5시간
- 최고 해발 100m(우도등대)
- 최저 해발 0m(천진항)

난이도 ★★☆

경유지 & 구간 거리

천진항-2.3km→홍조단괴해빈-1.1km→하우목동항-1.2km→산물통 입구-0.9km→파평윤씨공원-1.2km→하고수동해수욕장-1.2km→연자마-0.7km→우도봉 입구-2.7km→천진항

알아 두면 좋은 점

- 성산포항 종합여객터미널에서 우도 도항선을 타면 15분 후에 천진항이나 하우목동항에 내린다. 순환 코스이기 때문에 하우목동항에서 출발해도 무방하다.
- 도중에 식사하기에는 하고수동해수욕장이나 검멀레해수욕장 주변이 좋다.

섬을 빚은 설문대할망

제주에서 나고 자란 이들에게는 어릴 적 들었던 설문대할망 이야기가 '토끼와 거북이' 동화처럼 익숙하다. 놀거리 재밋거리 없던 시절 할머니 앞에 눈 똥그랗게 뜨고 앉아 귀 쫑긋 기울이던 추억을 성인이 돼서까지 기억하기도 한다. 그 시절의 섬 아이들은 할머니가 설문대할망을 직접 눈으로 보며 겪었던 일들을 이야기하는 것으로 믿어 의심치 않았다. 요즘 아이들이 어느 시기까지는 산타할아버지의 존재를 굳게 믿는 것과 마찬가지다. 할머니도 단지 어릴 적 당신의 할머니에게서 들었던 이야기를 손자들에게 들려 줬을 뿐이라는 사실은 훗날에야 어렴풋이 알게 된다.

"할망이 할락산(한라산)에 베개 병(베어) 누우민이(누우면 있잖아) 다리몽뎅이가 비양도에 걸쳐시녜(걸쳐진 거야)."

섬 할머니들은 설문대할망의 키가 얼마나 컸는지를 이런 식으로 역설하고는 하셨다. 인터넷 지도로 거리를 재 보면 백록담에서 북제주의 한림항까지는 약 26km이며 여기에 비양도까지의 바닷길 약 2km가 더해진다. 한라산 봉우리를 베개 삼아 누워서 다리 한쪽을 비양도에 걸쳤다니, 아이들 머릿속에는 어마어마한 거인의 모습이 그려지는 것이다. 그 정도 체구였으니 망망대해에 섬 하나쯤 만들어 내는 것은 어렵지 않았을 것이다.

설화대로라면 제주도는 설문대할망이 만든 섬이다. '할망'이라 불렸지만 엄연히 하늘나라 옥황상제의 '말젯딸(셋째딸)' 예쁜 공주였다. 호기심이 많았는지, 원래는 서로 붙어 있던 하늘과 땅을 살짝 갈라놓는 바람에 아버지 옥황상제가 노발대발하셨고, 그 죄로 하늘나라에서 지상세계로 쫓겨났다.

지상이라고 했지만 주변은 온통 바닷물로 질퍽거릴 뿐 편안히 누워 쉴 곳 하나 없었다. 북쪽으로 여러 발자국 옮겨 가 보니 바다가 끝나고 육지 땅이 나타났다. 설문대할망은 땅끝 앞에 쭈그려 앉아 양손으로 흙을 퍼냈다. 퍼낸 흙을 치맛자락에 가득 담아 돌아와서는 바다 한가운데에 천천히 조금씩 쏟아부었다. 몇 차례 왔다 갔다 하며 흙을 퍼 나르다 보니 공주의 마음에 쏙 드는 둥그런 섬 하나가 만들어졌다. 치마폭에 남은 마지막 흙을 섬 한가운데 모조리 쏟아부었더니 도톰한 산도 생겨났다.

이렇게 해서 오랜 세월이 흐른 후에 이 섬은 '신이 사는 동방의 섬'이라는 뜻의 '동영주(東瀛洲)'로, 다시 먼 훗날엔 '탐라국(耽羅國)'으로, 그리고는 현대에 이르러 '제주'가 되었다. 치마폭 마지막 흙으로 쌓은 그 산더미는 옛날 한동안은 '영주산(瀛洲山)'으로 불리다가 언젠가부터 지금의 한라산이라는 이름으로 바뀌었다.

제주에는 368개의 크고 작은 기생화산들이 있다. 소위 오름들이다. 한라산 꼭대기 분화구로 터져 나오지 못한 용암들이 내부에서 끓으며 압력에 못 이겨 주변 여기저기를 뚫어 분출되면서 생겨난 것이다. 옛날 할머니 이야기로는 오름 또한 설문대할망의 작품이다.

그 많은 흙더미를 치마폭에 싸 들고 옮기는데 어찌 온전하기만 할 것인가. 더러 흘리기도 하고 숭숭 뚫린 치마 구멍으로 새기도 했으리라. 그렇게 여기저기 흘리거나 새어 버린 흙들이 야트막하게 쌓인 게 지금의 오름이다.

● 우도에서 바라보는 지미봉

할망의 오줌 줄기가 찢어 놓은 땅

아무튼 설문대할망은 그렇게 '열일'을 하셨다. 망망대해에 섬 하나를 만들어 냈고, 그 위에 큰 산 하나와 야트막한 오름들을 수백 개나 빚어낸 것이다. 날이 어두워지고 할망은 고단한 몸을 뉘였다. 눕자마자 천둥소리처럼 코를 골며 잠이 들었다. 깊은 잠에 빠졌던 할망은 새벽녘에 눈이 떠졌다. 생리 작용 때문이었다. 부스스 일어나 잠시 주변을 둘러보고는 성산일출봉과 그 바로 앞 식산봉에 두 다리를 걸치고 앉아 시원하게 소변을 보았다. 오줌 줄기가 얼마나 거셌던지 그 일대 땅바닥이 깊게 파이며 주변 바닷물이 단번에 흘러들었다.

지금의 소섬, 우도는 원래는 올레 1코스 시작점인 시흥리에 붙은 땅이었다. 그러나 이때 할망의 오줌 줄기로 땅이 파이고 찢기다 보니 바닷물이 밀려들면서 육지와 이별하고 외로운 섬이 되어 버린 것이다. 우도 올레 코

● 우도에서 바라보는 성산일출봉

스를 '1-1'로 명명한 것은 이를 고려한 올레 사무국의 배려인 듯하다.

　잠도 푹 잤겠다, 볼일도 봤겠다, 이젠 빨래를 해야 했다. 바다 건너에서 흙을 퍼다 나르느라 속옷부터 저고리와 치마까지 온통 흙투성이였다. 마침 조금 전 볼일을 보다 얼떨결에 생겨난 소섬, 우도는 널찍하고 평평해서 빨래판으론 제격이었다. 오른쪽 바로 옆에 있는 성산일출봉은 빨래 바구니 역할을 했다. 바닷물에 적신 빨랫감을 우도 위에 펼쳐 놓곤 신나게 방망이질했다.

　올레 1-1코스는 우도 섬을 한 바퀴 돌아 나오는 11km의 순환길이다. 성산포항에서 배 타고 15분 후에 내리는 천진항이 올레 시작점이자 종착점이다. 섬의 서남단에서 시작하여 홍조단괴해빈과 하우목동항을 거쳐 우도 북단인 파평윤씨공원을 지나면 일본 규슈 방향을 바라보는 동쪽 해안에 이른다. 이어 하고수동과 검멀레해수욕장을 거쳐 우도등대에 올라 섬 전체를 조망하고 내려오면 우도 올레 일주가 끝난다. 우도가 고향인 강광일 전 서울제주도민회 상근부회장은 우도 올레길에 대해 다음과 같이 말을 한다.

　"조그마한 섬에 해변의 분위기와 모래의 종류가 각양각색이라는 게 저는 지금도 신기해요. 서쪽 홍조단괴에서의 모래사장과 바닷물 색감의 조화는 참으로 아름답습니다. 다른 해안에서는 보기 어려운 독특한 분위기죠. 관광객들이 많이들 신기해 합니다. 동쪽 하고수동해변의 모래는 다른 섬 백사장처럼 평범한 흰색이지만 남쪽 검멀레해안은 이름 그대로 검은 모래사장이 특징이에요. 우도 해변은 이처럼 각기 저마다의 개성이 있습니다. 잠깐 들른 외지 여행자들은 우도의 이런 각양각색의 모래사장과 해변의 특징을 잘 의식하지 못하고 떠나실 거예요.

　어른들과 함께 모래를 자루에 퍼담아 운반했던 어릴 적 기억이 생생합니다. 집이나 건물 짓는 데 쓰고 제주 섬으로 퍼 나르느라 우도의 그 푹신하고 두텁던 모래층도 이젠 많이 얇아졌어요. 해안 여기저기에 바위들이 툭툭 튀어나온

● 우도등대에서 내려다보는 해안 전경

곳이 많아요. 예전엔 다 모래 속에 묻혔던 바위들이죠. 옛날과 비교해보면 해안 전체가 푹 꺼진 느낌이 들곤 합니다. 안타까운 일이에요. 물론 바람과 파도에 따른 자연 유실 원인도 많죠."

소머리오름이라고도 불리는 우도봉 바로 밑에 위치한 우도등대는 해발 100m에 불과하지만, 섬 주변을 파노라마로 조망할 수 있는 최고의 전망대라 할 수 있다.

우도등대 바로 밑에는 설문대할망이 아담한 조각상의 모습으로 방문객들을 반긴다. 왼손에 '소망항아리'라 불리는 작은 항아리를 하나 들고 있으면서, 지나는 이들에게 동전 한 닢씩을 달라고 하고 있다. 공짜로 동전만 받는 건 아니고 작은 소망 하나 정도는 보답으로 들어주시면서. 이렇게 모아진 동전들은 할망이 만들어 낸 섬에서 어렵고 불우하게 살아가는 이웃들에게 꾸준히 전달되는 모양이다.

❶ 우도등대 설문대할망 석상 소망항아리 ❷ 우도등대

〈우도〉 성산항이나 종달항에서 배로 15분 정도 소요된다. 섬의 길이는 3.8km, 둘레는 17km이다. 오전 아침 배를 타고 들어가 오후 배를 타고 나오는 식으로 하루 코스로도 여행이 가능하다. 우도를 찾는 관광객은 홍조단괴해빈, 우도봉, 검멀레해안을 주로 찾는다. 홍조단괴해빈은 산호해변으로도 불렸는데, 백사장을 이룬 하얀 알갱이가 산호가 아닌 홍조류가 딱딱하게 굳어 알갱이처럼 부서지면서 만들어진 것으로 밝혀지며 붙은 이름이다. 너른 백사장과 아름다운 바닷색으로 유명한 하고수동해수욕장도 있다. 경사가 완만한 천진동 코스와 경치가 멋진 검멀레해안 코스도 좋으며, 우도봉에 올라 우도의 전경을 바라볼 수도 있다(출처 : 비짓제주).

섬을 빚은 설문대할망

제주올레 2코스

광치기 - 온평

📍 총 거리 15.6km
   소요 시간 4~5시간

최고 해발 120m(대수산봉 정상)
최저 해발 0m(광치기해변)

 난이도 ★★☆

경유지 & 구간 거리
광치기해변—2.6km→식산봉—0.9km→족지물—0.3km→오조리마을회관—2.2km→제주동마트—2.2km→대수산봉 정상—5.6km→혼인지—1.8km→온평포구

알아 두면 좋은 점

- 코스 중간 지점인 제주동마트 사거리 주변은 마을 번화가로 크고 작은 식당들이 모여 있다. 이곳을 지나 중산간 길에 들어서면 온평리까지 상점이 없으니 주의해야 한다.

삼신인 예식장 혼인지

　설문대할망이 빚었건 화산 폭발로 생겨났건 망망대해 한복판에 섬 하나가 오롯이 나타났다. 그리고 수백만 년 세월이 흘렀다. 바다 쪽 야트막한 지역은 어느새 푸르른 초원으로 뒤덮였고 섬의 가운데 부분인 중산간 지역과 한라산 일대는 울창한 숲으로 변했다.

　원시 대자연이란 그 안에 다양한 생물들을 잉태하고 키워 내는 법이다. 기어다니는 곤충에서부터 네 발 달린 짐승까지 별의별 생명체들이 섬에서 생겨나며 세대를 거듭했다. 그러나 아직 인간은 아니었다. 진화와 변이를 거쳐 오늘날 우리 모습의 인간이 생겨나기엔 너무나 좁은 땅이요 짧은 세월이었다.

　그렇게 사람의 발길이 닿지 않았던 태초 이래의 섬에 어느 순간 인간이 나타났다. 그것도 고씨, 양씨, 부씨 동시에 세 사람이나 나타났다. '땅'에서 솟았다고도 하고 육지 어딘가에서 표류해 왔다고도 한다. 전자가 말하는 '땅'이란 현 제주시 구도심 외곽에 있는 조그만 굴인 삼성혈(三姓穴)을 일컫는다. 후자에는 옛 만주 땅에 살던 우리 한민족의 왕손이 어찌어찌하다가 바다에서 조난당하여 표류해 온 것이라는 주장도 있다.

　어찌되었든 이 섬에 최초의 인간들 3명이 나타났다. 그들이 생활을 시

● 광치기해변을 벗어나 오조포구로 들어서는 2코스 초입

작한 터전은 지금의 삼성혈 주변이었다고 한다. 이들 최초 3인의 이름은 고을나(高乙那), 양을나(良乙那, 후대에 良이 梁으로 바뀜), 부을나(夫乙那)로, 이들은 제주 3성(姓)인 고씨, 양씨, 부씨의 시조가 되었다. 삼성혈의 옛 이름은 모흥혈(毛興穴)인데 이 이름에는 '3성이 흥한 굴'이라는 의미가 있다고 한다.

인간 셋만이 살아가기에 섬은 충분히 풍족했다. 지금껏 누구도 취하지 않았던 과일과 식물들이 널렸고, 바다에는 물고기가, 육지에는 사냥감이 많았다. 그래도 역시 남정네 셋만 살아가기에 섬은 너무 외로웠다. 그런 느낌이 들어 갈 즈음 행운이 찾아왔다.

여느 때처럼 셋이 한라산에 올라 사냥을 하던 어느 날이었다. 잠시 쉬며 남쪽 바다를 내려다보는데, 동쪽 해안가에서 성스러운 안개가 자욱하게 일며 뭔가를 감싸고 있지 않은가. 마주보며 괴이하게 느낀 세 사람은 황급히 산을 내려와 그곳으로 달렸다.

당도해 보니, 큰 상자를 실은 커다란 뗏목 배가 있었다. 그러곤 자줏빛 옷을 입은 사자(使者)가 배에서 내려 공손히 절하며 세 사람을 맞았다. 바다 건너 동쪽 벽랑국 왕이 보낸 사신이라고 자신을 소개했다. 하늘이 내린 삼신인(三神人)이 이 섬에 새 나라를 열 것이지만, 배필이 없으면 대를 잇지 못할 것임을 알고 이를 안타까이 여겨 공주 셋을 보냈다는 것이다. 그러고는 배 위의 큰 상자를 열어젖히니, 그 속에서 아리따운 처녀 셋이 걸어 나오는 게 아닌가.

오랫동안 총각 생활에 익숙해진 세 남자에게 얼마나 큰 기쁨이었을까. 사자는 돌아갔고 세 쌍의 선남선녀는 인근의 큰 연못에서 목욕재계하고는 나이 순서대로 짝을 맞췄다. 그러고는 하늘에 제사를 지낸 후 혼례를 치렀다. 연못 옆에는 마침 커다란 동굴이 있었다. 동굴 안을 세 칸으로 나누니 세 신혼부부에겐 아늑한 신방이 되었다. 육지와 대륙보다는 한참 늦었지만 드디어 제주도에도 가족 단위의 정착 생활이 시작되는 것이었다. 세 공주가 가져온 송아지와 망아지 그리고 오곡의 종자는 농경과 목축의 기초가 되었다.

이렇게 살림을 시작한 부부 세 쌍은 풍족한 자연 속에서 가축을 치고 오곡의 씨를 뿌려 수확하며 날로 부유해졌다. 자식도 많이 낳았고 그 자손들 역시 3성 씨족의 가족 공동체를 이루며 대대손손 번성했다. 그 과정에서 언제부턴가 고(高)씨 집안이 우두머리 자리를 꿰차면서 대를 이었다. 이렇

● 대수산봉에서 바라보는 성산해안

● 대수산봉에서 바라보는 섭지코지

게 작은 섬에 불과한 이 섬은 인구수가 꾸준히 늘면서 하나의 '나라'로서의 면모를 점차 갖춰나갔다. 훗날의 '탐라국'으로 가는 기본 틀이 형성되기 시작한 것이다.

〈삼성혈〉 고양부 삼신인이 솟아났다는 3개의 지혈은 주위가 수백 년 된 고목으로 둘러싸여 있으며 모든 나뭇가지들이 혈을 향하여 경배하듯이 신비한 자태를 취하고 있다. 또한 아무리 비가 많이 오거나 눈이 내려도 1년 내내 고이거나 쌓이는 일이 없는 성혈로서 이곳을 찾는 관람객들에게 경탄을 금치 못하게 하고 있다. 소재지는 제주시 삼성로 22. 입장료는 성인 기준 2,500원이다(출처 : 삼성혈 홈페이지 www.samsunghyeol.or.kr).

● 혼인지 옆 신방굴 표지

● 혼인지 옆 신방굴

최초 탐라인 세 쌍의 신방

성산일출봉을 지나 광치기해변에서 시작하는 올레 2코스는 오조포구를 한 바퀴 돌아 나온 후 내륙으로 방향을 튼다. 조그마한 오름인 대수산봉에 오르면 직전까지 지나온 우도와 성산일출봉이 가까이서 볼 때와는 전혀 다른 모습으로 펼쳐진다. 남쪽으로 편안하게 앉아 있는 섭지코지 정경도 그윽하다.

오름을 내려와 말 방목장을 지나면 고양부 3씨 이후의 제주 섬사람들을 태동시킨 혼인지(婚姻池)에 이른다. 이름 그대로 '혼인'이 이뤄진 '연못(池)'이다. 가로세로 200m 규모의 숲속에 있는 500평 정도의 이 연못가에서, 오래전 어느 날 고양부 3씨와 벽랑공주 3인이 목욕재계하고 혼인을 맺었다.

연못 바로 옆에는 자그마한 동굴 하나가 보인다. 세 쌍의 신혼부부가 신방을 꾸몄던 신방굴(神房窟)이다. 입구가 좁아 깊이 들어갈 수는 없고 살짝 들어가 대략 훑어볼 수는 있다.

❶ 혼인지 - 연혼포 황루알 ❷ 혼인지 - 온평포구에서 300m 북동쪽에 위치한 연혼포해변
❸ 혼인지 표지석

신방굴은 제주에 널려 있는 평범한 동굴들 중 하나에 불과하지만, 오래전 이 섬에 존재했던 유일한 인간 6명, 선남선녀 세 쌍이 가슴을 두근거리며 각자의 방으로 손잡고 들어갔던 곳이다. 그 모습을 상상해 보면 여느 동굴들과는 다르게 느껴진다.

혼인지에서 다시 해안으로 1.5km를 내려오면 온평포구에서 올레 2코스가 끝난다. 이어지는 3코스를 따라 서쪽으로 성급하게 향할 필요는 없다. 잠시 여유를 가지고 뒤돌아 300m쯤 해안선을 따라가 보면 환해장성 돌담들 근처에 연혼포(延婚浦)라고 쓰인 큼직한 비석을 만날 수 있다. 바다 건너 벽랑국에서 뗏목 배를 타고 온 세 공주가 처음 제주 땅에 내린 곳이다. 지금은 온평리 바닷가에서 '황루알'이란 지명으로 불린다. 고양부 총각 셋이 좋아 어쩔 줄 몰라 하며 세 공주를 맞이하고, 혼인지까지 고이고이 모셔 가는 옛 정경이 포근하게 그려진다.

〈혼인지〉 탐라국 건국신화 '삼신인'의 신화가 있는 곳으로, 넓은 연못인 혼인지에서 삼신이 혼례를 올림으로써 자손이 늘어나고 농사가 시작되었다는 전설이 있다. 봄에는 벚꽃이, 여름에는 연꽃과 형형색색의 수국이 만개하여 사진 찍기도 좋고, 산책로가 잘 꾸며져 있다.
혼인지마을에서는 전통혼례를 체험해 볼 수 있을 뿐만 아니라, '작은 결혼' 장소로 개방된 공공시설 예식장으로 지정되어 제주도의 이색 결혼식 장소로도 손꼽힌다. 매년 10월에는 온평리 일원에서 혼인지축제가 열린다. 소재지는 서귀포시 성산읍 혼인지로 39-22(출처 : 비짓제주).

온평 – 표선(내륙)

- 총 거리 20.9km
- 소요 시간 6~7시간
- 최고 해발 140m(독자봉)
- 최저 해발 0m(온평포구)

난이도 ★★★

경유지 & 구간 거리
온평포구―5.5km―고정화 할망 숙소―1.8km―통오름 정상―0.8km―독자봉―3.7km―김영갑갤러리―3.2km―신풍신천 바다목장―3.2km―배고픈다리―2.7km―표선해수욕장

알아 두면 좋은 점
- 15코스와 함께 A, B 2개 코스 중 하나를 선택해 걸을 수 있다.
- 우천 등 기상 악화 시에는 해안을 따라가는 B코스를 택하는 게 좋다.
- 독자봉을 지나 김영갑갤러리 부근에 식당과 카페가 있다.

김영갑갤러리두모악 미술관

"20년 전 중산간 오름들에는 찾는 이가 없었다. 운이 좋은 날에나 목동들과 들녘에서 일하는 농부들을 먼발치에서 볼 수 있을 뿐이었다. 약초꾼들마저 찾지 않는 중산간 오름은 한가롭고 평화로웠다. 이곳의 풍경을 완성하는 이들은 농부들이다. 유채, 감자, 당근, 콩, 메밀, 조, 목초 등…… 어떤 곡식을 재배하느냐에 따라 그곳의 풍경은 달라진다. 그들이 만들어가는 삶의 흔적만큼이나 중산간 들녘의 모습은 다채로웠다.

평화로운 이곳에 태어나 씨를 뿌리고 거두며 생을 마감하는 사람들의 삶이 궁금했다. 궁금함을 풀기 위해 20년 동안 몰입했다. 오름의 이름과 소재지, 분화구 형태나 크기, 그곳에 서식하는 식물이나 곤충…… 이런 것에는 처음부터 관심을 두지 않았다. 오름이 토박이들의 삶에 어떤 영향을 미쳤는지에만 호기심을 집중시켰다.

그중에서도 고산 지대의 오름은 제외시키고, 사람들의 삶의 무대인 중산간 오름들로 한정했다. 특히 다랑쉬와 용눈이오름에 관심을 가졌다. 그렇게 20년 동안 줄기차게 중산간 오름들에 매달렸다. 나는 그들의 삶을 들여다봄으로써 제주인의 정체성을 찾고자 했다. 척박함 속에서도 평화로움을 유지할 수 있는 그 무엇을 찾을 수 있다면, 오늘을 사는 나에게도 그들이 누리는 것과 같은 평화가 찾아올 것으로 믿었다."

김영갑갤러리두모악 미술관에 걸려 있는 '이어도의 비밀' 글의 일부다. 글 전문에는 제주와 아무 연고도 없는 이방인이 20년 독신 생활 동안 제주에 쏟아부은 짝사랑의 마음이 절절하게 담겨 있다. 글 밑에 표기된 2005년은 글쓴이가 6년 투병 생활에 종지부를 찍었던 바로 그 해다. '이어도의 비밀'은 그해 5월 김영갑 작가가 세상과 이별하면서 남긴 유서나 다름없는 글인 셈이다.

죽음에 이르는 병, 루게릭

　올레 3-A코스는 총거리 21km 중 전반부 절반이 내륙길이고 후반부 절반은 해안길이다. 직전 내륙길인 2코스를 다 마치고 온평포구 해안으로 내려왔다가 잠시 후 다시 또 내륙길로 이어진다. 야트막한 통오름과 독자봉에 연달아 올라 파노라마 전경에 젖어들다 내려오면 삼달리 중산간 밭들을 지나 김영갑갤러리두모악에 이른다. 출발지인 온평포구에서 11.8km 떨어진 지점이다.

　현재 이곳은 한 외지인 선구자가 일궈 놓은 고품격 공간이지만 원래는 폐교가 된 채, 쓰임새 없이 잡초만 무성했던 초등학교 건물이었다. 개관 후 20년 가까운 세월이 지난 지금은 제주의 손꼽히는 문화 명소로 자리매김했다.

　갤러리 개관을 준비할 때 김영갑 작가는 시한부 3년을 선고받고 정신적 황폐와 육체적 고통 속에서 1년을 넘기던 상태였다. 온몸의 근육이 점점 수축되다가 결국은 죽음에 이른다는 루게릭병 진단을 받았던 것이다. 아직 하고 싶은 일들이 너무도 많았던 40대 중반의 그에겐 청천벽력이었다.

　인생을 정리해 가야 했다. 자신의 분신과도 같은 수만 장의 사진들이 주인 없이도 생명력을 유지할 수 있도록 편안한 공간을 만들어 주고 싶었다. 교실 여러 칸을 하나의 전시실로 개조하는 인테리어 작업에 매달렸다. 운동장 부지를 꽃과 나무와 조형물들이 함께 살아 숨 쉬는 아담한 정원으로 가꾸는 일에도 땀을 쏟았다. 손이 떨리면서 더 이상 사진을 찍을 수도 없었기에 할 수 있는 일도 그것밖에 없었다.

　1957년 충남 부여에서 태어난 그는 사춘기 때 사진찍기와 사랑에 빠졌다. 친형이 월남에서 돌아오며 가져온 카메라 한 대가 그의 놀잇감이 되었다. 서울로 올라와 공업고등학교를 졸업한 뒤에는 사진과 여행이 청년 김영갑의 주된 관심사가 되었다. 제주와는 1982년 처음 방문 때 인연이 시작됐다. 낯선 섬의 자연에 매료되면서 얼마 후 아예 내려와 정착했다.

카메라를 들고 섬 곳곳을 누비며 외롭지만 행복했던 15년을 보내던 중, 어느 날부터 셔터를 누르는 손이 자꾸 떨리기 시작했다. 증세는 급격히 심해지더니 이듬해부터는 아예 사진을 찍을 수 없게 되었다. 오십견 정도인 줄 알았으나 2002년 초여름, 서울의 한 종합병원에서 루게릭병으로 최종 판명이 났다. 시한부 3~4년 선고까지 받았다. 자취집 독방에 홀로 누워 죽음 같은 절망 속을 몇 날 며칠 헤매었다. 그러다 문득 정신을 차렸다. 지난해 11월부터 진행해 왔던 폐교 현장 개조 공사를 어서 마무리해야 했다. 자신의 인생 전체를 담아낼 꿈의 공간이었기 때문이다.

점점 수축되다 없어지는 근육 세포들로 인해 극심한 통증을 겪으면서도 마지막 혼을 쏟아 부었다. 그러곤 2002년 8월 '김영갑갤러리두모악'을 개관했다. 3년 후인 2005년 5월에 세상과 이별했고, 육신은 가루가 되어 갤러리 마당에 뿌려졌다. 사단법인 김영갑갤러리두모악 이사장을 맡고 있는 이유근 아라요양병원장은 김영갑갤러리를 처음 방문했을 때에 대해 다음과 같이 회고하고 있다.

"제가 지인의 소개로 김영갑갤러리를 처음 방문한 건 2003년 봄이었습니다. 전시실 작품들을 처음 보았던 그날의 놀라움을 지금도 잊을 수가 없어요. 사진들에서는 온통 어떤 기다림과 제주의 바람이 느껴졌습니다. 너무도 큰 감동이었지요.

관람 후 1시간가량 김영갑 선생과 대화를 나눌 수 있었습니다. 육지 사람인데도 내 고향 제주에 대한 애정이 나보다도 더 깊고 뜨겁다는 걸 알게 되었지요. 하지만 고칠 수 없는 병마와 싸우고 있었습니다. 인생 시간이 얼마 안 남았다고 말하던 선생의 모습이 지금도 눈에 선합니다. 제주 사람으로서 그를 위해 해 준 일도 없었고, 당장 그의 건강을 위해 어찌할 수 있는 일도 없다는 사실이 너무도 안타깝고 미안했습니다.

2년 후 선생은 우리 병원에서 생을 마감했습니다. 가족들과 인연을 끊다시피 살아왔기에 장례 지낼 일이 난감하였습니다. 결국 생전에 그를 아꼈던 사람들이 모여서 장례를 치렀습니다. 유족들이 부채를 떠맡기를 망설여서, 결국은 후원회를 결성해서 미술관을 계속 운영하기로 결정하였는데, 나이가 가장 많은 죄(?)로 제가 후원회장을 맡게 되었습니다. 선생을 아끼고 선생의 삶에 감동받은 많은 분들의 도움으로 지금까지 무난하게 미술관이 운영되고 있습니다. 감사한 일이죠."

김영갑갤러리두모악을 16년째 맡아 운영해 오고 있는 박훈일 관장도 오래전 만남을 회고한다. 박 관장은 김영갑 작가를 '선생님' 또는 '삼촌'으로 섞어 불렀다.

"제가 선생님을 처음 만난 건 고등학교 2학년 때였습니다. 1987년 늦가을이었어요. 어떻게 수소문했는지 저의 아버지를 찾아와선 오름과 무덤과 동자석 등에 대해 이런저런 것들을 많이 물으셨던 걸로 기억합니다. 선생님은 제주에 온 초기에 '삶Ⅱ'라는 주제로 작업을 했었는데, 죽음 다음 세계에 대한 이야기를 사진에 담고 싶어 하셨어요. 그래서 무덤과 동자석을 찾아다니셨던 거죠.

그때 저희는 성읍리 중산간 마을 외딴집에 살았어요. 마침 빈 방이 하나 있어서 선생님도 함께 살게 되었죠. 그때부터 저는 틈만 나면 삼촌 방을 들락거렸습니다. 어깨 너머로 사진 작업을 훔쳐보다가 언젠가부터는 사진을 배우게 해달라고 졸랐죠. 처음엔 인화 작업과 인화된 사진을 물로 씻어내는 수세 작업만 혹독하게 시키시다가 2년이 지나고 나서야 제대로 사진을 찍게 하시더군요. 혹독했습니다.

1997년부터는 삼촌의 권유에 따라 제가 다니던 직장인 호텔을 그만두고 본격적으로 사진 작가의 길로 들어섰습니다. 돌이켜 보면 저는 삼촌에게서 '사진'만 배운 게 아니라 '인생'을 배운 것 같습니다. 지난 5월 29일은 선생님 열여섯 번째 기일이었습니다. '훈일아, 6월 되면 안개 사진 찍어야지?' 돌아가시기 직전에 하셨던 이 말씀이 매년 요맘때만 되면 늘 제 머릿속을 뱅뱅 돕니다. 삼촌이 남기신 작품들과 이 두모악을 어떻게 하면 잘 보존하여 영원히 남게 할 것인지가 늘 고민입니다."

제주를 사랑했던 이방인의 눈빛

'성산읍 삼달로 137' 주소지는 입구에서부터 묵직하고 고풍스런 분위기다. 제주 특유의 돌담과 녹슨 듯한 철재 대문 그리고 '김영갑갤러리두모악'임을 알리는 주황색 문패가 조화롭다. 문턱을 넘어서자 넓은 테 모자를 쓴 아낙이 여유롭게 서 있다. 반가운 표정이라곤 없이 두 손은 주머니에 찌른 채이지만, 주황색 치마폭의 '외진 곳까지 찾아주셔서 감사합니다'란 인사 글귀가 속 깊어 보여 훈훈해진다.

이어서 돌하르방 한 분이 손님을 반겨 준다. 흔히 보는 돌하르방들과는 달리 한 손을 무릎에 짚은 채 편안히 앉아 있는 모습이다.

　목에 카메라를 걸친 걸로 보아 이 미술관 주인의 분신으로 느껴질 수도 있겠다. 건물까지는 단아한 정원 산책길이 이어진다. 푸르른 산수국 꽃잎들과 초록 짙은 나무와 잔디와 풀들, 그리고 곳곳에 놓여 있는 토우 작품들이 한데 어우러져 바깥 세상과는 단절된 듯 고요한 느낌을 준다.

　폐교 전 8개 교실이었던 미술관 내부는 크게 4개 구역으로 나뉜다. 생전의 사무실을 그대로 둔 유품 전시실과 투병 전후 그의 모습들을 보여 주는 영상실이 있고, 주 공간인 제1, 제2전시관은 두모악관과 하날오름관이라는 이름이 붙어 있다. 2개의 널찍한 전시관 벽면에는 작가의 혼이 담긴 20년 동안의 사진들이 시기를 달리하며 상설 또는 기획전에 맞추어 교대로 걸리고 내리고를 반복한다.

　제주의 바람과 돌과 바다와 파도, 중산간 초원과 오름들, 그리고 안개와 구름과 하늘……, 실제 여행에서도 만날 수는 있겠지만 쉽게 느낄 수는 없을 신비로운 섬 정경들이 열 지어 걸려 있다. 대부분의 사진들은 영화 스크린보다도 더 길쭉한 파노라마 규격이다. 가로 폭이 세로의 3배(6×17)에 이르는 만큼, 사진 속 풍광들은 한결같이 영화 속 장면들처럼 서사적이다. 저마다 속 깊은 사연 하나씩은 품고 있는 듯 아련하다.

● 건강할 당시의 김영갑 작가

　입구 쪽에 위치한 유품 전시실은 창문으로 들여다보기만 해야 한다. 무거워 보이는 삼각대 위에 자신의 생명이나 다름없었을 카메라 두 대가 끼워져 있고, 그 주변엔 각종 장비와 소품들 그리고 책장엔 생전에 즐겨 읽었을 책들이 빼곡하게 진열돼 있다.

　관객을 바라보는 작가의 사진 한 장이 진한 여운을 남긴다. 햇빛이 들어오는 창가 의자에 비스듬히 기대어 앉은 채 정면을 응시하는 모습이다. 담담해 보이지만 생에 대한 미련과 함께 막다른 투병의 고통까지 서려 있는 애잔한 눈빛이다. 세상과 이별하기 1년 반 전에 펴낸 그의 에세이집 『그 섬에 내가 있었네』 후반부에 사진 속 그의 눈빛이 들려주는 듯한 글이 실려 있다.

　"궂은 날에도 들판으로 바다로 나가 태양을 보았다. 그때마다 행복 뒤에 숨어 있는 불행을 생각하며 하루를 열심히 살자고 스스로를 채찍질했다. 도망칠 수 없는 절망 앞에 서 있게 될 때를 위해 하루를 신명 나게 즐겼다. 미련이나 후회가 없도록 하나에 몰입했다. 절망 앞에서 웃을 수도 있도록 늘 준비하고 있었다. (중략)

병에 걸렸다는 사실을 잊기 위해 노력했다. 평상심을 유지하기 위해 태양이 뜨기 전부터 일어나 하루를 시작했다.

카메라를 잡을 수 없으니 사진 대신 하루를 즐겁게 보낼 수 있는 소일거리를 찾았다. 그것이 바로 사진 갤러리를 꾸미는 일이었다. 하나에 몰입해 있는 동안은 평상심을 잃지 않았고 잠자리도 편안했다.

몸은 점점 굳어가도 해야 할 무엇인가가 있는 하루는 절망적이지 않다. 설레는 가슴으로 내일을 기다리면 하루가 편안하게 흘러간다. (중략)

무성한 이파리들을 모두 벗어버린 겨울나무처럼 내 몸도 앙상하다. 사십대 후반인데 거동 불편한 노인의 모습으로 변했다. 그럼에도 절망하기보다는 편안하게 현실을 받아들인다. 자연에서 생활하는 동안 많은 것을 배우고 경험했기 때문이다. 그때 터득했던 지혜가 마음을 평화롭게 해준다. 현실을 인정하고 받아들이면 어떤 상황도 편안하게 맞을 수 있다. (중략)

살고 싶다고 해서 살아지는 것도 아니요, 죽고 싶다 해서 쉽사리 죽어지는 것도 아니다. 기적은 내 안에서 일어난다. 내 안에 있는 생명의 기운을, 희망의 끈을 나는 놓지 않는다. 사람의 능력 밖의 세계를 나는 믿는다."

김영갑 『그 섬에 내가 있었네』, 휴먼앤북스

〈김영갑갤러리두모악〉 2002년 8월에 개관한 '김영갑갤러리두모악'은 2006년 2월에 '김영갑갤러리두모악 미술관'으로 명칭이 변경되었다.

관람 시간 : (3~6월, 9~10월) 9:30~18:00, (7~8월) 9:30~18:30, (11~2월) 9:30~17:00
휴관일 : 매주 수요일, 1월 1일, 설날과 추석 당일
관람료 : 어른 4,500원, 청소년 3,000원, 어린이 1,500원

(출처 : 김영갑갤러리두모악 홈페이지 www.dumoak.com)

온평 - 표선(해안)

- 총 거리 14.6km
- 소요 시간 4~5시간
- 최고 해발 30m(용머리동산)
- 최저 해발 0m(온평포구)

난이도 ★☆☆

경유지 & 구간 거리
온평포구-0.9km→용머리동산-2km→신산환해장성-2.8km→신산리마을카페-1km→주어동포구-2km→신풍신천 바다목장-3.2km→배고픈다리-2.7km→표선해수욕장

알아 두면 좋은 점
- 온평포구와 신산포구 사이에서 환해장성을 만날 수 있는 코스이다.
- 환해장성은 자연 발생된 돌무덤들이 아니라 외적 침입을 막기 위해 쌓은 성곽이다.
- 중간 스탬프가 있는 신산리에 식당과 마을 카페 등이 있다.

환해장성

　제주 섬 한 바퀴가 올레 21개 코스로 완전히 이어진 건 2012년이다. 시흥초교에서 광치기해변까지 올레 1코스가 개장된 지 5년 만이다. 대부분은 해안 쪽을 잇고 있지만 내륙을 관통하는 코스도 몇 군데 있다. 해안보다는 내륙이 더 아름답거나 의미가 있겠다고 판단된 구간들이다. 대표적인 경우가 김영갑갤러리두모악을 지나는 3코스와 애월 납읍 금산공원을 경유하는 15코스다. 해안 쪽을 포기하고 내륙길을 먼저 택한 것이다.

　몇 년 후에는 이 두 구간의 해안길도 정식 올레로 개장이 되었다. 코스 표기는 A와 B로 구분하여, 기존 내륙길은 3-A와 15-A, 신생 해안길은 3-B와 15-B 코스로 표기했다. 하나의 구간에 내륙길과 해안길 A와 B가 나란히 있으니 둘 중 하나를 선택해 걸으면 된다.

　올레 3-A코스는 온평포구에서 통오름, 김영갑갤러리, 신풍포구까지의 내륙길에 이후 표선해수욕장까지 해안길이 이어진 21km의 거리다. 온평포구에서 신풍포구 사이의 해안길 8km도 2015년 5월 올레 3-B코스로 정식 개장했다. 이 해안 구간이 올레길에서 제외됐던 설움을 뒤늦게나마 벗은 데는 이유가 있을 것이다. 온평리와 신산리 해안에 쌓아진 돌담들 때문이 아닐까 싶다.

● 신산환해장성

　돌, 바람, 여자가 많아서 삼다(三多)라는 화산섬 제주에는 흔하고 흔한 게 돌이다. 묘지 주변의 산담, 밭을 둘러싼 밭담 등 제주의 시골이나 올레길 주변엔 돌담들 천지다. 그러다 보니 올레 3-B코스 바닷가에 널린 돌담들 역시 외지인들 눈에는 그저 평범하게만 보일 수도 있다. 허나 이 구간 돌담들은 온평환해장성과 신산환해장성이라는 고유의 이름을 갖고 있다. 제주의 올레 해안길을 걷다 보면 이렇게 이름이 있는 돌담 또는 돌무더기들을 자주 만난다. 자연적으로 생성된 것이 아니다. 오래전 이곳에 살았던 사람들의 땀과 노력이 서려 있는 인공 조형물이자 역사의 유물들이다.

　'환해장성(環海長城)'은 말 그대로 '해안을 따라 섬을 둘러싼 기다란 성벽'을 뜻한다. 김상헌의 『남사록』에는 '탐라의 만리장성'으로 기록돼 있다고

한다. 사방에서 외적이 침입할 수 있는 섬의 특성상 이에 대한 기본 방비였던 것이다. 절벽 지형을 제외하고 외적의 상륙이 손쉬운 해안선을 따라 돌담으로 쌓은 성곽은 원래 300리(약 120km)에 걸쳤다고 한다. 제주 일주도로 길이가 176km이니 사실상 해안선의 절반이 환해장성이었던 셈이다. 옛날의 제주 섬은 자연 절벽과 인공 돌담으로 둘러쳐진 하나의 거성이었다고 할 수 있다.

고려에서 조선까지 제주 섬의 만리장성

제주에 처음으로 무기를 가진 외지인들이 들어와 섬을 점령한 건 '삼별초 항쟁' 때이다. 환해장성의 역사도 이 시기인 750년 전으로 거슬러 올라간다. 고려 무신 정권의 잔당인 삼별초가 몽골과의 굴욕적인 조약에 반기를 들고 항쟁을 시작한 건 1270년이다. 이들이 진도를 거점으로 남해 일대를 장악해 가자 고려 조정은 바다 건너 남쪽의 제주 섬을 미리 방비해 둘 필요를 느꼈다. 이에 고여림이 이끄는 고려군 1천 명이 제주에 들어왔고, 이들은 곧바로 섬 해안선을 따라 돌담 성벽을 쌓기 시작했다.

그러나 곧이어 삼별초 선발대가 제주로 쳐들어오면서 고려군은 힘도 못 써 보고 완패하고 말았다. 이윽고 진도에서도 밀린 삼별초 본진이 제주로 몰려오면서 섬은 요새화를 위한 대규모 토목 공사장으로 변했다. 강제 동원된 섬 토착민들의 피와 땀으로 애월 항파두리엔 거대 토성과 궁궐이 지어지고, 해안선을 따라서는 견고한 돌담들이 이어서 쌓아지며 환해장성의 면모를 갖추었다.

그러나 2년 후 몰려온 몽골과 고려의 대규모 연합군에 삼별초는 허망하게 일망타진되고 만다. 이후에는 몽골제국의 직할령이 된 제주 섬을 그 누구도 넘볼 수가 없었다. 고려군과 삼별초와 제주 토착민들이 연이어 가며 공들여 쌓은 환해장성도 유명무실해졌다.

그러다가 고려가 망하고 조선시대로 접어들면서 환해장성은 다시 본연의 역할이 필요해졌다. 원나라가 망하고 몽골인들이 제주 섬에서 물러나자 왜구들이 출몰하기 시작한 것이다. 이웃 섬인 규슈 출신 일본인 해적들이 이미 고려 말부터 한반도 남해안 일대를 대상으로 약탈을 일삼고 있었다. 그들이 남중국해로 활동 반경을 넓히면서 제주 섬 해안에도 자주 출몰했지만 그때마다 환해장성은 나름의 효과를 발휘했고, 이에 따라 조선시대엔 지속적인 돌담 증축과 보수도 병행되었다.

삼별초를 막으려고 고려군이 쌓았던 돌담, 이어서 고려군을 막으려고 삼별초가 더 견고하게 쌓아 올린 돌담 성벽인 환해장성이 세월이 지난 후에는 일본 왜구들을 막아 주는 방패막이가 되었던 것이다.

지방문화재로 등록된 열 군데 환해장성

제주 해안에는 모두 28개의 환해장성이 남아 있었지만, 이들 중 상태가 양호한 열 군데만 지방문화재로 관리되고 있다. 방비의 목적상 아무래도 섬의 북부인 제주시 해안에 훨씬 많아서 여덟 군데나 되고, 남부인 서귀포시 해안에는 두 군데에 불과하다. 바로 그 남쪽 해안 두 군데가 온평환해장성과 신산환해장성이다.

열 군데 중 아홉 군데가 모두 100~600m 정도의 짧은 길이인데 온평환해장성만큼은 2km가 넘는다. 길이가 긴 만큼 중간중간 허물어지며 오랜 세월이 지나다 보니 이젠 4개로 쪼개어졌다. 올레 2코스 종착지인 온평포구 주변에 2개가, 그리고 3-B코스 근처에 2개가 있지만 올레 코스를 벗어난 위치라서 수백 미터를 더 걸어야 만날 수 있다. 반면에 신산환해장성은 올레 3-B코스 노선상이라 올레길을 걷는 이라면 누구나 쉽게 만난다. 길이도 600m라서 상대적으로 긴 편이다.

나머지 여덟 군데의 환해장성은 애월, 화북 곤을동, 화북 별도, 삼양, 북촌, 동복, 행원, 한동환해장성이다. 이들 중 올레길에서 쉽게 만날 수 있는 네 군데는 18코스와 19코스의 곤을동, 별도, 삼양, 북촌환해장성이다. 나머지 네 군데는 모두 올레 노선에서 수백 미터씩 벗어나 있다.

올레길을 걷기 시작하면 3-B코스의 신산해변에서 환해장성을 처음 만난다. 그냥 흔한 제주의 돌담이라고 무심코 지나치진 않으면 좋겠다. 수백 년 전에 이 섬에 살면서 저 돌담을 하나씩 쌓아 가던 이들의 심정을 헤아려 보는 건 어떨까. 얼마나 간절히 자신과 가족의 안녕을 기원했을지, 또한 얼마나 많은 땀과 노력을 이 돌담들에 쏟아 냈을지를 생각해 보면서 말이다.

〈환해장성 열 군데 지방문화재〉

온평(2,120m) 서귀포시 성산읍 환해장성로 732 / 신산(600m) 서귀포시 성산읍 신산리 49-5
애월(360m) 제주시 애월읍 애월리 1957-1 / 화북 곤을동(140m) 제주시 화북1동 4373
화북 별도(620m) 제주시 화북1동 1533-4 / 삼양(280m) 제주시 삼양3동 2622-1
북촌(250m) 제주시 조천읍 북촌리 393-3 / 동복(150m) 제주시 구좌읍 동복리 687-5
행원(310m) 제주시 구좌읍 행원리 산2 / 한동(290m) 제주시 구좌읍 한동리 1690

(출처 : 문화재청)

제주올레 4코스

표선 - 남원

📍 총 거리 19km
　소요 시간 5~6시간

최고 해발 30m(알토산고팡)
최저 해발 0m(표선해수욕장)

경유지 & 구간 거리
표선해수욕장-1.2km→휠체어 구간 시작점-2.2km→해양수산연구원-2.6km→휠체어 구간 종점-1.4km→해병대길-2.2km→알토산고팡-3.9km→덕돌포구-1.5km→태흥2리 체육공원-4km→남원포구

알아 두면 좋은 점 🌿

- 해비치호텔&리조트에서 가마리개쉼터까지 4.8km는 휠체어 구간이다.
- 해병대길은 35년 만에 복원되는 과정에 해병대 장병들이 많이 도와줘서 붙은 이름이다.
- 토산포구, 신흥리포구에서 남원까지 이어지는 해안가에 식당이나 카페들이 많다.

제주 1호 열녀 고려 정씨

올레 4코스는 표선해수욕장에서 남원포구까지 이어지는 해안길이다. 올레 대부분 코스들이 15km 내외거나 그 이하 거리인데, 19km에 걸친 4코스는 상대적으로 장거리이다. 구태여 올레 안내표지를 찾을 필요도 없이 왼쪽 바다를 바라보며, 그저 해안도로만 따라가면 된다. 해안 갯가에 있는 습지인 갯늪을 지나고, 해양수산연구원 전시실에 들러 제주 바다의 생태와 섬의 토속적 모습들을 엿보기도 한다. 장병들의 수고를 통해 친환경적으로 조성된 '해병대길'도 정겹고, 인공적이지만 깔끔하게 관리되는 듯한 '토산 산책로'도 고즈넉하다.

하지만 4코스 전체적으로는 도드라진 특징이 없다. 코스 후반부에선 살짝 지루함을 느낄 수도 있다. 종착지인 남원포구에 이르면 사막을 지나 오아시스에 이른 듯 주변이 역동적이고 갑자기 생기가 돈다. 4코스를 마친 후에는 곧바로 5코스로 가지 말고 잠시 숨고르기를 하는 것도 좋다. 600년 전 이곳에 살았던 한 여인을 만나 보는 것이다.

남원포구 입구 정류장에서 742-2번 버스를 타면 남원-한남 간 도로인 남한로를 달려 20분 안에 한남리에 도착한다. 남원포구에서 4.5km 떨어

● 한남리 고려 정씨 열녀비

진 중산간 마을이다. 이곳 마을회관 경내에는 고려 정씨 열녀비(高麗 鄭氏 烈女碑)가 세워져 있다. 오랜 세월 인근에 방치되다시피 했던 이 비는 2019년 10월에 이곳으로 옮겨져 새 단장을 했다.

제주 역사상 열녀로 추서(追敍)된 수십 명의 여인들 중 1호 열녀비라는 데에 의미가 크다. 바로 옆의 비문을 풀어 쓴 소개글을 읽어 보자.

"고려 때 석곡리보개의 아내이다. 합적의 난 때 그 남편이 죽었는데 정씨의 나이가 어린데다 자식이 없었다. 얼굴과 자태가 고와 안무사와 군관들이 강제로 아내로 맞이하려고 하였다. 정씨는 스스로 죽기를 맹세하면서 칼을 뽑아 스스로 목을 베려 하자 마침내 아내로 맞이하지 못했다. 늙어 죽을 때까지 시집가지 않았다."

비문 중 '합적(哈赤)의 난'이란, 공민왕 23년, 제주에 남아 있던 몽골인 잔당인 하치(哈赤)들이 고려 조정을 향해 일으킨 난을 말한다. 학교 교과서에는 나와 있지 않지만 제주 섬에선 4·3사건보다도 더 처참했던 역사의 한 페이지였다. '목호의 난'으로 더 알려져 있는데, '목호(牧胡)'는 한자 뜻 그대로 '말 키우는 오랑캐'를 의미한다. 합적 및 하치도 비슷한 말이다. 목장에서 말을 사육해 키우는 데에 핵심 역량을 가진 몽골인들을 일컫는다.

세계 정복을 위해선 우수한 전투마들이 필수였기에 몽골로서는 보다 많은 말들을 신속하게 잘 키워 내는 일이 무엇보다 중요했다. 때문에 이들 목호 또는 하치들은 상당한 대우를 받는 전문가 집단이었다. 이를테면 2차 대전에서 탱크나 전투기를 설계하고 양산해 내는 독일 과학자나 기술자들과 비슷한 위상이었던 셈이다.

열녀 정씨의 낭군도 당시 제주에 상주하던 목호 1,700여 명 중 한 명이었다. 제주 여성과 혼인하여 알콩달콩 살아가는 와중에 목호의 난이 일어났고, 목호 조직의 중간 간부였던 그로서는 피해 갈 수 없었다. 그는 고려 최영 장군이 이끄는 25,600명의 토벌대를 맞아 싸우다 최후를 맞았고 결국은 자결했다. 비문에 있는 그의 이름 석곡리보개(石谷里甫介)는 일부 고문서에는 석나리보개(石那里甫介)로 표기되어 있다.

유배인 손녀딸 부부가 맞은 목호의 난

20대의 젊은 나이에 남편을 잃은 정씨는 조상 대대로 탐라 토박이는 아니었다. 고려 조정에서 오래전 유배를 와 살던 정씨 선비의 손녀딸이었으니 아버지 대부터 탐라 사람이 된 셈이다. 정 노인은 살아생전에 목호 중 한 명인 석곡리보개를 눈여겨보면서 손녀 사윗감으로 점찍어 뒀는가 보다. 눈을 감기 직전 노인은 그 몽골 청년과 손녀딸을 불러, 둘이 혼인해 줄 것을 유언으로 남겼다.

비록 멀리 유배를 와 있었지만 고려 귀족의 일원으로서 변발 오랑캐와의 혼인은 내키지 않았을 것이다. 그럼에도 불구하고 오랑캐와의 혼인을 허락한 것을 보면, 몽골인 백호장(百戶長) 석곡리보개가 정 노인에게 얼마나 성실하고 믿음직스러워 보였는지 짐작할 수 있다.

당시 몽골은 오랜 세월 탐라를 지배하고 있었고, 목호들은 탐라 사회의 최상위 계층이었다. 조정에서 파견된 고려 관료들보다도 더 위에 군림하고 있었다. 100년 전 삼별초 항쟁 때 여몽연합군 토벌대로 왔던 몽골군 일부가 남아 주둔하면서 탐라 섬은 기존의 고려 소속에서 몽골제국 직할령

으로 바뀌었던 것이다.

　세월이 흐르며 중국 대륙에선 명나라가 흥하고, 탐라 목호들의 조국인 원나라는 점차 세력이 약화되었다. 이를 틈타 고려 조정은 원으로부터 탐라를 되찾아 오려고 시도했다. 그러나 오랜 세월 탐라를 장악하고 있던 몽골인 목호들은 호락호락하지 않았다. 100년 동안 탐라에 살아온 그들이었다. 섬 여인들과 혼인하여 2대 3대 뿌리를 내리는 중이었고, 섬사람들 중에는 탐라-몽골 혼혈이 이미 많이 늘어나 있었다.

　이를 보고 고려 조정에서는 탐라 섬 전체가 친몽골화된 것으로 판단했다. 그러기에 고작 1,700명의 목호들을 척결하기 위해 섬 전체 인구에 맞먹는 대규모 토벌대를 보내게 된 것이다.

　목호 쪽의 패배는 이미 예견된 것이었다. 그러나 그 결과는 실로 처참했다. 정씨의 남편 석곡리보개를 포함한 목호 집단과 그 가족들은 물론 목호를 도운 자, 그리고 몽골인의 피가 섞였거나 변발을 한 자들은 모두가 죽임을 당했다. 남녀노소 가림이 없었다. 탐라 인구 거의 절반이 목호의 난 당시 죽었다.

● 『목호의 난 : 1374 제주』 본문 장면

650년 전 한반도 변방의 섬에서 있었던 이 살육 사건은 잘 알려져 있지 않다. 학교 교과서에도 언급된 바 없고, 문헌이나 자료도 시중에선 찾아보기 어렵다. 이 사건을 다룬 대중서적 한 권이 2019년 1월에 발간되었다. 『목호의 난 : 1374 제주』라는 제목의 만화책이다. 제주 출신이 아닌 정용연 작가가 제주인의 시각으로 사건의 전 과정을 담담하게 그리고 있다. 만화 속 남녀 주인공이 바로 제주 1호 열녀비의 정씨와 그녀의 몽골인 남편 석곡리보개다. 만화 속 대화 내용과 그림들을 토대로 정씨 부부와 당시의 주변 정황들을 재구성해 봤다.

한때는 몽골제국의 전사들이었다. 오랜 세월 탐라 섬 토착민들과 섞여 살며, 한라산 중산간을 몽골의 대초원인 양 말 달리던 그들을 일컬어 사람들은 오랑캐 목동, 목호라 불렀다. 변발 오랑캐인 그들이 섬에 첫발을 들였을 때 섬사람들은 두려움에 떨었다. 그들은 탐학한 고려 관리보다 무서웠고 해안 지방을 노략질하는 왜구만큼이나 잔인했다. 초승달처럼 굽은 오랑캐 칼 만곡도를 휘두르며 다녔고, 동료가 죽어도 시체는 묻지도 않고 들판에 버리는 족속들이었다.

잿더미가 된 그 죽음의 땅에 풀씨가 하나둘 날아들고 이내 푸른빛이 검은 재를 덮기 시작했다. 점령지에서의 약탈은 그들 고향인 초원의 법칙. 그들에겐 인연 또한 전리품이었으니, 아녀자들에게 씨를 뿌리곤 새로운 인연으로 부부가 되고 아이를 낳고, 그렇게 대를 이어 가며 섬사람들과 하나가 되어 갔다.

몽골 남성과 탐라 여인 사이에서 태어난 아이들은 말과 함께 자랐다. 말 울음소리에 잠을 깨고, 말똥을 태워 추위를 이기고 말 젖으로 부족한 영양분을 채우며 쑥쑥 커 갔다. 말 털에 붙어사는 부구리를 긁어 내고, 말 달리기 시합에 나가 또래 아이들과 재주를 겨루는 것이 어른이 되기 위한 통과의례였다.

세월이 흐르다 보니 이제 섬에선 어디를 가도 오랑캐 피가 섞인 아이들이 쉽게 눈에 띄었다. 원나라 세력이 물러난 탐라 섬에 고립된 목호들 중 한 명인 백호장 석곡리보개, 제주에 유배 온 고려 관리의 손녀딸이자 석곡리보개의 아내 버들아기. 할아버지 정 노인의 유언에 따라 맺어진 둘은 서로 사랑하며 더없이 보기 좋은 부부였다. 몽골인 목호의 아들과 고려 유배인의 손녀딸, 둘은 섬에서 태어났으니 육지 사람이 아닌 섬사람들이었다.

남편 석곡리보개가 목호 일터로 나갈 때 아내 버들아기는 빙떡을 도시락으로 싸 줬다. 곱게 빻은 메밀가루를 미지근한 물과 섞어 반죽한 뒤 번철에 부치고, 삶은 무채에 쪽파, 참기름, 참깨 등을 넣고 버무린 뒤, 번철에 부친 전 위에 얹어 둥글게 빙빙 말아 만든 아내의 이 빙떡이 석곡리보개에겐 세상 둘도 없는 음식이었다.

'육지에서 토벌대가 온다더라'.

언젠가부터 불길한 소식들이 들려 왔고 마냥 불안해하던 어느 날, 명월포 앞바다에 수백 척의 고려 전함이 당도했다. 탐라에 남아 있던 목호 세력의 열 배가 넘는 군세였다. 결코 이길 수 없는 싸움, 목호의 괴멸은 시간문제였다. 상륙한 고려군에 밀려서 남으로 달아나던 석곡리보개와 목호군은 범섬이 보이는 서귀포 해안에 최후 방어선을 구축했다.

곧이어 이곳에서마저도 밀려난 목호들은 바다를 건너 범섬으로 퇴각하지만, 고려군은 명월포에 정박 중이던 함선 314척 중 40척을 움직여 섬을

에워쌌다. 그러곤 상륙하여 목호의 마지막 숨통을 조르기 시작했다. 범섬 사방은 천 길 낭떠러지, 결국 최후의 시간을 맞았고 석곡리보개와 동료 목호들은 절벽 끄트머리까지 밀려났다. 절벽 아래 바다로 뛰어내리던 목호들의 절규가 하나둘 잦아들면서 모든 건 끝났다.

목호 대장 석질리필사는 아들 셋과 일당 수십을 이끌고 항복해 왔으나 모두 고려군에 의해 즉결 처형되고 말았다. 고려 여인 버들아기는 몇 날 며칠 뜬눈으로 지새며 남편이 살아 돌아오기만을 빌었지만 허망한 일이었다. 남편과 부부의 연으로 살아온 길지 않은 시간은 버들아기 정씨에게 꿈속 천국이었지만, 눈 뜬 현실은 하루하루가 무간지옥이었다.

남편이 범섬 절벽 아래로 몸을 던진 이래 여러 해가 지났다. 젊은 과부 정씨는 고려 관리들 여럿의 끈질긴 구혼에도 이를 모두 거절했다. 정씨의 주변 친족들도 입을 모아 재가를 권하였으나 끝내 듣지 않았다. 고려 말기에 남편을 잃은 20대 정씨는 조선왕조로 바뀌고도 30년이 지날 때까지 절개를 지키며 홀로 살다가 70대에 눈을 감았다. 그녀가 죽고 얼마 뒤인 세종 10년(1428년), 조정에서는 열녀비를 세워 그녀의 정절을 기렸다. 한남리 마을회관에 있는 지금의 열녀비는, 그로부터 400년 뒤인 순조 34년에 제주 목사 한응호가 부임 초기에 다시 세운 것이라 한다.

열녀비가 이곳에 있게 된 그간의 이야기를 고성봉 전 한남리 이장은 다음과 같이 말했다.

"원래 이 비는 한남리 4번지의 감귤 과수원 돌담 옆에 세워져 있었습니다. 옛날 정의현과 서귀진을 연결하던 중간 지역이었죠. 오래전부터 거기 방치돼 왔던 건데, 2006년도에 마을 사람들이 복지회관으로 옮겨 왔어요. 비에 있는 '합적의 난' 기록이 역사학적으로도 중요한 문화유산임을 깨닫게 된 건 훨씬 나중이었어요. 2018년도에 제가 마을 이장에 취임하면서 제주특별자치도 주민참여예산 공모사업에 응모를 했고, 그때 '고려 정씨 열녀비 스토리가 있는 한남리 문화유적길 만들기' 사업이 선정되었습니다. 마을 원로 어르신들과 외부 학자들에게 고증과 자문을 받아 가며 2019년 10월에 열녀비 제막식과 문화 유적길 준공식을 개최했고, 그때 지금의 모습으로 단장된 겁니다. 제주도 향토유형유산 제29호로 지정시킨 것도 그 직후입니다.

고려 최영 장군의 토벌대가 목호의 난을 진압하고 떠나자 제주는 온 섬 전체가 시체로 뒤덮였다고 합니다. 고려 조정이 제주인들 모두를 몽골과 한통속으로 묶어 버리곤 무자비하게 살상해 버린 거죠. 4·3사건 때 '제주는 빨갱이 섬'이라고 했던 정부의 인식과 비슷했던 거예요. 열녀비의 주인공 이름은 '정조이'였습니다. 650년이라는 긴 시간이 지났지만 제주의 아픈 역사와 제주인 열녀 1호의 고결한 삶을 세상 밖으로 재탄생시켜 놓았다는 데에 큰 보람을 느낍니다."

〈남원읍 한남리〉 한남리는 고려시대인 1290년경에 석곡리라는 이름으로 형성되었다고 한다. 열녀비의 비문에 나타난 정씨의 몽골인 남편 이름 '석곡리보개'와 연결이 된다. 열녀비는 한남리사무소 구내에 위치해 있다. 주소는 서귀포시 남원읍 남한로 431(남원읍 한남리 359-2).

남원 - 쇠소깍

- 총 거리 13.4km
- 소요 시간 4~5 시간
- 최고 해발 40m(쇠소깍)
- 최저 해발 0m(남원포구)

경유지 & 구간 거리: 남원포구-1.2km→큰엉 입구-3km→국립수산과학원-0.7km→위미 동백나무 군락지-2km→휠체어 구간 종점-2.9km→넙빌레-1.7km→망장포-1.9km→쇠소깍다리

알아 두면 좋은 점
- 아름다운 큰엉 경승지 산책길에서는 한반도 지도 형상이 포토존으로 인기가 많다.
- 국립수산과학원에서 위미항까지 2.7km는 휠체어 구간이다.
- 5코스 절반쯤인 위미항 조배머들코지에 횟집들이 모여 있다.

위미 동백나무 군락지

눈 오는 겨울, 제주는 바람 또한 거세다. 봄, 여름, 가을 조금씩 다른 이유로 넘쳐나던 관광객들은 겨울이 되면 발길이 뜸해진다. 그러나 동백꽃을 만나러 한겨울에 제주를 찾는 이들도 있다. 동백꽃 명소들도 회자된다. 조천읍 선흘리 '동백동산', 구좌읍 평대리 '메이즈랜드', 안덕면 상창리 '카멜리아힐', 남원읍 위미리 '위미 동백나무 군락지' 그리고 남원읍 신흥리 '동백마을' 등이다.

제주 겨울 여행 콘셉트를 동백꽃으로 잡고 오는 이들도 늘고 있다. 한겨울을 지나 이른 봄까지도 제주 동백꽃은 아름답게 피어 있다. 만개했던 꽃들은 봄이 깊어 가면서 하나 둘씩 후드득후드득 땅으로 떨어진다. 육지에서 온 여행객들에겐 그 꽃나무의 낙화까지도 아름답다.

그런데 지긋한 연세의 제주 어르신들에겐 동백나무의 낙화가 다른 의미로 각인되어 있기도 하다. 어르신들에게 동백나무 이야기를 하면 가끔씩은 끔찍하고 소름끼치는 유년의 기억이 되살아나 몸을 떨기도 하는 것이다. 제주 출신 현기영 작가의 소설 『지상에 숟가락 하나』의 한 대목을 보자.

● 동백나무 군락지

● 5코스 중간에 있는 동백나무 군락지 표식

"겨울철 그 고장에 관광 갔던 사람들은 눈 속에 피는 붉은 동백꽃이 아름답다고 말한다. 눈 위에 무더기로 떨어져 뒹구는 붉은 낙화들도 아름다웠을 것이다. 아름답게 보는 것이 정상이다. 나도 더 어렸을 때는 떨어진 그 통꽃에 입을 대고 꽃물을 빨며 즐거워한 적이 있었다. 그러나 그 악한 시절 이후 내 정서는 왜곡되어 그 꽃이 꽃으로 보이지 않고 눈 위에 뿌려진 선혈처럼 끔찍하게 느껴진다. 아니, 꽃잎 한 장씩 나붓나붓 떨어지지 않고 무거운 통꽃으로 툭툭 떨어지는 그 잔인한 낙화는 어쩔 수 없이 나에게 목 잘린 채 땅에 뒹굴던 그 시절의 머리통들을 연상시키는 것이다." 현기영 『지상에 숟가락 하나』, 창비

현기영 작가는 이 자전적 소설에서 어린 시절 겪었던 4·3사건의 기억을 떠올리고 있다. 땅에 떨어져 흩어진 붉은 동백꽃들이 '눈 위에 뿌려진 선혈'이나 '목 잘린 채 땅에 뒹굴던 머리통들'로 보였던 것이다.

『동백꽃 지다』는 4·3사건의 전 과정을 연작 그림으로 보여 주는 화집의 제목이다. 역시 제주 출신인 강요배 화가의 작품이다. 슬프고 처참했던 당시의 상황들을 섬세하면서 거친 필치로 생생하게 재현했다. 동백꽃은 제주 4·3사건의 상징이 되었다. 1948년 사건 발발 이래 지난 2018년은 70주

년이었고, 동백꽃 배지가 70주년 기념물이었다. '동백꽃 배지 달기' 캠페인이 제주에서 전국으로도 번졌었고, '가슴에 동백꽃을'이란 슬로건도 물결쳤었다.

 ## 100년 전 여인의 정성이 서린 땅

올레 5코스는 남원포구에서 쇠소깍까지 이어지는 13.4km 길이의 해안 길이다. 코스 초입의 울창한 숲길 '큰엉'은 제주 해안에서만 느낄 수 있는 독특한 분위기를 선사한다. 남원 해안을 따라 걷다가 위미리로 들어서면 잠시 후 길은 내륙 쪽으로 향한다. 10~20분 정도 올라가다 보면 '위미 동백나무 군락지'가 나타난다. 5코스 시작점에서 5km 지나온 지점이다.

간세 이정표에 쓰인 글귀를 보자.

"한 할머니의 땀이 서린 땅. 17살에 시집온 현맹춘(1858~1933년) 할머니. 어렵게 마련한 황무지의 모진 바람을 막기 위해 한라산의 동백 씨앗 한 섬을 따다가 심어 기름진 땅과 울창한 숲을 일구었다."

　100년 전에 살았던 한 여인의 정성과 집념이 오늘날 이렇게 제주의 멋진 동백 명소 하나를 만들어 냈다. 꽃 피는 제철에 가면 사람 키 2~3배 높이의 동백나무들이 두터운 갑옷을 걸친 듯 온통 붉은 꽃들로 촘촘히 감싸여 있을 것이다. 군락지를 둘러보는 동안에는 동백꽃의 아름다움에 흠뻑 취하자. 현기영 작가의 글이나 강요배 화가의 그림들을 떠올릴 필요는 없겠다. 여행에서 돌아와 지난 여행을 추억할 때가 되면 자연스레, 붉은 꽃의 아름다움과 그 안에 깃든 역사 속 슬픔이 함께 떠오를 수도 있다.

〈제주 동백꽃 5대 명소〉

1. 제주시 조천읍 선흘리 산12 '동백동산'
2. 제주시 구좌읍 비자림로 2134-47 '메이즈랜드'
3. 서귀포시 안덕면 병악로 166 '카멜리아힐'
4. 서귀포시 남원읍 위미중앙로 300번길 15 '위미 동백나무 군락지'
5. 서귀포시 남원읍 한신로 531번길 22-1 '동백마을'

❶ 큰엉 숲의 유명한 한반도 정경
❷ 위미 동백나무 군락지에 핀 동백나무

| ❶ |
| ❷ |

영화「건축학개론」서연의 집

　나는 제주 양씨 양서연. 어찌 살다 문득 정신 차려보니 서른 중반 이혼녀가 되어 있다. 유명 라디오 DJ가 되어 한적한 교외에 전원주택 짓고 사는 게 대학 시절 품었던 미래의 내 모습이었지만 이미 멀어진 꿈이다. 그나마 제주도 고향집이 몇 년째 비어 있으니 돌아가 살면 된다. 집을 개조하든 허물어 새로 짓든 한 다음에 요양원에 계신 아빠를 모셔다가 함께 살면 되는 거다.
　그나저나 오랜 세월 풀리지 않는 의문 하나. 대학 1학년 때 만났던 나의 첫사랑 걔는 그때 나한테 왜 그랬을까? 나보단 걔가 나를 더 좋아했던 거 같은데, 어느 날 갑자기 그렇게 심한 말을 내뱉곤 가 버리다니…. 15년 지난 지금 걔는 어떻게 살고 있을지 궁금하다.

　나 이승민, 공대 건축학과를 졸업했고 지금은 중견 건축가가 되어 있다. 어느 날 직장으로 묘령의 여인이 찾아와 반갑게 인사를 건넸는데, 내가 잠깐 몰라보는 실수를 범했다. 생각하면 늘 찜찜하고 잊고 싶었던 내 인생 첫사랑 양서연이었다. 좋아한다고 고백하려고 그녀 집 앞에서 두어 시간 기다렸던 그날의 충격이 다시 떠오른다.

술 취한 그녀가 재욱 선배 부축을 받으며 돌아와 함께 자취방으로 들어가는 걸 숨어서 지켜보다가 패배감과 배신감 속에 발길을 돌렸었다. 스스로를 초라하고 보잘것없는 존재로 느끼며 자신감 없었던 그 시절 나에게 재욱 선배는 도저히 이길 수 없는 '넘사벽'이었다. 며칠 후 나타난 그녀에게 '이젠 내 앞에서 좀 꺼져 줄래?'라고 통쾌한 한마디 내뱉어 주고 끝냈다. 당시의 나의 진정한 속마음을 제대로 알 수 없었을 그녀가 15년 만에 나를 찾아왔다.

누구에게나 있을 법한 첫사랑의 기억

　2012년, 봄바람과 함께 개봉된 영화 「건축학개론」은 아련한 첫사랑에 관한 이야기이다. 상대의 마음 읽기와 내 마음을 표현하는 방법에 서툴고 무지했던 시절의 아쉬움과 회한, 누구에겐들 없을까? 상대에 비해 내가 많이 부족하고 하찮은 존재로 여겨지는 열등감 때문에, 더 이상 비참해지기 싫어 얼른 포기하고 말아 버린 청춘 시절의 비밀 하나쯤 마음속 어딘가에 숨겨 놓고 살아가는 것이다.

● 위미항 전경(사진 제공 : 제주관광공사)

● 위미항 전경(사진 제공 : 제주관광공사)

　대학 1학년 시절, 서로 좋아했지만 내색은 못한 채 오해 속에 헤어지고 말았던 남녀가 30대 중반이 되어 만났다. 다음 달 결혼을 앞둔 건축가 승민에게, 제주도 고향집에 내려가 인생을 새로 출발하려는 서연이 재건축 의뢰인으로 찾아온 것이다. 대학 시절 서울 정릉의 빈집에서 멈춘 뒤 허물어 없어지던 두 사람의 추억은, 제주 바닷가 서연의 빈집이 재건축되는 과정에서 함께 복원된다. 매년 첫눈 오는 날이면 서로가 정릉의 빈집을 생각하며 보냈을 15년의 오해와 단절의 세월도, 영화의 결말에선 서로에게 각기 '아, 그랬었구나' 하면서 자기 위로와 치유로 이어진다.
　100년 전, 현맹춘 할머니가 일궈 놓은 동백나무 군락지를 벗어나면 올레길은 다시 해안으로 내려와 위미항을 거친다. 그리고 곧이어 영화 속 서연의 그 집으로 안내한다. 주소지는 '제주특별자치도 서귀포시 남원읍 위미해안로 86', 올레 5코스 13.4km 중 4.6km를 남겨 둔 지점이다. 방파제와 2차선 도로를 사이에 두고 바다와 마주한, 전형적인 제주 해안마을 정경이다. 특징이라면 돌담으로 둘러쳐진 마당이 넓고, 나무와 꽃들이 많고, 2층 건물이 주변의 집들에 비해 돋보인다는 점 등이다.
　영화 속에서 승민은 '잔디 마당이 있는 2층 집에 살고 싶다'고 했던 15년 전 서연의 말을 잊지 않고 있다가 그대로 설계에 반영해 준다. 재건축이

● 카페 서연의 집 1층 창문

완료된 집은 원래의 빨간 지붕은 그대로 두고 베란다를 바다 쪽으로 넓혔다. 옥상 한편에 새로 지어진 서연의 방으로는 거대한 유리창을 통하여 바다 멀리 수평선까지의 바다 풍경이 파노라마처럼 펼쳐진다.

2층 베란다 싱그런 잔디 마당에 팔베개를 하고 누운 영화 속 둘의 모습은 시원한 바다를 배경으로 한 폭의 그림이었다. 서로의 속내를 털어놓은 적이 없었기에 그때까지도 각자 속앓이만 하고 있었으나, 둘의 마음을 잘 아는 스크린 앞 관객들 입장에선 그저 안타깝기만 했던 장면이다.

영화, 첫사랑, 기억, 커피……

현재 서연의 집은 갤러리 카페로 변신해 있다. 제주 올레길에 펼쳐진 수많은 명소들 중 열 손가락 안에 꼽힐 정도로 유명해졌다. 영화 속에선 빨간 지붕 옆에 방 하나짜리 자그마한 2층이 얹힌 아담한 모습이었으나, 지금의 '카페 서연의 집' 외관은 훨씬 더 우람해 보이나 심플하면서도 고급스럽다. 야트막한 빨간 지붕을 헐어 낸 대신에 서연의 방을 포함한 2층 전체를 더 규모 있게 리모델링했기 때문이다.

구조가 바뀐 계기는 영화가 개봉된 그해 여름의 태풍 볼라벤 때문이었

● 카페 서연의 집

다. 제주 남해안이 태풍의 직격탄을 맞았고, 그 와중에 서연의 집 2층 가건물 세트도 파손이 되면서 철거가 불가피해졌다. 영화에 참여한 제작진들이 영화 속 추억의 흔적들은 보전하되 실제 '카페'로 활용할 수 있도록 고민과 정성을 다하여 재건축한 끝에 2013년 봄, 새로운 공간으로 탈바꿈하여 오늘에 이르게 된 것이다.

 카페 입구 팻말에 써진 '영화, 첫사랑, 기억, 커피'라는 문구가 이 공간의 분위기를 잘 짚어 주고 있다. 실내로 들어서면 영화 스크린 같은 대형 폴딩 도어가 여느 카페와는 다르게 유독 눈길을 끈다. 추운 겨울이 아니면 대개는 활짝 열려 있기에 아름다운 위미리 바다를 실내로 가득 들이는 역할을 한다.

 2층 역시 비슷한 구조지만 영화 속 두 사람이 싱그럽게 누워 있던 잔디밭이 그대로 재현되어 있는 게 특히 돋보인다. '승민의 작업실'은 물론 '서연의 2층 방' 등 카페 곳곳에는 영화에 등장했던 각종 소품과 크고 작은 스틸사진들이 촘촘하게 진열돼 있다.

 카페 2층에 바다를 향해 길게 걸려 있는 스틸사진도 영화를 본 이들의 눈길을 끌 만하다. 스무 살 승민과 서연이 건축학개론 과제

● 카페 서연의 집 영화 속 소품

를 위하여 개포동 주공아파트 옥상에 올라 서울 시내를 내려다보던 장면이다.

서연의 고향이 제주라는 사실이 신기하고, 서연도 자신처럼 한 부모 가정이라는 사실이 승민에겐 왠지 모를 기쁨을 줬다. 이때 등장하는 '전람회'의 CD 앨범과 플레이어는 영화 결말에 이르러 서연의 오랜 세월 의문과 오해를 풀어 주는 장치 역할을 한다.

스틸사진은 서연이 좋아하는 음악 '기억의 습작'을 둘이 함께 이어폰으로 나눠 듣는 뒷모습이다. 사진 한가운데 쓰여 있는 둘 사이의 대화 한 구절은 이곳을 방문하는 누구에게나 같은 질문을 스스로에게 던질 것이다.

'나는 과연 십 년 뒤에 뭐하고 있을까?'

〈카페 서연의 집〉
- 주소 : 서귀포시 남원읍 위미해안로 86
- 자가용 이용 시 : 서귀포시 남원읍 위미리 2937번지(주차장)
- 제주공항에서 대중교통 이용 시 : 제주공항에서 공항리무진 탑승 월드컵 경기장 하차 → 서귀포 간선버스 510번 탑승 대화동 하차 → 바닷가로 10분 정도 도보 이동

쇠소깍 –
제주올레여행자센터

총 거리 11km 　　최고 해발 92m(제지기오름)
소요 시간 4~5시간 　최저 해발 0m(남원포구)

경유지 & 구간 거리
쇠소깍다리-0.8km→쇠소깍 안내센터-2km→제지기오름 입구-0.6km→휠체어 구간 종점-1.9km→구두미포구-2km→검은여쉼터-0.8km→소라의 성-2.4km→서귀포매일올레시장 입구-0.5km→제주올레여행자센터

알아 두면 좋은 점

- 쇠소깍은 바닷물과 민물이 합쳐지는 절경으로 유명하다.
- 쇠소깍에서 보목포구까지 2.6km는 휠체어 구간이다.
- 유동 차량은 많지만 서귀포 시내를 관통하는 구간으로서의 장점이 많다.
- 칼호텔 바당길, 정방폭포, 이중섭거리, 매일올레시장 등 서귀포 명소들을 두루 접할 수 있다.

정방폭포의 이면

　세계 3대 폭포라면? 남미의 이과수, 북미의 나이아가라, 아프리카의 빅토리아 폭포들이 어렵지 않게 떠오를 것이다. 그러면 대한민국 3대 폭포는? 머릿속에 쉽게 떠오르지 않을 가능성이 많다.

　우리나라에도 여기저기 폭포는 많지만, 특별히 크거나 유명하게 여겨지는 곳은 흔치가 않다. 그러나 제주도 폭포라면 어떨까? 누구나 한두 개쯤은 쉽게 아는 체를 할 수 있을 것이다. 정방폭포나 천지연 또는 천제연폭포 등, 이름들이 좀 헷갈리지만 떠오르긴 할 것이다. 옛날부터 신혼여행이

● 정방폭포

나 수학여행으로 제주에 갈 때는 폭포 방문이 인기였었기 때문이다.

규모와 경관 면에서 천지연폭포와 자웅을 겨루긴 하지만 그래도 제주 최고의 폭포라면 정방폭포를 꼽는 이들이 많다. 폭포수가 곧장 바다로 떨어지는 경우는 세계적으로 흔치가 않다고 한다. 동양에서는 정방폭포가 유일하게 그런 해안 폭포라 하니 제주의 대표 폭포로서 손색이 없다 하겠다. 올레 6코스 후반에서 서귀포 도심으로 들어가기 직전의 해안가에 위치하기 때문에 접근성도 좋다. 경사가 급한 돌계단을 조심조심 내려갔다가 힘들여 올라오는 수고만으로 제주의 비경을 만나 볼 수 있다.

옛날 언젠가부터 제주에서 가장 아름다운 경관 열 군데를 지칭하여 영주십경(瀛州十景)이라고 하였다('영주'는 제주의 옛 이름이다). 영주십경 중 네 번째인 제4경이 바로 정방하폭(正房夏瀑)이다. 여름에 바라보는 정방폭포의 모습이 특히 비경이라는 뜻이다.

병풍처럼 둘러쳐진 거대 주상절리 절벽으로 두 갈래 물줄기가 거세게 내리꽂는다. 벼락치듯 폭포수 포말이 비산되면서 뿌연 물안개를 자아낸다. 주변 관광객들이 웃고 떠들며 포즈를 취하고 인증 사진을 찍는다. 정방폭포 주변의 일상적인 풍경이다. 감탄사를 연발하며 웃고 즐기다 떠나

는 관광객들은 이곳에 숨겨진 반세기 전의 아픈 역사를 잘 모를 수가 있다. 하얗게 이는 물보라들이 언젠가 한때는 수시로 붉은 핏빛으로 물들었던 적이 있었던 것이다.

아름다운 풍광, 잔혹했던 역사

4·3사건 당시 정방폭포는 산남 지역 최대 학살터로 악명이 높았다. 제주는 한라산을 가운데 두고 산북(山北)과 산남(山南)으로 나뉜다. 산북은 제주시와 구 북제주군, 산남은 서귀포시와 구 남제주군이다. 과거에 제주는 2시 2군이었다. 2006년 특별자치도로 출범되면서 '2군'은 '2시'로 통폐합되었다. 현재의 제주는 그래서 산북은 제주시이고 산남은 서귀포시로 단순화되었다.

산남 지역 곳곳에서 잡혀 온 양민들은 이곳 폭포 주변에서 수시로 처형되었다. 특히 폭포 바로 옆 소남머리에서 학살이 많이 자행됐었다. 진압군 중에 갓 입대한 초임들이 담력을 키워 살인에 익숙해지도록 하기 위한 실전 훈련장이기도 했다고 한다. 나무에 손발이 묶인 양민들이 사격 및 돌격

훈련 목표물이 되기도 하였다. 총에 맞거나 죽창에 찔린 이들은 폭포수와 함께 절벽 아래 바다로 떨어졌다.

때로는 총탄을 아끼기 위하여 맨 앞 사람 1명만 쏘았다. 그러면 자연스럽게 끈으로 묶여 연결된 열댓 명이 폭포 아래로 열 지어 추락하는 것이다. 다른 중산간 지역에서는 학살 현장을 가족들에게 일부러 보여 주거나, 식구들의 박수를 강요했다는 기록들도 있다. 반세기 전의 제주는 정녕 사람이 사람이 아닌 야만의 섬이었나 보다.

이 폭포 위에서 살인의 '첫 경험'을 명령에 의해 집행했던 어린 군인들은 그후의 군생활이 어떻게 변했을까? 그리고 제대 후 어떤 삶을 살았을까? 평생 크고 작은 악몽에 시달렸을 그들 또한 역사의 피해자이긴 마찬가지일 것이다.

〈천지연(天地淵)폭포〉 천지연은 하늘과 땅이 만나 이루어진 연못이라는 의미이다. 폭포 높이가 22m에 그 아래 못의 깊이가 20m로, 가히 하늘과 땅이 만나는 연못이라 불릴 만하다. 천지연폭포 서남쪽에는 구실잣밤나무, 동백나무 등 상록수가 울창하게 우거져 난대림을 이루는데, 한여름에도 시원하며 현무암으로 산책로가 잘 조성되어 있어 남녀노소 모두 편안히 자연을 감상하며 걸을 수 있다. 산책로 끝에 위치한 천지연폭포는 오후 10시까지 야간개장을 하는데, 밤에 보는 폭포의 모습도 장관이다. 위치는 서귀포시 남성중로 2-15(출처 : 비짓제주).

〈천제연(天帝淵)폭포〉 천제연은 하늘나라 옥황상제를 모시던 칠선녀가 내려와 놀다간 연못이라는 의미이다. 한라산에서 시작된 중문천이 바다로 흐르면서 형성된 3개의 폭포로 이뤄진다. 주상절리 절벽에서 천제연(못)으로 떨어지는 제1폭포와 천제연 물이 더 아래로 흐르면서 형성된 제2, 3폭포가 있다. 제1폭포는 높이 22m, 천제연 수심 21m로 주상절리형의 암벽과 에메랄드빛 연못이 아름답기로 정평이 나 있다. 2단과 3단 폭포 사이에는 선임교라는 아치형의 다리가 있는데, 칠선녀가 옥피리를 불며 내려와 노닐다 올라갔다고 하는 전설이 있어 칠선녀다리로도 불린다. 위치는 서귀포시 천제연로 132(출처 : 비짓제주).

진시황 불로초와 서복

'장예모 감독에 공리 주연' 하면 토속성 짙은 4개의 영화가 떠오른다. 「붉은 수수밭」, 「국두」, 「홍등」, 「귀주 이야기」가 그것으로, 1989년에서 1994년까지 6년 동안 순차적으로 나온 작품들이다. 4개 작품 모두 중국 인민들의 일상을 외부 세계에 사실적으로 보여 줬다는 평가를 받는다.

위 작품들에 비해 잘 알려지지는 않았지만 같은 시기에 좋은 작품 하나가 더 있었다. 장예모가 감독으로서 참여하지 않고 공리와 함께 주연을 맡았던 「진용(秦俑)」이란 작품이다. 영원히 죽지 않는 한 사나이의 2천 년에 걸친 사랑 이야기를 다룬 작품이다.

때는 기원전 220년, 천하를 통일한 진시황이 영원한 삶을 위한 불로장생의 비법을 찾아 혈안이 되던 때였다. 주인공 몽천방은 암살의 위기에서 황제를 구한 덕에 경비대장으로 승진된다. 그러곤 불로초 원정대로 징집된 수백 명의 처녀들 중 한 명인 여주인공 한동아와 사랑에 빠진다. 은밀하면서 애틋한 관계가 한동안 이어지지만 궁내에선 금지된 사랑이다. 둘의 관계는 결국은 발각되고 황제의 명에 따라 둘은 죽음을 맞게 된다. 한동아는 죽기 직전 자신이 훔친 불로장생의 알약을 몽천방에게 먹인다. 다음 생에서 만나자는 약속과 함께.

그러곤 2천 년 세월이 흐른다. 여자는 배우로 환생하여 현대 문명 속에 살고 있고, 불사약을 먹은 남자는 죽어도 죽지 않고 오랜 잠에서 깨어난다. 그리고 둘은 운명적으로 재회하지만 전생의 인연이 맺어질 리는 없다. 남자는 옛날 그대로였지만 여자는 자신의 전생을 전혀 기억할 수 없었기 때문이다. 남자만의 지고지순한 사랑이 애절하게 그려질 뿐이다.

그렇게도 영원을 살고자 했던 진시황은 50세 나이로 단명했다. 황제 대신 우연히 환약을 먹게 된 주인공 남자는 불사신이 되어 현대까지 삶을 이어 가고 있다. 허나 행복해 보이진 않는다. 사랑하는 여인을 숨어서 바라보는 영화 속 남자의 마지막 모습이 애틋한 여운을 남긴다.

30년 전에 나왔던 영화를 보면서 2천 년 전에 살았던 또 다른 누군가를 생각해 본다. 바로 서복(徐福)이라는 인물이다. 역시 영화 「진용」에 조연으로 등장한다. 어찌어찌해서 제주 섬까지 흘러왔다가 서귀포 해안가 절벽에 자신의 흔적을 남기고 떠나는 그의 모습이 그려진다. 서쪽 고향으로 돌아가 봐야 어차피 죽을 목숨, 새로운 삶의 터전을 찾아 서쪽이 아닌 어딘가로 뱃길을 돌렸을 것이다. 서불(徐巿)로 불리기도 하는 서복이라는 인물, 진시황의 명에 따라 불로초를 찾아 동방 원정길에 나섰다가 돌아가지 않았다.

그는 원래 산동성 제나라 출신이지만, 신선의 술법을 닦는다는 '방사(方士)'의 직책으로 진시황 밑에서 일하고 있었다. 영화에서는 공들여 만든 불로장생 영약이 실패로 판명되자 황제가 진노하는 장면이 나온다.

"10년 동안 성공 한 번 못하다니, 쓸모없는 저 방사 놈을 당장 생매장시켜라!"

이에 질겁한 서복이 황급히 머리를 조아려 읍소한다.

"폐하, 성은을 베푸시옵소서. 신 서복이 아뢸 말씀 있사옵니다. 조상의 기록에 의하면 동해 바다 건너에는 봉래(금강산), 방장(지리산), 영주(한라산)가 있다 했습니다. 세 곳 모두 신선이 사는 영산인지라 그곳에선 불로초를 쉽게 구할 수 있사옵니다. 뱃길이 험한 만큼 500명의 동남동녀와 함께 신을 그곳으로 보내 주시면 반드시 불로초를 구해 오겠나이다."

목숨을 부지하기 위해 얼떨결에 나온 궁여지책이었다. 역사의 기록은 어쨌건 영화 속에선 그렇게 비친다. 불로장생을 향한 단 한 가닥의 끈이라도 부여잡고 싶었던 진시황으로선 거절할 수 없는 제안이었다. 이렇게 해서 5백 명의 동남동녀들이 중원 전역에서 강제 징집이 되었고, 후세 사람들이 '불로초' 하면 진시황과 서복을 떠올리게 하는 역사는 그렇게 시작되었다.

돌아오지 않은 동방원정대

기원전 219년, 30대 중후반의 서복은 황제의 기대를 한몸에 받으며 산동반도 남쪽의 낭야대(琅琊臺)를 출발했다. 수많은 동남동녀를 태운 이 대규모 원정대는 발해만을 건너 요동반도에 이르렀다. 망망대해를 건너는 원양 항해는 자신이 없었기에 육지를 시야권에 두며 연안 항해를 하기 위해서였다.

요동반도 연안을 따라 동진하던 원정대는 압록강 하구에 도착하고부터는 한반도 서해안을 따라 남진을 계속했다. 백령도 소청도 등을 거치며 어딘가에 있을 삼신산을 찾아 남으로 이동했다. 육지 여러 곳에 내려 불로초를 찾으며 자신들의 흔적도 남겼다. 진도에 이르고부터는 남해안을 따라 동진하며 남해 금산과 거제 해금강 등에 내려 머물기도 하였다. 서복 일행이 마지막으로 도착한 곳은 제주도였다.

그러나 역시 불로초는 찾을 수 없었다. 불로초를 찾는 데 실패했기에 폭군 황제의 실망의 말 한마디에 즉결 처형될 수 있었다. 빈손으로 돌아올 수밖에 없었던 이유에 대해선 온갖 과장과 거짓을 섞어 변명했을 것이다. 신선을 만났으나 예물이 적다며 불로초를 내주지 않았다거나, 바다에 사는 큰 고래들이 방해하여 불사약을 가져오지 못했다는 등의 말을 황제는 믿었던 모양이다. 아니면 바보가 아닌 영악한 진시황인지라 머릿속에 다른 큰 그림을 그렸을지도 모른다. 불로초는 아쉽지만 서복이 가져온 정보는 바다 건너 동방 땅을 샅샅이 뒤진 듯 상세했기 때문이다. 향후 제국 확장 전략에 매우 유용하다고 생각했을 수도 있다.

어쨌든 여러 해 준비 과정을 거친 후 2차 원정을 나설 때는 1차 때보다 규모가 훨씬 더 커졌다. 신선들에게 줄 엄청난 양의 재물과 함께 고래 등 바다의 방해꾼들을 쏘아 죽일 수많은 궁사들까지 포함되었다. 물론 동남동녀의 수도 1차 때보다 훨씬 더 늘었다.

기원전 210년 지금의 상해 아래쪽 닝보(寧波)를 출발한 서복의 2차 원정대는 동쪽 바다로 나아간 후 그걸로 끝이었다. 더 이상 돌아오지도 않았고 이후 어떤 소식도 없었다. 규슈에 도착하여 이후 일본 어딘가에 정착하였다는 설이 유력한 듯하다. 같은 해 진시황 자신도 50세 나이로 객사하면서, 서복의 동방 원정 건은 자연스럽게 모두의 뇌리에서 잊혔다.

정방폭포 옆 서복전시관

올레 6코스는 서귀포 도심에서 끝난다. 도심으로 들어서기 직전에 위치한 정방폭포는 올레꾼 대부분이 들렀다 가지만, 폭포 바로 옆에 있는 서복전시관은 모르고 그냥 지나치는 경우가 많다. 서복전시관에는 항해술이 발달하지 못했을 2200년 전 그 옛날에 그렇게 많은 인원을 데리고 먼 바닷길을 건너 이곳 제주도까지 다녀간 서복에 대한 자료들이 전시되어 있다. 전시관 주변은 아담한 휴식 공원처럼 꾸며져 있다. 편안한 마음으로

● 서복전시관 입구

한 번쯤 들러 볼 만하다.

　남해안 일대에서 불로초를 찾던 서복 일행이 결국은 포기하고 마지막 희망으로 도착한 곳이 제주였다. 망망대해 한가운데 외딴 섬에 내려 지금의 한라산인 영주산을 누볐을 것이다. 약초란 약초는 다 캐면서도 정작 불로초만은 찾아낼 수 없었을 터, 원시 자연에 가까웠을 당시 섬의 절경이 그나마 그들의 지친 영혼을 위로해 줬을 것이다.

　서복은 섬에 있는 동안 휴식처가 되곤 했던 정방폭포의 절벽 한편에 '서불과지(徐市過之)'라는 마애석각을 남겼다고 한다. 떠나는 아쉬움을 담은 '서불, 즉 서복이 다녀갔다'는 의미다. 현대에 들어와서는 석각의 위치가 확인된 바 없다고 한다. 추사 김정희가 제주 유배 생활을 할 당시 폭포 절벽에서 우연히 발견하여 탁본했다고 전해질 뿐이다. 서귀포(西歸浦)라는 지명도 '서복이 서(西)쪽을 향하여 귀향(歸鄕)한 포구(浦口)'라는 의미에서 유래했다는 설이 있다.

　올레 6코스를 걷는다면 정방폭포 바로 옆 서복전시관을 이왕이면 꼭 들

러 보는 게 좋겠다. 한국과 중국 그리고 일본까지 고대의 3국을 연결해 주는 중요 인물로서의 가치가 충분하기 때문이다. 개관한 지 15년이 넘어가지만 아직까지 관광지로서 그다지 활성화되어 있는 것 같지는 않다. 원자바오 전 중국 총리의 친필 휘호가 있고 시진핑 주석이 저장성 당서기 시절 다녀갔음을 홍보에 적극 활용하고 있다.

영화 「진용」의 주인공은 진시황이 먹어야 할 불사약을 우연히 먹은 덕택에, 2200년이 지난 오늘날까지 불사신으로 살아가고 있다. 신분을 숨긴 채 서안(西安) 외곽의 진시황 병마용갱 관리인 중 1명으로 살아가는 그의 영화 속 마지막 모습은 깊은 여운을 남긴다.

혹시 모를 일이다. 서복 또한 한라산에서 구한 불로초를 자신이 혼자 먹어 버렸을 수도 있다. 만약 바다로 떠나지 않고 섬에 눌러 살았다면 그 또한 불사신으로 제주에서 지금까지 삶을 이어 가고 있을 수도 있다. 정방폭포나 서복전시관 주변을 하염없이 서성이며, 그곳을 방문한 관객들 중에 전생에 인연을 맺었던 누군가를 애타게 찾고 있을지도 모를 일이다.

❶ 서복전시관 내 그림1
❷ 서복전시관 내 그림2
❸ 서복전시관 실내 전경

❶	❷
❸	

〈서복전시관〉

1999년 2월 27일 문화관광부 전국 7대 문화관광권 개발사업으로 지정되어 2003년 9월 26일 개관했다. 서복은 한중일 우호 교류 및 선진 문명을 전파한 문화의 사자로서 한국, 중국, 일본에서는 매년 서복을 기리는 행사를 개최하고 있다. 입장료는 500원. 위치는 서귀포시 칠십리로 156-8(출처 : 비짓제주).

서귀포 이중섭거리

"당신의 불안한 처지 매일 밤 나쁜 꿈에 시달리며 식은땀에 흠뻑 젖은 당신을 생각하고 대향(大鄕)은 남덕 군에게 그리고 어머님에게 정말 미안하고 면목이 없소. (중략) 지금까지 나는 온갖 고생을 해왔소. 우동과 간장으로 하루에 한 끼 먹는 날과 요행 두 끼 먹는 날도 있는, 그런 생활이었소. 열흘 전쯤부터는 심한 기침으로 목이 쉬고 몸도 상당히 피곤한 상태요. 지난겨울에는 하루도 옷을 벗고 잘 수가 없었고 최상복 형이 갖다 준 개털 외투를 입은 채 매일 밤 새우잠이었소. 불을 땔 수 없는 사방 아홉 자의 냉방은 혼자 자는 사람에겐 더 차가워질 뿐 조금도 따뜻한 밤은 없었소. 게다가 산꼭대기에 지은 하꼬방이기 때문에 거센 바람은 말할 나위가 없소. (중략)

춥고 배고픈, 그런 괴로운 때는 … 사경을 넘어 분명히 아직도 대향은 살아 남아 있으니까 이제 조금만 더 참으면 사랑하는 아내와 자식을 만난다는 희망과, 생생하고 새로운 생명을 내포한 '믿을 수 있는 새로운 방향'을 지시하고 행동하는 회화를 그릴 수 있다는 희망으로 참고 견뎌왔던 것이오. 지금부터는 진지하게 사랑하는 아내와 자식들의 생활 안정과 대향의 예술 완성을 위해서 오직 최선을 다할 작정이니 나의 귀엽고 참된, 내 마음의 주인 남덕 군, 대향을 굳게 믿고 마음 편하게 밝고 힘찬 장차의 일만을 생각하면서 매일매일 행복하게 지내주시오." 『이중섭 편지와 그림들 1916~1956』, 이중섭 글·그림, 박재삼 옮김, 다빈치

이것은 이중섭 화가가 일본에 있는 아내에게 보냈던 수많은 편지들 중 하나다. 가족에 대한 그리움에 애가 끓는 듯하다. 일상에 대한 고단함이 너무도 역력해 보인다. 가족과의 재회를 향한 열망과 그림에 대한 열정만이 하루하루를 버티게 해 준 힘이었음을 여실히 알 수 있다. 글 중간에 나오는 호칭 '대향(大鄕)'은 이중섭의 호, '남덕(南德)'은 일본인 아내 마사코의 한국 이름이다. '남쪽에서 온, 덕이 많은 여성'이란 의미를 담아 이중섭이 직접 지어 줬다고 한다. 출판사 '다빈치'에서 2011년 개정판으로 펴낸 『이중섭 편지와 그림들 1916~1956』에는 책의 부제처럼, 40여 년 짧은 삶 동안의 '편지와 그림에서 묻어나는 이중섭의 삶과 사랑'이 담겨 있다.

1935년 고교 졸업 후 일본으로 유학 간 이중섭은 도쿄 출신의 같은 미술학교 후배인 마사코와 만나 연애를 시작했고, 1945년 5월 부모님 집이 있는 함경남도 원산에서 그녀와 결혼식을 올렸다. 결혼과 함께 해방을 맞았으나, 부유한 대지주 집안이란 것과 아내가 일본인이란 것이 북한의 공산 체제에선 비판의 대상이었기에 집안 전체가 큰 고초를 겪는다. 곧이어 6·25전쟁이 터지고 친형이 행방불명되자 불안을 느낀 이중섭은 황급히 아내와 두 아들을 데리고 부산행 피난 배에 몸을 싣는다.

부부 사이에 저런 편지가 현해탄(오늘날의 대한해협)을 오가게 된 건 부산에서 피난 생활 중이던 1952년, 아내가 부친의 부음을 듣고 급히 도쿄로 떠난 후 영영 돌아오지 못했기 때문이다. 부산 판자촌 생활 및 극심한 경제난과 한일 양국 간 외교 단절 등 여러 여건이 네 식구의 재회를 막았다. 어린 두 아들까지 함께 보내고 홀로 남은 화가는 막노동으로 그날그날을 버티며 저런 절절한 편지를 써 보냈던 것이다.

아내가 떠난 이듬해인 1953년 여름, 이중섭은 우여곡절 끝에 일본을 방문하여 가족을 만나고 올 수 있었다. 그러나 그것으로 끝이었다. 도쿄에서 함께 지낸 꿈같은 일주일이 가족과의 마지막이 될 줄은 당시의 이중섭으

● 이중섭의 손을 형상화한 조각
(자구리문화예술공원)

로선 상상도 할 수 없는 일이었다. 가족과 헤어져 돌아온 후 이중섭의 일상은 저 편지글 속 상황들과 똑같은 나날의 연속이었다. 그리고 3년 후인 1956년 9월, 나이 마흔의 이중섭은 돌보는 이 아무도 없는 병상에서 외로운 죽음을 맞는다.

서귀포 이중섭 거주지

불운했던 화가의 40년 인생에서 제주와의 인연은 약 1년이었다. 원산에서 부산에 내려와 피난민 수용소에 겨우 자리는 잡았으나, 날품팔이와 부두 막노동 일로 세 가족을 먹여 살리기엔 도저히 감당이 안 되었다. 결국은 부산에 온 지 한 달 만에 더 따뜻하고 더 평화로운 곳을 찾아 제주로 건너오게 된 것이다. 1951년 1월에 내려와 그해 12월에 다시 부산으로 올라갔으니 그리 길지 않은 제주살이였다. 이후 육지에서 5년도 못 채운 그의 말년을 들여다보면, 제주에서의 이 짧은 시간이 그에겐 피난 이후 가장 행복했던 시기였음을 짐작할 수 있다.

네 식구가 살았던 서귀포 알자리 동산 이중섭 거주지는 70년이 지난 오늘날, 수많은 여행자들이 찾는 제주의 명소가 되었다. 서귀포시 서귀동 512-1번지, 인터넷 지도에서 '이중섭 거주지'로 검색이 된다. 정확히는 '집' 전체가 아니라 초가집 한 귀퉁이의 자그마한 공간에 불과하다. 서귀포에 도착한 이중섭 가족은 마음씨 좋은 이 동네 반장 어른의 도움을 받아 빈방 하나를 빌려 쓰게 된 것이다.

일자형 초가집의 한쪽 열린 문으로 들어서면 좁은 부엌이 나온다. 안쪽으로 허리 숙여 들어가면 4.6㎡(약 1.4평)의 작은 방이 있다. 옛날 제주에선 흔히 볼 수 있었던 전통 가옥 구조다. 두 사람이 발 뻗고 자면 딱 좋을 공간 한편에서 흑백 사진 속 화가의 시선이 낯선 손님을 응시하고 있다. 허름한 벽면에 붙여 놓은 자작시를 읊조리고 있었던 모습이다.

삶은 외롭고
서글프고 그리운 것
아름답도다 여기에
맑게 두 눈 열고
가슴 환히
헤치다.

이중섭 「소의 말」

● 이중섭 거주지

● 이중섭 거주지 실내

　대중에게 알려진 화가의 유일한 시 「소의 말」 후반부다. 제주에 머무는 동안 쓰였으니 시를 썼던 때까지는 가족의 행복과 그림에 대한 열정으로 희망찬 미래를 꿈꾸었을 것이다. 시에 문외한인 시각에서 볼 때는 시의 내용과 '소'가 얼핏 연관이 되지 않지만, 소 그림이 작가의 자화상이기도 하다는 전문가의 해석을 떠올리면 생경했던 시어들 하나하나가 보다 친숙하게 다가온다.

　38세인 1953년에 그린 「황소」의 역동적 이미지가 이 허름한 방 벽면의 시 분위기와 많이 닮아 보인다. 그러나 몇 년 전 경매에서 47억 원에 낙찰됐다는 1955년 작품 「피 흘리는 소」 속의 여윈 모습을 떠올리면 마음이 애잔해진다. 세상과 이별하기 1년 전, 절망과 좌절 속에 몸과 마음이 황폐해져 가던 작가의 지친 모습과 닮았기 때문이다.

 이중섭미술관의 요모조모

　평상이 놓인 초가집 마당은 넓고 주변은 고즈넉하다. 인근 상가 큰길과는 넝쿨로 덮인 돌담길로 연결이 되어 있다. 원래 의미의 제주 정통 '올레길'이 이와 같다. 숲과 나무와 벤치가 있는 아담한 정원 한편엔 실물 크기의 화가 동상이 놓여 있다. 노트와 연필을 든 채 머릿속에 뭔가를 구상하며 앉아 있는 모습이다. 누구나 곁에 앉아 다정한 사진 한 장 담아갈 수 있도록 화가의 옆자리는 늘 비어 있다.

정원 위쪽으로는 이중섭미술관이 세워져 있다. 거주지였던 초가집과는 대조되는 현대식 건물이 서귀포 앞바다가 시원하게 펼쳐진 언덕 위에 서있다. 미술관이란 이름에 비해 작품들이 풍성하진 못하지만, 제주살이에서 느꼈을 이중섭과 가족들의 소소한 행복과 육지로 떠난 이후의 어려웠던 상황을 엿볼 수 있는 아기자기한 자료들이 많다. 관람객의 입장에선 정겨운 미소와 함께 절절한 안타까움이 동시에 느껴지는 공간이다.

"나의 최대 최미(最美)의 기쁨, 그리고 한없이 상냥한 최애(最愛)의 사람, 오직 하나인 현처 남덕군! 나는 당신을 사랑하는 마음으로 꽉 차 있소."

일본에 있던 아내와의 편지글을 읽다 보면 나도 모르게 배시시 미소가

● 이중섭 동상

떠오른다. 부부가 처한 안타까운 상황 이전에, 사춘기 소년 같은 닭살 돋는 표현들이 읽는 이의 마음을 달달하게 녹이기 때문이다. 이런 편지 등 각종 자료와 화가의 작품들은 모두 1층 상설전시장에 진열되어 있다. 글자 없이 그림만 그려 보낸 엽서화, 종이가 모자라 앞뒤 양면에 그림을 그려 넣은 양면화, 담뱃갑 속 은박지에 새겨 그린 은지화(銀紙畵) 등 화가의 소소한 작품들이 모두 1층에 전시되어 있다. 2층 기획전시실은 그때그때 주제를 달리하며 기획전을 여는 공간이라 다양하게 변화한다.

옥상 전망대에서는 서귀포 앞바다가 시원하게 펼쳐진다. 문섬, 섶섬, 새섬 풍광이 한눈에 들어온다. 화가가 늘 바라보며 특별히 사랑했을 정경이다. 이중섭의 제주 작품들 중 하나인 「섶섬이 보이는 풍경」을 이곳 3층 옥상에서 현장과 대조해 보는 것도 재미있다. 그림 속 섶섬 모습은 70여 년이 지난 지금도 전혀 변함이 없다. 헐벗은 속살처럼 드러낸 주상절리 바위들의 형태도 삼각형 그대로다. 그림 하단에 자리 잡았던 몇 그루의 팽나무와 누런 초가집들은 간데없고 그 자리엔 각양각색의 상가 건물들이 들어선 게 다른 점이다. 이중섭미술관 전은자 학예연구사는 「섶섬이 보이는 풍경」에 대해 다음과 같이 말하고 있다.

"「섶섬이 보이는 풍경」은 겨울이지만 햇빛이 비치는 맑은 날에 그려진 풍경화예요. 나무들의 생육 상태로 보아 아직 봄이 오기 전임을 알 수 있고 따라서 피난 온 지 얼마 되지 않을 때 그린 걸로 보입니다. 전체적인 색조는 황톳빛으로 처리했어요. 잔잔한 바다와 정적이 흐르는 마을은 참으로 평화로워 보이죠. 전쟁의 참화를 겪은 이가 그렸다고는 생각지도 못할 풍경이에요. 피난길에 시달리던 혹독함이나 고달픈 감정은 전혀 찾아볼 수 없을 정도로 차분하지 않습니까? 초가집 사이로 보이는 전봇대와 섶섬 등이 참으로 한가로워 보입니다. 중앙 우측에 서 있는 나무는 그림의 중심을 잡아 주면서 화면을 매우 안정적으로 유지시켜 주네요. 작가의 서명은 없지만 이중섭의 굵직하고 거침없는 선묘를 연상할 수 있답니다. 이중섭 거주지 근방에서 바라본 풍경이고 이중섭미술관에서도 같은 정경을 볼 수 있어요."

❶ 이중섭 「섶섬이 보이는 풍경」
(출처 : 제주일보 2021.04.29. 기사 캡처)
❷ 이중섭미술관에서 본 섶섬 풍경
(사진 제공 : 이중섭미술관 전은자 학예연구사)

● 자구리해안

　그림 속 바다와 육지가 만나는 중간 부분은 자구리해안이다. 지금은 문화예술공원으로 조성되어 있다. 70여 년 전 화가는 두 아들을 데리고 자구리 바닷가로 내려와 게를 잡곤 하였다. 가난했던 가족이 주린 배를 보충하기에 게는 소중한 음식이 되어 줬다. 거주지 초가 앞에 쓰인 안내글에서 당시 상황을 상상해 볼 수 있다.

　"이곳에서 이중섭 가족은, 1.4평 정도의 작은 방에서 서로의 숨소리를 느끼며 찬 없이 밥을 먹고, 고구마나 깅이(게)를 삶아 끼니를 때우는 생활이었지만, 웃으면서 살 수 있었던 가장 행복한 시간이었다."

　1층에도 전시되어 있지만 화가의 작품에 '게'가 자주 등장하는 이유는, 두 아들과 함께 이곳 자구리해안에서 워낙 많은 게를 잡아다 먹은 미안함 때문이라고도 한다.

 비참했던 화가의 말년

　이중섭미술관은 2002년에 개관됐다. 그보다 7년 전인 1995년에 문화체

　육관광부가 명명한 '미술의 해'에 이중섭이 살았던 초가집에 기념 표석을 세운 것이 문화 사업의 시초였고, 1997년 주변 상가 골목길을 이중섭거리로 명명해 조성하면서 오늘에 이르렀다. 이중섭거리는 올레 6코스 11km 거리 중 종반부 360m에 해당한다. 태평로에서 서귀포 관광극장을 지나 중정로 서귀포매일올레시장 입구까지이다. 아기자기한 공방과 찻집과 기념품 가게들이 즐비하고, 이중섭 관련 다양한 작품을 벽화로 만나 볼 수 있는 고즈넉한 상가 거리다.

　아무튼, 화가의 가족은 원산에서 부산으로 피난 내려온 지 한 달 만에 제주로 건너왔고, 약 1년 뒤에 다시 부산으로 돌아갔다. 부산에 있는 친구들이 부산으로 오라고 했기 때문이다. 그러나 부산으로 올라간 지 얼마 되지 않아 장인의 부음 소식이 전해졌고 이중섭은 아내와 두 아들을 일본으로 보내야 했다.

　이후 이중섭은 일주일간의 일본 방문 때 가족과 상봉한 것 이외에는 인생 마지막 4년 동안 국내 여러 곳을 전전하며 독신의 삶을 이어 가야 했다. 그의 꿈은 오로지 그림으로 성공하여 돈을 모은 뒤 네 가족이 함께 사는 것이었다. 그러나 작품 활동의 결과들이 별 성과 없이 끝나고 이런저런

불운이 겹치면서 점차 술에 의지하는 황폐한 일상이 되어 갔다.

수시로 아내에게 써 보내던 편지들도 이즈음부터는 쓰지 않았고, 아내에게서 온 편지들도 잘 뜯어 보지 않았다. 거기에 영양실조와 신경쇠약까지 겹치다 보니 결국엔 병을 얻었고, 입원과 퇴원을 반복하던 어느 날 홀로 누운 병상에서 시신으로 발견되었다. 시트에는 그동안 밀린 병원비 계산서가 수북했지만, 연락할 곳을 못 찾은 무연고자여서 사망 후에도 사흘 동안 영안실에 방치되어야 했다.

이중섭이 마지막을 보냈던 서대문 적십자병원의 영안실 흑판엔 '1956년 9월 6일 오전 11시 45분. 간장염으로 입원 가료 중 사망. 이중섭 40세'라고 쓰여 있었다고 한다. 인생에서의 마지막 1년 반, 화가의 초췌한 모습을 연상하며 이중섭미술관에 전시된 아내의 편지글을 읽다 보면 가슴이 먹먹해진다. 편지들은 전시 목적과 필요에 따라 교체되곤 한다.

"당신의 편지를 못 받은 지 얼마나 지났을까요. 대구에 계속 계신다면, 아무리 전람회 준비로 바쁜 나날을 보내신다 하더라도 지금까지 편지 두세 통은 보내실 수 있었을 것입니다. 제작에 몰두하느라 우리들을 완전히 잊어버리신 건 아니신지요? 저는 어떻게 해석해야 할지 모르겠습니다. 5분이든 10분이든 약간의 짬만 있다면 편지를 못 할 일은 없으리라 생각됩니다. 당신의 신상을 걱정하게 되고 혹시나 하는 한심한 생각도 하게 됩니다.(중략)

평소대로라면 훨씬 이전에 전람회도 끝나서, 그리운 당신의 얼굴을 볼 수 있는 날이 열 손가락을 세기도 전에 실현될 수 있을 텐데. 이렇게 편지를 쓰고 있는 중에도, 분명 이 편지와 엇갈려 답장이 먼저 도착할지 모른다고, 부풀어 오르는 가슴으로 내일을 기대하게 됩니다.

사랑하는 나의 아고리[1], 서둘러 여러 가지로 상세한 편지를 써서 보내주시기 바랍니다. 셋이서 학수고대하며 기다리겠습니다. 설마 병에 걸리진 않으셨겠지요? 아무 소식이 없다면 여러 나쁜 생각을 상상하게 되어 고통스러울 겁니다. 그럼 꼭, 꼭, 꼭 좋은 일이라도 소식을 전해주세요. 마음으로부터 당신의 남덕 1955년 5.10."

---

1 아고리는 턱이 긴 이중섭의 별명이다. 턱을 뜻하는 일본어 '아고(顎,あご)'에다 성을 붙여 '아고리' 라고 불렀다(출처 : 주간조선 http://weekly.chosun.com/client/news/viw.asp?ctcd=C09&nNewsNumb=002408100001).

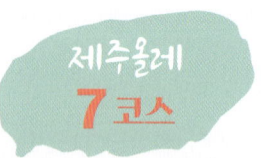

제주올레여행자센터 – 월평

총 거리 17.6km
소요 시간 5~6시간
최고 해발 153m(삼매봉)
최저 해발 0m(월평포구)

난이도 ★★☆

경유지 & 구간 거리
제주올레여행자센터-0.6km-칠십리시공원-2.4km-외돌개 주차장-5.5km-법환포구-2.6km-올레요 7쉼터-4.6km-월평포구-1.9km-월평 아왜낭목쉼터

알아 두면 좋은 점

- 제주올레여행자센터는 제주올레 사무국 본사 건물이다. 숙소 시설도 돼 있어서 1박을 해 보는 것도 좋은 추억이 될 것이다.
- 코스 후반 강정 구간에서는 잠시 올레 코스를 벗어나 신설 강정항을 둘러보는 것도 유익하다.

범섬의 최후, 목호의 난

　백제와 신라에 조공을 바치면서도 오랜 세월 독립을 유지해 온 탐라국은 서기 1105년 탐라군으로 격하되며 고려에 편입되었다. 평화로웠던 제주가 외지인들의 지배로 고통을 받게 되는 시작점이다. 이후 육지에선 정중부의 난으로 고려 무신 정권이 시작되고, 몽골에선 칭기즈칸이 일어나 중국 대륙을 통일하며 서역으로 뻗어 나갔다.

　동방의 한 귀퉁이일 뿐인 고려 땅이라고 안전할 리 없었다. 세 번에 걸친 몽골의 침입으로 궁지에 몰린 최씨 무신 정권은 결사항전을 위해 강화도로 도읍을 옮겼다. 육지와 말 위에선 강력하지만 바다와 배 위에선 약한 몽골군에 대응하여 강화도는 천혜의 요새였다. 하지만 그건 무신 정권의 안위만을 위한 방편일 뿐이었다. 도읍인 강화를 제외한 고려 땅 전역의 무방비 백성들은 몽골군의 말발굽에 짓밟히고 유린되어 갔다. 친몽파인 고려 문신들이 대몽 항전파인 무신 정권을 무너뜨리고 개경으로 환도하면서 몽골과의 오랜 전쟁은 끝이 나는 듯했으나 이후 고려는 원나라의 속국으로 전락하고 만다.

　그러나 그걸로 끝은 아니었다. 무신 정권의 잔존 세력인 삼별초가 몽골

● 『목호의 난 : 1374 제주』 표지와 삽화

과의 결사항전을 외치며 난을 일으키고, 이 사건은 육지와 멀리 떨어진 외딴 섬 제주에 어두운 그림자를 드리우게 된다. 강화를 떠난 삼별초는 잠시 진도를 거점으로 남해안 일대를 주름잡는 듯 보였지만 결국은 여몽연합군에 밀려 남쪽 바다 멀리 제주로 퇴각했다. 마지막 보루였고 더 이상 물러설 곳은 없었다.

고려의 파견 관료들에게 핍박받고 수탈당하던 섬사람들은 갑자기 밀려든 삼별초가 수호신으로 보였으나 그건 잠시였다. 죽음을 각오한 이들의 결사항전을 위한 요새(항파두리 토성)와 해안 성벽(환해장성)을 쌓는 일은 모두 섬사람들 몫이었다. 2년 동안 실로 엄청난 공사에 동원되어 피와 땀을 흘렸으나 전세는 한순간에 뒤바뀌었다. 고려와 몽골 연합군 1만여 명이 제주 섬에 상륙하였고, 몇 번의 교전 끝에 삼별초는 진압되고 만 것이다. 1273년 4월의 일이었다.

설문대할망이 섬을 만들고 고양부 3씨가 섬의 역사를 시작한 이래, 외부 세력에 의해 섬이 전쟁터가 된 건 이번이 처음이었다. 그리고 이 사건은 100년 후 섬 전체 인구의 절반이 희생되는 무시무시한 두 번째 사건을 잉태하게 된다.

 **제주 섬의 몽골인들, 목호**

　삼별초가 토벌되자 몽골군 일부가 섬에 남으며 제주는 원나라의 직할령으로 바뀌었다. 독립국가였던 탐라가 고려에 흡수된 지 170년 만에 이젠 몽골인들의 직접 지배를 받게 된 것이다. 원나라에게 제주 섬은 2가지 측면에서 전략적 요충지였다. 하나는 일본 정벌을 위한 전초기지로서 최적의 위치였고, 또 하나는 그들의 핵심 병기인 '말'을 키워 공급받기에 가장 좋은 조건을 갖췄다.

　이렇게 제주는 이후 100년간 원 제국의 14개 목마장 중 하나로 운영되며 수탈당했다. 이 기간 동안 섬에는 고려 조정에서 파견된 관료들도 많았지만, 더 상급 세력은 원 제국 소속의 말 사육 전문가들인 목호(牧胡)들이었다. 섬사람들은 고려 관료와 원나라 목호들로부터 이중 수탈을 당해야 했다.

　세월이 흐르며 원 제국도 점차 힘이 빠졌다. 숭국 대륙엔 수원상이 나타나 몽골족을 몰아내고 명나라를 건립했다. 고려 또한 지는 해인 원나라보다는 새로운 명나라를 섬겨야 했다. 명은 제주에 대한 소유권을 주장하며 말 2천 필을 요구해 왔다. 고려 조정으로선 명의 요청을 거부할 힘이 없었

● 외돌개와 범섬

다. 즉각 제주로 사신을 보내 명의 요청을 전했다. 100년 동안 섬을 지배해 온 원나라 목호 세력이 호락호락 응할 리 없었다. 자신들의 원수인 명나라에게 말을 바칠 수 없다며 오히려 고려 조정이 보낸 사신을 죽여 버렸다.

이에 고려 공민왕은 최영을 사령관으로 하는 목호 토벌대를 제주로 보냈다. 전함 314척에 군사 25,600명을 실은 대군이었다. 삼별초 진압 때 제주에 왔던 여몽연합군에 비해서도 2배가 넘는 군세였다. 100년 전 '삼별초 항쟁' 이래 바다 건너 제주로 또다시 피바람이 몰려오는 것이었다.

당시 제주에 상주하던 목호들은 1,700여 명에 불과했다. 최영의 토벌대는 제주 전체 인구에 거의 맞먹는 숫자였다. 고려 조정은 섬 전체가 이미 몽골인들과 한 몸, 한통속이 되어 있다고 판단한 것으로 보인다. 100년이란 긴 세월 속에서 목호들이 제주에 뿌리를 박으며 자연스럽게 섬사람들과 피가 섞인 것도 사실이었다. 고려군이 지금의 한림 앞바다인 명월포에 이르자 목호 기병대는 초반엔 승세를 잡는 듯했으나 역시 역부족이었다.

물밀듯이 상륙해 오는 토벌대에 밀리며 중산간 지역으로 그리고 한라산 남쪽으로 퇴각할 수밖에 없었고, 이 과정에서 대다수의 목호들은 토벌대

의 칼날에 죽어 갔다. 살아남은 일부와 지휘부는 서귀포 앞바다에 도착해 범섬으로 건너갔으나 얼마 후 종말을 맞았다. 범섬에서 전열을 가다듬고 일본이나 남송 쪽으로 탈출할 생각도 있었지만 허망한 꿈이었다. 곧이어 범섬을 포위한 고려군 전선 수십 척 앞에선 방도가 없었던 것이다. 대다수는 수직으로 깎

● 범섬 전경

아지른 범섬 절벽으로 떨어져 자결한다. 생포된 자들도 곧바로 즉결 처형돼 버렸다.

탐라 역사 이래 가장 처참했던 사건

올레 7코스는 서귀포 시내 제주올레여행자센터에서 출발해 칠십리시공원을 거쳐 월평마을까지 이어진다. 외돌개 때문에 특히 아름다운 코스로 손꼽힌다. 삼매봉을 내려와 강정천에 이르기까지 범섬은 내내 멀지 않은 바다의 왼쪽에 다소곳이 앉아 있다. 이 아름다운 구간을 걸으며 650년 전 이곳에서 있었던 처참했던 일들을 떠올리는 이들은 많지 않을 것이다.

7코스 한가운데인 법환포구는 범섬과 가까우면서 바다로 나가고 들어오기에 아주 좋은 조건을 갖췄다. 과거에 이곳은 '막숙(幕宿)개'라 불렸다. 인근 강정마을(옛 이름은 오음벌판)에서 혈전을 치른 뒤 패배한 목호 지휘부와 잔당들이 범섬으로 도주하자, 최영과 토벌군이 이곳에 막사를 치고 주둔한 데서 유래한 이름이다.

포구에서 7코스를 따라 10분쯤 나아가면 '배염줄이' 표지석과 만난다.

● 범섬 앞에서 바라보는 한라산 전경

이곳은 범섬과 직선거리로 가장 가까운 위치다. 범섬을 포위한 고려군 전선들과는 별도로 막숙개에 주둔하던 토벌대가 뗏목과 배를 모아 쇠사슬로 잇고 이곳에서부터 범섬까지 닿는 배다리를 놓은 데서 유래한 이름이다.

이런 소소한 지명들 속에 깃들어 있는 역사의 일들을 알고 나면 여행자의 눈에는 주변 일대가 새로운 모습으로 다시 보인다. 범섬에서의 최후가 있고 나서도 토벌대는 제주 섬을 샅샅이 뒤져 목호 잔당과 그 가족들 및 연루자들을 모조리 찾아내 처단했다. 당시 섬 하늘은 까마귀 천지였다. 그로부터 40년 뒤 이 전투의 목격담을 들은 제주판관 하담은 자신의 일지에 이렇게 썼다고 한다.

"우리 동족이 아닌 것이 섞여 갑인의 변을 불러들였다. 칼과 방패가 바다를 뒤덮고 간과 뇌가 땅을 덮었으니 말하면 목이 멘다."

당시의 참상을 묘사한 옛 기록의 문장 두 줄이 그 처절함을 말해 주고 있다. 섬 인구의 거의 절반이 죽어간 사건이다. 제주의 돌들에 구멍이 숭숭 뚫린 건 그때 죽은 원혼들의 한숨 때문이라고 하는 이야기도 있다.

제주 섬 바다와 들판에 수만의 시신들이 떠다니고 나뒹굴던 즈음 45세의 공민왕 또한 급작스런 죽음을 맞았다. 술에 취해 자는 동안 측근들에게 온몸을 난자당한 것이다. 왕의 뇌수가 사방으로 튀면서 벽에 흩뿌려질 정도로 처참한 죽음이었다고 한다. 최영 장군 또한 목호의 난 평정 14년 뒤, 위화도에

● 법환포구에서 바라보는 범섬 전경

서 회군한 이성계의 칼날에 목을 내주며 죽음을 맞았다. 그리고 4년 뒤인 1392년, 조선의 개국과 함께 고려의 운명도 끝이 났다.

교과서에도 안 나오는 이런 변방의 역사를 『목호의 난 : 1374 제주』를 통해 일반 대중에게 보다 널리 알려 준 정용연 작가는 제주에 대한 애정이 특히 남달라 보였다.

"목호를 처음 알게 된 건 이영권 선생의 『새로 쓰는 제주사』를 통해서였어요. 역사를 좋아했고 그래서 남들보다 역사를 제법 안다고 자부하던 저였지만

● 범섬 앞 배염줄이

충격이었죠. 제주 4·3과 판박이처럼 닮은 사건이 640년 전에도 있었다는 사실이 무엇보다도 놀라웠습니다. 단일 민족의 신화 속에서 가려진 이야기를 그리기 위해 몇 년을 만화 원고지와 함께 씨름했었죠. 힘든 시간이었습니다. 작업은 하면 할수록 끝이 보이지 않았고 경제적으로도 버티기가 힘들었습니다. 돌아보면 어떻게 작업을 마쳤는지 지금도 믿기지가 않아요.

작업을 하며 참고했던 1차 사료는 『고려사』와 『고려사절요』의 공민왕 편이었습니다. 『신증동국여지승람』 제주목 정의현 편도 도움이 되었고요. 조선 후기 제작되었지만 고산자 김정호 선생이 제작한 대동여지도도 작업하는 기간 내내 가까이 둔 자료입니다. 목호가 최후를 맞이한 범섬은 한때는 사람이 살기도 했다는데 대동여지도엔 凡이란 한자가 표기돼 있습니다.

법환포구에는 낚시꾼들을 범섬까지 태워다 주는 작은 배가 있었습니다. 주인에게 부탁을 하니 2만 5천 원에 섬을 한 바퀴 돌아 주었습니다. 포구에서 섬까지 걸리는 시간 약 5분. 섬에 가까이 다가갈수록 전 압도당했습니다. 넋을 잃었지요. 섬이 이렇게 아름다울 줄은 생각 못 했거든요. 끝닿을 데 없이 높은 주상절리와 해안 동굴은 세상 어디에서도 볼 수 없는 풍경이었습니다.

그리고 640년 전 절벽 위에서 뛰어내리던 목호들을 생각했습니다. 솔직히 그들은 무슨 죄가 있었겠습니까? 태어나 보니 아버지와 형들이 말 기르는 목동이었고 원나라는 그들의 조국이었습니다. 세계 제국이었던 원이 기울자 그들의 운명도 바람 앞의 촛불 신세가 됐던 거지요. 동북아시아의 질서가 재편되는 과정에 서 있던 그들. 그들은 큰 그림을 볼 줄 몰랐고 늘 그래 왔던 것처럼 강경 대응으로 일관했습니다. 결과는 참혹했고요.

저는 한국인으로 공민왕의 선택을 지지합니다. 타임머신을 타고 가서 '어느 편에 설래?'라는 질문을 받으면 1초의 망설임도 없이 고려 편에 서겠지요. 하지만 작가는 달라야 한다고 생각했습니다. 당시 제주도민의 입장에 서 보는 겁니

❶ 강정항에서 바라보는 한라산
❷ 범섬 전경

다. 고려와 몽골 모두 외부 세력이었고 오랫동안 몽골의 지배를 받으며 동질화되었습니다. 당연히 지금의 제주도민에겐 몽골인들의 피가 많이 섞여 있을 것입니다. 단일 민족의 신화는 이를 부정하겠지만요.

저는 뭍사람이지만 제주도를 사랑합니다. 아름다운 자연이 개발 논리에 의해 더 이상 파괴되는 것을 원치 않습니다. 4·3 같은 비극이 다시는 일어나지 않기를 바랍니다. 평화의 섬으로 영원토록 남길 바랍니다. 지난 역사는 오늘을 비추는 창입니다. 같은 올레길을 걸어도 역사를 모르면 범섬은 한낱 멀리 떠 있는 조그만 섬에 지나지 않을 것입니다. 반대로 역사를 알고 보면 다릅니다. 예사로이 지나칠 수 없는 섬입니다. 좀 더 많은 이들이 올레길을 걸으며 제주의 역사를 생각하고 제주의 자연을 아끼고 사랑했으면 좋겠습니다."

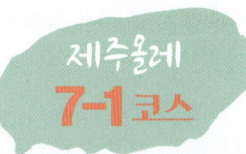

제주올레 7-1코스

서귀포버스터미널 – 제주올레여행자센터

- 총 거리 15.7km
- 소요 시간 4~5시간
- 최고 해발 396m(고근산)
- 최저 해발 65m(제주올레여행자센터)

난이도 ★★☆

경유지 & 구간 거리
서귀포버스터미널 앞–4km→엉또폭포–3.1km→고근산 정상–5.4km→하논분화구–2.6km→걸매생태공원–0.6km→제주올레여행자센터

알아 두면 좋은 점

- 올레 전 구간 중 가장 고도가 높은 고근산 정상을 넘는 코스이다.
- 엉또폭포는 비가 많이 오고 난 후 장관을 이루는 곳으로 유명하다.
- 하논분화구 일대는 제주 유일의 드넓은 논농사 지역으로 유명하다.
- 월드컵경기장 주변의 식당가를 지나 호근마을까지 10km 정도는 식당들이 거의 없다.

엉또폭포와 고근산

　제주올레 26개 코스 중에는 '-1'을 붙인 코스가 5개 있다. 주로 해안가로 연결된 21개 정규 코스로만 섬 한 바퀴를 돌기엔 아쉬움이 남을 지역에 특별히 '지선(支線)' 또는 '가지 branch' 코스로 부를 수 있는 루트를 덧붙인 것이다. 우도(1-1), 가파도(10-1), 추자도(18-1)의 3개 섬 코스와 내륙 중산간 2개 코스(7-1, 14-1)가 그렇다. 3개 코스는 본섬을 벗어나 또 다른 부속 섬으로 배를 타고 간다는 공통점이 있고, 2개 코스는 섬 내륙 쪽으로 좀 더 깊숙이 발을 내디딘다는 공통점이 있다.

　이들 중 하나인 7-1코스는 옛 서귀포 일대를 하루 더 누비며 제주 산남의 중심 지역을 조금 더 느껴 보고 떠나라는 의미도 있다. 시작점인 서귀포시외버스터미널에서 종착점인 제주올레여행자센터까지 15.7km에 펼쳐진 거점들 또한 하나같이 범상치가 않다. 특별한 폭포인 엉또폭포를 만나고 올레 코스 중 최고 해발인 고근산 정상까지 오른다. 게다가 제주도의 지질학적 측면에서 의미가 큰 하논분화구까지 만나는 것이다.

　제주올레에서 폭포와 만나는 기회는 두 번이다. 6코스가 끝날 즈음의 정방폭포와 7-1코스 전반부의 이곳 엉또폭포다. 전자는 옛날부터 관광 명

소로 익히 알려졌지만 후자는 근래 들어 유명세를 타고 있다. 제주도 3대 폭포라면 흔히들 정방(正房)폭포, 천지연(天地淵)폭포, 천제연(天帝淵)폭포를 말한다. 요즘의 유명세로 본다면 여기에 엉또폭포를 덧붙여 4대 폭포라 하여도 무방할 것이다.

 비 올 때 찾아가는 폭포

섬 둘레 한 바퀴를 연결하는 일주동로와 일주서로의 분기점인 서귀포 시외버스터미널에서 7-1코스를 출발하면 4km 지점에서 엉또폭포와 만난다. 중산간서로(中山間西路)인 1136번 도로를 건너고부터 월산마을 월산로가 이어지는데 10분도 안 되어 악근천을 만나고, 500m 전방에 폭포 절벽이 보인다. 사실, 멀쩡한 날에는 폭포도 아니다. 거대하지만 그저 단순한 절벽일 뿐이다. 폭우가 쏟아져야만 폭포 구실을 하면서 평상시에는 바싹 말라 있던 악근천에 폭포수가 콸콸 쏟아져 내린다.

한라산 남쪽 중산간에서 강정해안까지 10여 km 이어진 악근천은 하류쪽 일부를 제외하곤 거의 늘 말라 있는 건천(乾川)이다. 바로 인근 강정천에 늘 풍부한 물이 흐르는 것과 정반대다. 악근천은 엉또폭포를 기점으로 북쪽 5km 상류와 남쪽 5km 하류로 나눌 수 있는데, 이 일대에 70mm 이상

● 강정천과 악근천

　의 비가 내리는 날이면 상류 쪽 계곡으로 빗물이 급격히 모아지며 엉또절 벽으로 쏟아져 내려와 장관을 이루는 것이다.

　예전에는 장관을 이루거나 말거나 신경 쓰는 이가 거의 없었는데 몇 년 전 KBS2 TV 예능 프로인 '1박 2일'에 특이한 폭포로 소개되면서 전국적으로 알려졌다. 인근 서귀포 주민들조차 비 오는 날이면 타 지역 여행 가듯 차 끌고 몰려오고, 비 때문에 그날 여행 공쳤다며 숙소 방에서 툴툴거리던 이들도 예정에 없던 이곳으로 와 시간을 보내곤 한다.

　인근 주민들에겐 평소 얌전했던 절벽이 갑자기 돌변하여 물 폭탄을 쏟아 내는 게 새삼 신기하게 느껴지고, 외지인 여행자들에겐 눈에 익은 다른 폭포의 모습들과는 대조적이고 독특한 경관이 신선해 보일 것이다. 폭포수의 높이가 50m에 이를 정도로 거대하니 충분히 그럴 만하다. 정방폭포의 2배 높이인 것이다.

폭포 옆 계단으로 올라가면 산책로가 이어지면서 주변 귤밭에 근사한 정자가 하나 놓여 있다. 엉또폭포에 왔으면 당연히 거쳐 가야 하는 전망 좋은 곳, 석가정이다. '해 질 녘(夕)이 아름다운(佳) 정자(亭)'라는 부연 설명과 함께 현판 한켠엔 도연명의 시 한 수가 걸려 있어 운치를 더해 준다.

사람들 속에 오두막을 짓고 살다보니
마차 시끄럽게 찾아오는 이 없어 좋구나
그대여 민심이 어찌 이렇나 하면서도
마음 멀어지니 땅조차 절로 외져가네

현판 아래쪽에는 정자를 세워 준 이에 대한 이곳 엉또산장 주인장의 감사 글도 눈길을 끈다.

"오가는 손님들 쉬어 가시라고 오경수 사장께서 지어 주시는데, (중략) 선제수우(先帝殊遇)의 고마움을 여기 새긴다. 2011년 가을 이봉길."

현판에 언급된 오경수 전 제주개발공사 사장의 집도 엉또폭포에서 멀지 않다. 지난 5월 말 아내와 함께 제주올레 전 코스 완주를 끝낸 오 사장의 이야기를 들어 봤다.

"6개월 걸렸습니다. 부부가 함께 올레를 완주한 경우는 그리 흔하지 않다고 하더군요. 26개 코스들 중에서도 이곳 7-1코스는 특히 애착이 갑니다. 집에서 가깝다 보니 가장 많이 걸은 구간이기도 하구요.

엉또폭포는 저에겐 비가 오건 안 오건 언제든 와서 머리 식히는 곳이에요. 비가 안 와서 폭포수가 없어도 주변 경관 자체가 워낙 빼어난 곳이죠. 고근산에 올랐다가 내려와 폭포 주변을 거닐다 석가정에 올라와 있노라면 머릿속 복잡한 문제들이 다 풀리더군요. 석가정에선 가파도는 물론 멀리 마라도까지 보인답니다.

가까이 있는 엉또 무인카페는 올레길 걸으시는 분들에겐 참새방앗간 같은 곳이죠. 지친 걸음을 잠시 쉬면서 음료도 마시고 지나간 사람들의 정겨운 기록들도 읽어 보고, 자신의 여행 흔적도 남길 수 있는 곳이랍니다. 석가정에서 무인카페까지 가는 길은 드물게 감귤 꽃과 열매를 바로 가까이에서 볼 수 있어서 운치가 참 좋습니다."

〈엉또폭포〉

서귀포시 강정동 월산마을을 지나 500여 m 악근천을 따라 올라가거나, 신시가지 강창학공원 앞 도로에서 감귤밭으로 이어진 길을 따라 서북쪽으로 800m 정도 가면 엉또폭포를 만날 수 있다. 엉또폭포는 서귀포 70경 중의 하나다. 위치는 서귀포시 염돈로 121-8(출처 : 비짓제주).

올레 코스 중 가장 높은 산

엉또폭포 앞에서 내려와 엉또다리를 건너면 오르막이 시작된다. 고근산 정상까지 고도 차 200m를 올라가야 한다. 고근산은 1998년 발표 기준으로 총 368개인 제주 오름 또는 기생화산 중 하나다. 서귀포시 강정동, 법환동, 서호동 세 마을의 배후를 병풍처럼 감싸 주는 형상인데, 이 일대에 새롭게 혁신 도시가 조성되면서 사람들 발길이 급격히 늘었다.

고근산은 주변 근처에 산이 없이 홀로 외롭게 있다 하여 '고근산(孤近山)'으로 불리게 됐다고 한다. 허나 막상 올라보면 사람들이 많아 '외로울 고(孤)'와는 거리가 멂을 알 수 있다. 등산로가 나무 계단으로 잘 정비된 산책로와 같고, 곳곳에 운동기구와 의자 등이 배치되어 있어서 숲속 공원 느낌을 준다.

　해발 396m 정상에 오르면 뒤로는 한라산, 앞으로는 태평양이 광활하게 펼쳐진다. 서귀포 앞바다의 섶섬, 문섬, 범섬이 발아래 가까이 있고, 멀리 가파도와 마라도는 바다 위에 떠 있는 2개의 멍석처럼 보인다. 산 아래쪽으로는 월드컵경기장 건물과 주변 신시가 혁신 도시 풍광이 도드라지고, 동쪽으로는 서귀포 구시가지가, 서쪽으로는 군산, 월라봉, 산방산, 송악산 정경이 멀지만 아늑하게 파노라마처럼 펼쳐진다.

　산 정상에 동그랗게 파인 분화구는 설문대할망의 엉덩이 자국이라고 사람들은 말한다. 제주도를 다 빚고 난 할망이 하릴없이 심심할 때면, 한라산 백록담을 베개 삼고 범섬에 다리를 걸쳐 누워 물장구치며 놀았던 모양이다. 그때 할망의 엉덩이가 놓인 위치가 바로 이곳이라 산 정상이 푹 눌렸다고 한다.

　고근산은 조선시대 때 제주 섬 산남 지역을 동서로 가르는 분기점이자, 대정현과 정의현의 경계를 이루는 산이기도 했다. 두어 시간 전에 출발했던 서귀포시외버스터미널이 제주도 1132번 일주도로의 동쪽과 서쪽을 가

● 고근산에서 바라보는 한라산

르는 분기점이었음을 떠올리면 올레 7-1코스는 지리적으로 의미가 크다. 게다가 제주올레 전 구간 중 이곳 고근산 정상은 해발이 가장 높다. 올레 26개 코스 통틀어 가장 높은 곳에 발을 디디고 내려가는 것이다.

〈고근산〉

서귀포 신시가지에서 가깝고, 서귀포 월드컵경기장에서 올레 코스 순방향으로 걸어도 되고 외돌개에서 역방향으로 걸어도 된다. 올레 7-1코스 순방향으로 걷다가 오름에서 범섬을 바라보고 외돌개로 내려와서 제주올레 7코스를 순방향으로 걸으며 고근산을 올려다볼 수도 있다(출처 : 비짓제주).

● 고근산에서 바라보는 서귀포 앞바다

하논분화구

　70년대 후반까지만 해도 제주 시골에선 보리밥 또는 보리와 좁쌀을 섞은 잡곡밥이 주식이었다. 고구마 몇 덩이 들어간 좁쌀밥은 커다란 양푼에 퍼 담으면 다른 반찬 없이도 서너 식구 한 끼 식사로 충분했다. 친척집 제삿날이면 아이들은 밤늦게까지 눈 비벼 가면서 자지 않으려고 애썼다. 제사상을 치운 후 먹을 수 있는 곤밥 한 그릇 때문이었다.

　그렇게나 곱게 보였는지 옛날 제주 사람들은 흰 쌀밥을 곤밥이라 불렀다. '고운 밥'이라는 뜻이지만 제사나 혼례 같은 대소사 때만 먹을 수 있는 '귀한 밥'이라는 의미도 내포돼 있다. 곤밥 한 수저에 간장 한 방울이면 아이들에겐 요즘의 초콜릿이나 다름없었다.

　예나 지금이나 제주는 쌀이 귀한 섬이다. 호남 등 가까운 육지에서 들여와야 했기에, 수송 수단이 나아지기 전까진 쌀이 귀할 수밖에 없었다. 벼를 생산해야 쌀이 나올 텐데 섬의 토질 특성상 빗물을 가두지 못하고 땅속으로 흘려보내기만 하니 애초부터 논농사와는 거리가 멀었다. 때문에 거칠고 메마른 밭을 일구어 고구마를 심던지 잡곡 농사나 해야 했다. 남제주 쪽 정방폭포 주변 등 일부 지역에서 소규모 벼농사를 짓기도 했지만 논이 아니라 밭농사로 일군 밭벼 정도였다.

그런 메마른 제주 땅에도 예외가 있었으니 바로 올레 7-1코스가 거쳐 가는 서귀포 '하논' 땅이다. 벼가 생산되는 논으로, 빗물에 의지한 천수답(天水畓) 형태로선 예나 지금이나 제주에서 유일한 곳이다.

"곤밥 하영(많이) 먹으라."

옛날 제주 어멍(어머니)들이 이웃 제삿집에서 얻어 온 쌀밥 한 덩이를 코흘리개 아들 앞에 펼쳐 놓으며 했던 말이다. 제주 말로 '하영'은 '많이'를, '하다'는 '많다'를 뜻한다. '하논'은 '논이 많다'는 의미를 담은 제주어 지명이다.

육지로 치면야 가로세로 고작 1.5km 평야에 널린 논을 두고 '큰 논'이니 '많은 논'이니 요란스런 지명을 붙이진 않았을 것이다. 제주 섬에선 유일무이한 천수답 논농사 지역이기에 그럴싸한 지명이다.

제주 유일의 논

하논은 서귀포시의 남부 서홍동과 호근동에 걸쳐 있다. 두 마을의 경계가 넓은 논의 한가운데를 남북으로 관통하기에 서쪽 절반은 호근동, 동쪽 절반은 서홍동에 속한다. 올레 7-1코스 시작점에서 북쪽으로 내륙 깊숙이 고근산에 올랐다가 가장 저지대로 내려오는 12.5km 지점이다. 코스 종착점인 제주올레여행자센터까지는 약 3km를 남겨 두고 있다.

사실, 벼이삭이 누렇게 익을 때가 아니라면 이방인의 눈에는 이곳이 논인지 밭인지 얼른 구분이 안 된다. 계절에 따라선 그냥 단순한 숲 또는 눈

● 하논

덮인 벌판으로 보이기도 한다. 7-1코스 15.7km 중 종반부 1km 구간이 타원형 하논 평야의 북쪽 언저리 길에 해당한다.

오랜 옛날 이곳은 논이기 이전에 호수였고, 호수이기 이전엔 바닥 면적이 직경 800m가 넘는 대형 분화구였다. 수만 년 전 있었던 화산 활동의 결과다. 한라산 백록담이야 지표 깊숙한 곳에서의 강력한 폭발과 마그마 분출로 이뤄진 분화구지만, 이곳은 소규모 가스 폭발로 이뤄졌다. 내부 압력이 오르며 스멀스멀 위로 올라오던 마그마가 지표 가까이 고여 있던 지하수와 만나면서 폭발로 연결된 것이다. 마치 삼겹살을 구웠던 뜨거운 프라이팬에 물을 한 수저만 부어도 큰 소음과 함께 사방으로 기름이 튀면서 수증기가 자욱해지는 것과 같은 이치다.

이런 폭발의 경우엔 화구 일대가 움푹 파이고 내려앉기 때문에 하논 일대는 분지를 이루었다. 마그마 분출과 함께 솟아오른 제주의 여러 오름들과는 정반대의 모습이다. 이 지역은 1530년 문헌에는 '큰 연못'이라는 뜻의 '대지(大池)'로 표기되어 있지만, 1650년 문헌에는 '큰 논'을 뜻하는 '대답(大畓)'으로 변해 있다고 한다. 즉, 그때는 이미 한쪽 둔덕을 허물어 연못의

● 고근산 등산로

물을 다 빼낸 다음 평평한 바닥을 농경지로 활용하고 있었음을 말해 주는 것이다. 원래 연못이었던 바닥이니 빗물은 오래 고일 수 있었을 터이고, 또한 지하수가 항시 용출되는 샘물이 세 군데나 있었으니 논농사로는 최적의 조건을 갖춘 셈이었다.

비운의 역사, 하논마을과 하논성당

500여 년 전 드넓은 연못에서 물이 빠진 후 농경지로 바뀐 하논은 이후 줄곧 조선 정부 소유의 관답이었다. 인근 백성들은 소작 형태로 논농사를 지어 오다가 19세기부터 점차 사유화가 시작됐다. 논 주변은 자연스레 백성들이 모여 살면서 인구 수백 규모의 촌락도 생겨났다. 그렇게 형성된 하논마을은 제주 섬 혼란의 근대사를 겪으며 두 차례의 큰 상처를 입었고, 지금은 마을 자체가 없어졌다.

1901년 2월, 천주교인들과 민간의 갈등 속에서 인근 하효리마을 오신락 노인이 이곳 하논성당에 끌려와 사망하는 사건이 발생한다. 그해 5월 이재

● 하논성당터

수의 난을 촉발시킨 원인이 된 사건이다. 거센 민란 와중에 많은 신도들은 죽거나 떠났고, 하논성당도 파괴되었다. 지금은 올레길 노선상인 서귀포시 호근동 194-1번지에 성당터만 남아 보존되고 있다.

4·3사건 때는 토벌대에 의해 마을 전체가 소각되어 없어지는 두 번째 비운까지 겹쳤다. 1948년 10월 제주 중산간 마을에 '해안선 5km 이상 출입 또는 거주자는 무조건 적으로 간주하여 사살한다'는 포고령이 떨어진 후 11월에 토벌대가 들이닥쳤고, 하논마을은 순식간에 소각되어 없어진 것이다. 100여 명 주민들은 인근 마을로 뿔뿔이 흩어졌으나 다시는 돌아가지 못했다.

이재수의 난과 4·3사건이라는 제주 역사상 가장 무참하고 아팠던 두 사건을 하논은 반세기만에 연이어 겪은 것이다. 게다가 이곳은 제주 유일의 천수답 논이자 한반도 유일의 마르 maar 형 화산 분화구이다. 얼핏, 섬 어디서나 눈에 띄듯 평범해 보이는 들판이지만 하논은 이렇듯 제주 역사의 아픈 상흔을 고스란히 간직하면서 또한 지질학적으로 큰 의미를 담고 있는 특수 지역인 것이다.

외돌개를 지나 해안선을 따라가는 올레 7코스도 충분히 아름답다. 그런 7코스에 굳이 7-1코스를 추가하여 올레꾼들의 발길을 중산간 내륙으로 향하게 만든 올레 사무국의 깊은 속뜻을 알 것도 같다.

● 제주올레여행자센터에서 서명숙 이사장과 이영철 작가

〈하논분화구〉

한반도 최대 규모의 마르(maar)형 분화구로 동서 방향 1.8km, 남북 방향 1.3km의 타원형 화산체이다. 3만~7만 6000년 이전에 생성된 것으로 추정되고 있다. 용암 분출로 생성된 일반적인 화산 분화구와 달리, 마르형 분화구는 용암이나 화산재 분출 없이 지하 깊은 땅속의 가스 또는 증기가 지각의 틈을 따라 한 군데로 모여 한 번에 폭발하여 생성된 분화구를 말한다. 지표면보다 낮게 형성된 화산체로, 산체의 크기에 비해 매우 큰 화구가 특징이다. 2002년 한때 분화구 안에 야구장 건설 계획을 세웠다가 환경단체의 반대로 철회된 바 있다. 하논분화구방문자센터의 위치는 서귀포시 일주동로 8823(출처 : 박문각 시사상식사전).

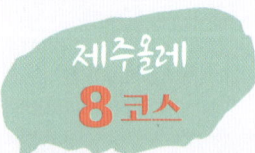

월평 - 대평

총 거리 19.6km
소요 시간 5~6시간
최고 해발 100m(베릿내오름 전망대)
최저 해발 0m(대평포구)

난이도 ★★☆

경유지 & 구간 거리
월평 아왜낭목쉼터-1.2km→약천사-1.9km→대포포구-1.8km→주상절리 관광안내소-1.4km→베릿내오름 입구-9.7km→논짓물-3.6km→대평포구

알아 두면 좋은 점

- 제주 제일의 관광단지인 중문을 관통하는 코스이다.
- 논짓물에서 대평포구까지 3.6km는 휠체어 구간이다.
- 과거엔 해안길로만 이어졌다가 안전 문제로 내륙으로 우회하도록 바꿔서 코스 경관이 더 나아졌다.

중문과 주상절리

제주도는 한라산을 중심으로 산북과 산남으로 나뉜다고 했다. 동서까지 구분하면 편의상 북서-북동-남서-남동, 이렇게 4개 지역으로 나뉠 수 있다. 이들 중 남서 지역인 서귀포-중문-안덕-대정 일대가 관광 측면에선 예전이나 지금이나 선호도가 가장 높은 것 같다.

이 일대에서도 특히 중문은 제주에서 유일하게 관광단지라는 수식어가 따라붙는다. 1970년대 후반부터 정부 주도로 착수된 중문국제관광단지 개발의 결과다. 산남의 중심인 서귀포에서 일주도로를 따라 서쪽으로 10여 km 떨어진 중문에는 신라호텔, 롯데호텔, 하얏트호텔 등 10여 개 최고급 숙박 시설들이 운집해 있다. 제주의 대표 관광지로서의 위상을 말해 준다.

올레 8코스는 중문 지역을 관통하는 루트다. 월평마을에서 시작하여 대포포구를 지난 후 중문관광단지 해안과 내륙을 두루두루 밟는

● 약천사

❶ 제주국제컨벤션센터(ICC JEJU)
❷ 주상절리 입구

다. 이어서 예래생태공원을 거쳐 거대한 절벽 박수기정이 보이는 대평포구에서 끝난다. 베릿내오름 정상에서 내려다보는 시원한 뷰도 좋고, 진모살이라 불리는 중문색달해수욕장의 길고 깨끗한 모래사장도 올레길의 운치를 더해 준다. 그러나 8코스를 대표하는 절경은 뭐니 뭐니 해도 주상절리다. 해변 일대에 길고 다양하게 펼쳐진 암석들이 화산 섬 제주의 지질학적 일면을 대표적으로 보여 준다.

'주상절리'는 '마그마가 냉각되며 응고함에 따라 부피가 수축하여 생기는 다각형 기둥 모양의 금'으로 국어사전에 설명되어 있다. '절리(節理)'는 '바위 표면의 갈라진 틈새'를 말한다. 화산 분출로 지표면에 흘러나온 고온의 마그마가 바닷물이나 대지의 찬 공기와 만나며 급속 냉각되고, 이 과정에서 가뭄에 논바닥 갈라지듯 균열이 일며 여기저기 틈(=절리)들이 생겨나는 것이다. 수분이 증발해 부피가 수축하면서 자연적으로 생기는 현상이다.

이런 틈과 균열들이 오랜 세월 풍화와 침식 작용을 거치다 보면 마치 수

많은 돌기둥들을 겹겹이 정교하게 쌓아 놓은 듯 보이는 주상절리가 이뤄지는 것이다. 길쭉한 기둥 모양의 주상(柱狀)절리 외에, 넓고 평평한 모양의 판상(板狀)절리도 있다.

 자연이 빚어낸 예술, 자연의 힘

8코스 출발 5km 지점에서 만나는 대포동 주상절리는 제주를 넘어 국내의 대표적 주상절리로 꼽힌다. 대포포구와 대포연대를 지나 주상절리 매표소로 진입하면 잠시 후 튼튼한 목재 데크길을 따라 파도치는 해안선의 낯선 정경과 맞닥트린다. 이 지역에선 '지삿개'라 불리는 해안이다. 병풍처럼 길게 늘어선 절벽에 거센 파도가 쉼 없이 부딪혀 가며 하얀 포말을 만들어 내는데, 깎아지른 그 절벽의 모양새가 특히나 유별나다. 삼사십 미터의 기다란 돌기둥들을 해안가에 겹겹이 박아서 인위적으로 거대한 성벽을 만들어 놓은 형국이다.

● 중문 주상절리

● 중문색달해수욕장

    솟아오른 돌기둥들 외에 야트막하게 누워 있는 절리들도 있다. 우뚝우뚝 세워져 있건 층층이 누워 있건 돌기둥들은 한결같이 사각형, 오각형, 육각형의 형태를 취하고 있다. 마치 거대한 벌집을 연상시킨다. 이집트 피라미드처럼 수많은 인간들의 노동력이 동원된 인조 조형물처럼 느껴지기도 한다. 올레 8코스에는 이곳 '지삿개' 주상절리만 있는 게 아니다. 이미 지나온 대포포구 인근의 '배튼개' 해안에도 규모가 작지만 촘촘한 주상절리가 떠 있다.

    대포동 주상절리를 지나면 올레길은 베릿내오름 등산길로 올랐다가 내려와 중문색달해수욕장의 기다란 모래사장을 거쳐 내륙 우회길로 안내한다. 예전의 8코스는 계속 해안길로만 이어졌지만 낙석 위험이 대두되면서 2010년부터 해병대길을 폐쇄하고, 예래생태공원으로 돌아오는 내륙 우회 코스로 바뀐 것이다. 때문에 또 다른 주상절리 절경을 만날 수 있는 해안길 2km를 포기하고 6km 가까운 내륙길을 돌아 나와야 한다.

❶ 중문 주상절리
❷ 예래생태공원

그러나 내륙길이 끝나는 논짓물 주변에서 역방향 동쪽으로 1km만 거슬러 가 보면, 갯깍 주상절리라는 또 하나의 자연 절경을 바로 눈앞에서 만날 수 있다. 특히 이곳에선 주상절리 암벽이 오랜 세월 파도에 깎이며 거대한 구멍으로 뚫어진 '들렁궤'가 깊은 인상을 준다. 확 터진 해식 동굴 속에 들어가 바다를 내다보는 운치가 특별하게 느껴진다. 물론 절벽 위에서의 낙석 위험엔 늘 긴장을 늦추지 말고 주의를 기울여야 한다.

제주의 주상절리는 이렇게 올레 8코스에만 있는 게 아니다. 지삿개 주상절리대에서 베릿내오름에 오른 후 내려오면 올레 코스를 500m 벗어난 북쪽으로 천제연폭포가 자리 잡고 있다. 천제연 1폭포의 주상절리대는 호수의 맑은 물과 함께 어우러져 신비롭기 짝이 없다. 그 옛날 전설 속 선녀들이 내려와 목욕했던 곳임을 실감할 수 있다. 6코스에서 만난 정방폭포도 대표적 주상절리이다. 폭포수 정경에만 눈을 두지 말고 주변 암벽들에 조금만 주의를 기울여 보면 각진 돌기둥들이 겹겹이 쌓인 모습이 인상 깊게 다가온다.

작은 배나 유람선을 탈 기회가 된다면 7코스 앞 문섬과 범섬 또는 9코스 앞 형제섬, 아니면 10코스 송악산 해안 절벽 주변에서도 다양한 형태의 주상절리와 판상절리를 만나 볼 수 있다. 얼핏 인조물처럼 보이기도 하지만 수만 년 자연의 손길이 시간의 힘을 빌려 저렇게 정교한 명품 조형물들을 빚어낸 것이다. 올레길을 걸으며 새삼 실감하게 되는 자연의 힘이다.

〈대포동 주상절리대〉 높이가 30~40m, 폭이 약 1km 정도의 주상절리대로 국내 최대 규모를 자랑한다. 마치 계단을 쌓은 듯 겹겹이 서 있는 육모꼴의 돌기둥이 병풍처럼 둘러쳐져 있어 자연의 신비로움을 만끽할 수 있다. 그 기둥에 부딪히는 파도 또한 마음을 뺏기는 볼거리인데, 심할 때는 높이 20m 이상 치솟는 '쇼'가 펼쳐지기도 해서 장관을 이룬다. 위치는 서귀포시 이어도로 36-30(출처 : 비짓제주).

〈약천사〉 동양 최대 크기의 법당을 자랑하는 절로 1981년 주지로 부임한 혜인 스님에 의해 불사가 크게 일어나 1996년 대적광전이 세워져 유명해졌다. 29m 높이의 대적광전은 조선 초기 불교 건축 양식을 띤 콘크리트 건물로 지하 1층, 지상 5층이 통층으로 되어 있고, 법당 앞 종각에는 효도를 강조하는 글과 그림이 새겨진 18t 무게의 범종이 걸려 있다. 사찰에는 조선시대 임금인 문종과 현덕왕후, 영친왕, 이방자 여사 4인의 위패가 모셔져 있다. '약천(藥泉)'이란 사찰 이름은 댓새미라는 사철 흐르는 약수가 있는 연못 때문에 붙여졌다. 위치는 서귀포시 이어도로 293-28(출처 : 비짓제주).

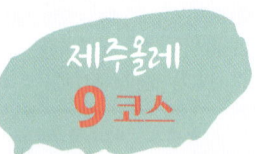

대평 - 화순

- 총 거리 6km
- 소요 시간 3~4시간
- 최고 해발 180m(월라봉 전망대)
- 최저 해발 0m(대평포구)

난이도 ★★★

경유지 & 구간 거리
대평포구-3km→월라봉 전망대쉼터-1.6km→진모루동산-0.2km→창고천다리-1.2km→화순금모래해수욕장

알아 두면 좋은 점

- 박수기정과 월라봉을 오르내리는 코스이다 보니 거리는 짧지만 난이도는 가장 높다.
- 종점 인근까지 인가와 가게가 없어서 음료와 요깃거리는 꼭 챙기는 게 좋다.

박수기정과 산방산

올레 9코스를 처음 걷는 이에겐 두 곳의 전경이 특히 인상에 남을 것이다. 멀리서 바라보는 박수기정과 그 박수기정에 올라서 바라보는 산방산의 모습이다. 독특한 산세가 제주에서 흔히 만나는 경관들과는 많이 다르게 느껴진다.

9코스 시작점인 대평포구에서 만나는 박수기정의 모습은 특이하다 못해 괴이하게 다가온다. 자연이라기보다는 거대한 암벽 조형물 같다. 자연의 힘으로 빚어진 건 분명한데 어딘가 인간의 손길이 닿은 예술 작품으로 보인다.

● 산방산과 박수기정

● 대평포구

　해발 200m의 월라봉에서 이어져 내려온 산줄기가 바다를 만나 100m 넘는 수직 절벽을 이루며 병풍처럼 주변을 둘러치고 있다. 8코스 중문해변에서와 같은 거대 주상절리다. 기암층 아래에서 샘물이 솟아 '바가지로 퍼 마시는 샘물'이란 뜻의 '박수'와, 수직 절벽이나 벼랑을 일컫는 '기정'이란 2개의 제주어가 합쳐져 지명이 되었다.

　대평포구에서 시작하여 '몰질'을 따라 숲으로 오르면 잠시 후 박수기정 정상에 이른다. '몰질'이란 고려 때 원나라에 바칠 말들을 배에 싣기 위해 끌고 지나간 길이라는 뜻의 제주어다. 박수기정에 오르면 정작 박수기정은 사라지고 산방산이 나타난다. 8코스에서부터 언뜻언뜻 자태를 드러내던 산방산이 비로소 온전하게 제 모습을 다 드러내는 것이다. 해안가 평지에 거대한 돌산 하나가 저 홀로 우뚝 솟아오른 모양새다.

　대부분의 제주 오름들은 한라산 중턱에 걸려 있기에 아늑하면서 상대적으로 왜소해 보이는 반면, 산방산은 해안가에 저 홀로 떨어져 있기 때문에 훨씬 더 장엄하게 느껴진다. 산방산은 한라산이나 오름들처럼 거대 압력에 따른 폭발로 용암이 분출해 생긴 화산이 아니다. 용암이 내부 압력에 못 이겨 지표면 틈으로 스멀스멀 밀려나와 생긴 지형이다. 점성이 강하고 밀도가 높은 용암이다 보니 퍼지지 않고 그 자리에 차곡차곡 쌓이며 굳어버려서 약 400m에 이르는 돌산을 만든 것이다. 그러나 이런 이야기는 재미없는 과학의 논리일 뿐이다.

 **산방산에 담긴 여러 이야기들**

　산방산이 생겨난 유래에 대해선 옛날부터 제주의 할머니들 입을 통해 전해져 오는 다른 이야기들이 많았다. 그중 하나가 1-1코스에서 만난 설문대할망의 이야기이다.

　당시 천상 세계에서 쫓겨난 설문대할망은 자신이 쉴 거처를 만들기 위하여 열심히 일했다. 망망대해에 섬 하나를 만들어 냈고 그 한가운데에는 커다란 산도 쌓아 놓았다. 찢겨진 치마폭 틈으로 흙이 숭숭 새어 나오다 보니 오름 수백 개도 생겨났다.

　할망은 그렇게 빚어낸 섬과 산이 마음에 들었다. 자신의 의도와 무관하게 생겨난 오름들도 다 좋았다. 단조롭지 않고 주변에 변화를 준다고 느껴졌기 때문이다. 그동안 자신의 거처를 만드느라 열심히 일했으니 이젠 좀 쉬어도 될 차례였다. 할망은 고단한 몸을 뉘었다. 두 다리를 쭉 펴고 양손

● 대평포구

● 박수기정에서 내려다본 대평포구

을 활짝 벌려 편하게 드러누웠다.

　머리를 산꼭대기에 걸치니 등으론 푹신한 대지의 감촉이 느껴졌고 발은 바다 멀리까지 닿았다. 그런데 고개와 머리 쪽이 다소 불편했다. 베개 역할을 해야 할 부분이 뾰쪽하게 솟아 있었기 때문이다. 할망은 오른손을 뻗어 산봉우리 부분을 한 움큼 뽑아냈다. 그러곤 아무 생각 없이 툭 던져 버렸다. 뽑힌 봉우리는 경사를 타고 쪼르르 구르고 구르다 지금의 안덕면 사계리 해안에 멈춰서며 산방산이 되었다는 게 우리네 할머니들 이야기다.

　뾰족했던 꼭대기가 움푹 파이자 비로소 베개처럼 편안해졌다. 지금의 백록담은 그때 그렇게 파여서 생겨난 것이다. 할망이 좀 더 세게 던져 버렸더라면 봉우리는 바다에 떨어져 가파도나 마라도 옆에서 또 하나의 섬이 될 뻔했다.

　편안히 누워 기분이 좋아진 설문대할망은 바닷물에 담긴 두 발로 물장구치며 놀았다. 하얀 거품과 거센 물결이 일기 시작했다. 이때의 할망의 물장구놀이 때문에 제주 바다에는 지금까지도 격랑과 파도가 자주 이는 것이라고 한다.

 비슷하지만 다른 설도 있다. 설문대할망이 널찍한 섬 우도에 치마저고리를 올려놓고 빨래를 하다가 방망이를 잘못 휘둘러 한라산 꼭대기를 쳤다는 설이다. 그 바람에 산 꼭지 부분이 파이며 지금의 백록담이 되었고, 굴러 떨어진 부분이 산방산이 되었다는 이야기다.

 주인공이 바뀌기도 한다. 옛날 어떤 사냥꾼이 한라산 중턱에서 사냥하고 있었다. 하얀 사슴(白鹿-백록)을 쫓다가 흰 구름에 휩싸인 산 정상에서 활시위를 잘못 당겼다. 빗나간 화살은 엉뚱하게도, 하늘에서 내려와 잠시 산책 중이던 옥황상제의 엉덩이에 꽂혔다. 벌에 쏘인 것처럼 따끔한 통증에 짜증이 난 옥황상제가 홧김에 한라산 봉우리를 뽑아 휙 던져 버렸다는 것이다.

 누가 꼼꼼하게 확인했는지는 모르지만 산방산의 크기와 모양이 백록담의 움푹한 분화구에 딱 들어맞는다는 사실, 그리고 백록담과 산방산의 암질(岩質)이 똑같다는 사실들이 이런 여러 설들을 그럴듯하게 뒷받침해 주고 있다.

● 9코스 종착지인 화순금모래해변

박수기정이 그랬던 것처럼 산방산도 바로 옆에서보다는 멀리 떨어져 바라보는 전경이 훨씬 더 웅장한 것 같다. 올레 9코스에서 다가가며 바라보는 산방산과 10코스 후반에서 점점 더 멀어지며 뒤돌아보는 산방산 모습이 아름

〈박수기정〉 소나무가 무성한 산길을 오르면 소녀 등대가 서 있는 한적한 대평포구가 한눈에 내려다보인다. 박수기정 위쪽 평야지대에서는 밭농사가 이루어지는 것 또한 볼 수 있다. 박수기정의 절벽을 한눈에 보려면 박수기정 위보다는 대평포구 근처에서 보는 것이 좋으며, 포구 아래의 자갈 해안에서 보면 병풍같이 쭉 펼쳐진 박수기정의 절경을 감상할 수 있다. 수직으로 꺾여 있는 벼랑의 높이는 약 100m에 이른다. 인근에 박수기정과 바다를 함께 볼 수 있는 카페들이 있으므로, 여유 있게 앉아 해 질 무렵의 박수기정을 바라볼 수 있다. 위치는 서귀포시 안덕면 난드르로 90-25(출처 : 비짓제주).

● 종점 대평포구 앞 박수기정과 산방산

다운 것이다. 사물이건 사람이건 어떤 상황이건 너무 가까이 말고 적당한 거리를 두고 살펴야 제대로의 모습이 보이는 것과 같은 이치겠다.

〈산방산, 용머리해안, 하멜전시관〉 '산방'은 굴이 있는 산을 의미하는데 산방산 아래에 있는 작은 굴에서는 부처를 모시고 있어 이곳을 '산방굴사'라고 한다. 넓은 바다와 아름답고 웅장한 산방산 속 푸른 자연과 어우러진 이곳의 절에서 마음의 안정과 여유를 찾을 수 있다. 산방산 바로 앞에는 용머리해안이 있는데 전망용 망원경이 있어 용머리해안의 전망을 쉽게 눈에 담을 수 있다. 봄에는 유채꽃이 만발하기 때문에 노란빛과 어우러진 산방산의 경치를 보러 많은 사람들이 찾는다. 이런 자연이 주는 볼거리들과 함께 하멜전시관도 들러 볼 만하다. 하멜이 제주도에서 겪은 이야기들을 담은 하멜상선전시관이 산방산 바로 아래 자락에 위치해 있다 (출처 : 비짓제주).

박수기정과 산방산 155

화순 – 모슬포

- 총 거리 15.6km
- 소요 시간 5~6시간
- 최고 해발 60m(송악산 전망대)
- 최저 해발 0m(화순금모래해수욕장)

난이도 ★★☆

경유지 & 구간 거리
제주올레공식안내소—0.1km→화순금모래해수욕장—3.9km→사계포구—2.9km→송악산 주차장—2km→송악산 전망대—2.5km→섯알오름 화장실—2.4km→하모해수욕장—1.8km→하모체육공원

알아 두면 좋은 점

- 산방산과 형제섬 등을 바라보며 걷는 최고의 해안 절경 구간이다.
- 가파도는 물론 우리나라 최남단 마라도까지 가까이에서 바라볼 수 있다.
- 사계포구에서 송악산 주차장까지 2.9km는 휠체어 구간이다.

송악산과 알뜨르비행장

'가이텐(回天)'은 1945년 봄, 궁지에 몰린 일본군이 송악산 동굴 진지에 배치하려던 1인승 자폭 어뢰의 이름이다. 폭탄을 싣고 적 군함으로 돌진할 희생자를 고무시키기 위해 '하늘로 돌아간다'는 감성적인 이름을 붙였다. 연합군의 제주도 상륙을 저지하기 위하여 일출봉에는 1인승 자폭 보트인 '신요'를 수십 개 배치했고, 이어서 송악산에 '가이텐' 배치를 추진했지만 일본이 항복하는 바람에 무위로 끝났다.

성산일출봉 진지가 섬의 동쪽 해안을 맡는다면 모슬포 송악산 진지는 서쪽 해안을 사수하는 구도였다. 송악산 둘레에는 모두 15개의 인공 동굴이 뚫려 있다. 올레 10코스 후반에 송악산 둘레길을 걷다 보면 동굴 몇 개는 눈에 띄지만 대부분은 해안으로 내려가야 만날 수 있다.

당시 모슬포해안은 연합군 상륙이 가장 유력시되던 1순위 지점이었다. 해군 항공대 비행장을 포함하여 일본군 주요 기지들이 송악산 주변 등 대정읍 일대에 몰려 있었기 때문이다. 상하이와 난징 등 중국 대륙은 물론 필리핀과 오키나와 같은 태평양 전선과도 연결되는 매우 중요한 일본군 전략 거점이었던 것이다.

올레 10코스는 송악산을 넘고 최남단해안로 길 하나를 건너 섯알오름으

로 이어지는데, 그곳에서 고사포 진지의 콘크리트 구조물들이 그대로 남아 있는 걸 볼 수 있다. 바로 섯알오름에서 서쪽으로 광활하게 펼쳐진 알뜨르비행장을 사수하기 위하여 구축된 5개 대공포 진지들이다.

중국 침략을 준비하던 일본은 1930년대 초반부터 제주도에 군용 비행장 건설을 추진해 왔다. 현재의 제주국제공항 전신인 정뜨르비행장을 비롯하여 제주도에 5개의 크고 작은 비행장이 건설됐는데, 그중에서 이곳 알뜨르비행장이 전략적 위치 면에서 가장 중요했고 따라서 규모도 가장 컸다. '알뜨르'는 '아래쪽 넓은 들판'을 일컫는 제주어다. 해안가가 아닌 위쪽 벌판은 '웃뜨르'라 부른다. 제주에서는 한 마을 안에서도 해안가 저지대는 '알동네', 반대편 고지대는 '웃동네'로 곧잘 불린다.

● 알뜨르비행장 일본군 격납고

1937년 중일전쟁이 벌어지자, 알뜨르비행장은 중국 국민당 정부의 수도인 난징을 폭격하는 일본 공군의 핵심 기지로 활용되었다. 중국 대륙과 가장 가까운 규슈의 나가사키에서도 난징까지의 폭격기 왕복

은 당시 기술로는 불가능했기 때문에, 직선 거리의 중간에 위치한 제주 알 뜨르비행장은 급유와 점검 등을 위한 중간 기착지로서 천혜의 요지였다.

초기에는 20만 평 정도였던 알뜨르비행장은 태평양전쟁 말기인 1945년에 이르러선 80만 평까지 확장되었다. 중일전쟁 당시에는 중국 폭격용이었던 비행장이 태평양전쟁 말기엔 '결7호 작전'의 선봉에서 가미카제 훈련을 포함한 일본군 최후의 결전장으로 변모된 것이다.

 결7호 작전, 아찔한 상상

지금의 알뜨르는 황량한 벌판과, 주민들이 잡곡 농사를 짓는 밭들이 섞여 있다. 중간중간에 20여 개의 돔형 격납고가 야트막하지만 여전히 단단하게 자리를 지키고 있다. 70여 년 세월이 지났음에도 한결같이 원래 모습 그대로를 유지하고 있는 듯하다. 군데군데 대공포 진지와 막사 건물 흔적들도 그대로 남아 있다.

상상을 해 본다. 연합군 함대 수십 척이 모슬포 앞바다에 나타나 함포 사격을 해 오고, 하늘에선 미군 폭격기 수십 대가 날아와 포탄을 퍼붓는 상황을. 송악산 진지 동굴 속에 숨어 있던 인간 어뢰 '가이텐'들이 물속을

● 송악산 진지동굴
● 일본군 고사포 진지

질주해 가서 미 군함 몇 척 정도야 폭파시키겠지만 새 발의 피일 것이다. 모슬포 일대는 불바다가 되며 해안에선 영화 「라이언 일병 구하기」의 오프닝 장면 같은 처참한 전투가 펼쳐졌으리라. 연합군이 상륙을 마치면 이 일대에는 일본군과 제주도민의 시체가 산을 이뤘을 것이다. 이어서 섬 전역이 일본 오키나와처럼 불바다가 되고, 마지막 남은 일본군 잔당들은 제주도민들을 총알받이로 내세워 중산간 오름들을 전전하며 결사항전했으리라.

아찔한 상상이다. 일본군의 결7호 작전은 옥쇄라는 미명하에 제주도민을 인질로 한 집단 자결 계획이나 다름없었다. 미국의 원폭 투하와 일본의 무조건 항복이 없었거나 늦어졌다면 이 섬에서 과연 어떤 일들이 벌어졌을까.

〈송악산〉 산방산의 남쪽, 가파도가 손에 잡힐 듯 보이는 바닷가에 불끈 솟은 산이다. 99개의 작은 봉우리가 모여 있어 일명 99봉이라고도 한다. 세계적으로 유례가 드문 이중 분화구(1차 폭발로 형성된 제1분화구 안에 2차 폭발이 일어나 2개의 분화구가 존재)의 화산 지형이기도 하다. 송악산 둘레길을 걷다 보면 방목해 놓은 말을 가까이에서 볼 수 있고, 형제섬과 가파도, 멀리 마라도까지 볼 수 있다. 길이 험하지 않아 누구나 쉽게 오를 수 있지만 바람이 많은 편이다(출처 : 비짓제주).

섯알오름 예비 검속

　제주 4·3사건의 역사는 1947년 3·1절 발포부터 1954년 9월 한라산 금족령 해제 때까지이다. 7년 6개월이 넘는 긴 세월이다. 학살이 집중된 기간은 두 번에 걸친 1년 4개월 동안이다. 1948년 4월 3일 무장대가 봉기해 이듬해 여름 사령관 이덕구가 사살되기까지 1년 2개월이 1차 기간이고, 1950년 6·25전쟁 발발 직후 예비 검속이 이뤄졌던 두 달 동안이 2차 기간이다.

　'예비 검속(豫備檢束)'이란 말은 일제강점기에 많이 쓰였던 용어다. 범죄 개연성이 있다고 판단되는 이들을 미리 구금해 버린다는 의미로, 일제가 '조선정치범 예비구금령'이라는 법률로까지 만들어 우리 국민을 탄압하는 도구로 악명이 높았던 용어다.

　특히 1941년 태평양전쟁을 일으키고 나서 일제는, 조선의 수많은 항일 인사들을 예비 검속 명목으로 수감한 바 있다. 1950년에는 6·25전쟁 발발과 함께 대한민국 정부가 예비 검속 회오리를 휘몰아 왔다. '빨갱이'들의 동조를 막기 위한 정부의 검속으로 전국적으로 30여만 명이 수감되었다.

　제주는 가장 위험한 적색경보 지역으로 여겨졌다. 4·3사건의 광풍이 어느 정도 수그러들고 만 1년이 지나던 제주 섬에는 또다시 피바람이 몰아쳤다. 사람 목숨이 파리 목숨과 같음을 생생하게 실감했던 섬사람들은 숨소

● 예비 검속 희생자 추모비

● 희생자 추모 조형물

리조차 못 내고 쥐죽은 듯 살아온 1년이었다.

　조마조마 죽음의 공포에 떨던 섬 젊은이들은 너도나도 군대에 자원입대했다. 눈앞에 닥친 죽음의 공포를 얼른 벗어나고자 우선은 멀리 떨어진 죽음의 전장으로 향한 것이다. 자신이나 부모 형제가 결코 '빨갱이'가 아님을 국가에 대한 충성심으로 증명해 보여 줘야 했다.

　해병대 3천 명을 포함하여 제주 청년 1만여 명이 그런 심정으로 6·25전쟁 당시 자원입대해 인천상륙작전 등 최전선에서 싸웠다. 섬 전체에 대한 예비 검속은 6·25전쟁 발발 한 달 후부터 가차 없이 이뤄졌다. 좌익 운동에 간여했다는 혐의를 받거나 당시 악명을 떨치던 서북청년단에게 밉게 보인 섬사람들 800여 명이 한 달을 전후하여 검속되었고, 그중 대다수가 어딘가로 끌려가 집단 학살되었다.

 ### 제주의 대표적 '다크 투어리즘'

　올레 10코스의 종반부에 있는 섯알오름은 대표적 학살터로 악명이 높다. 당시 이곳 모슬포경찰서 관내에서만 344명이 예비 검속되었고, 그들 중 252명이 섯알오름에서 학살된 것이다. 8월 20일 새벽 2시엔 한림 지역

검속자들 63명이 끌려와 총살되었고, 이어서 두어 시간 후에는 대정 지역에서 끌려온 190여 명이 이곳에서 총살되어 암매장되었다고 한다.

북한군에 밀려 대한민국 수도를 부산으로 옮긴 이틀 뒤에 일어난 사건이었다. 당국은 시신 수습도 철저히 막았다. 유족들은 분노에 떨면서도 두려움에 숨죽여 살다가 6년이 지난 1957년이 되어서야 이미 형체가 거의 없어진 유골들이나마 공동으로 수습할 수 있었다.

한림 지역 희생자들 63명의 시신은 다행히 거의 신원 확인이 되어 한림읍 명월에 있는 '만벵디 공동장지'에 합동 이장되었다. 대정 지역 희생자 시신들은 워낙 많이 훼손되어 신원 확인이 불가능했다. 누가 누군지 모르는 시신들의 뼛조각을 추려 132구의 시신을 인근에 안장했다. 유족들은 이 묘역을 '백조일손지묘(百祖一孫之墓)'라 이름지었다. '100여 분 선조들이 한날한시에 죽어 누구의 시신인지도 모르는 채 함께 묻혀 무덤도 같고 제사도 같이 치르니 그 자손은 하나다'라는 의미를 담았다고 한다. 올레 10코스 중간 지점에서 서쪽으로 직선거리 1km 떨어진 사계리 공동묘지 한편에 백수십여 개의 야트막한 묘들이 나란히 열 지어 누워 있다.

● 예비 검속자 학살터

● 10코스에서 바라보는 형제섬

　제주시 소재 한국병원과 한마음병원 원장을 역임했던 이유근 아라요양병원장으로부터 당시 희생됐던 숙부에 관한 이야기를 들어 보았다.
　"섯알오름 희생자들은 모두 좌익으로 의심받은 분들로만 알려져 있으나, 당시 실세였던 서북청년단에게 밉게 보인 지역 유지들도 포함되었어요. 그중에는 서북청년단의 개입으로 구금에서 빠져나온 사람 머릿수 채우느라 대신 붙들려가 수감된 분들도 있었고요. 대표적인 분이 당시 면사무소 직원이었던 고 이도영 박사의 부친입니다. 저의 숙부도 당시 대정국민학교 교사였다가 동료 교사가 좌익으로 의심받으면서 뭉텅이로 구금되었는데 요령 좋은 분들은 손을 써서 빠져 나왔으나 숙부님은 당시 마을 유지셨던 할아버님께서 아무 죄도 없으니 금방 풀려 나오겠지 하고 방심했다가 변을 당하신 경우예요. 백조일손지묘는 대정향교 전교를 지내신 할아버님과 이도영 박사의 할아버님이 의논해서 지으신 것입니다."
　이곳 10코스는 많은 올레꾼들이 가장 선호하는 베스트 3에 들기도 한다. 물론 경관이 아름답기 때문인 것이 선호 이유다. 송악산과 산방산의 산세가 이역 땅을 연상시킬 듯 아름답고, 화순에서 사계를 지나 모슬포항까지 멋진 해안선이 이어진다. 형제섬이 가까웠다 멀어지면서 계속 그 자태를 바꿔 간다. 가까이는 가파도, 멀리는 마라도까지 눈앞에 수려하다.

그러나 바로 이어지는 섯알오름과 알뜨르비행장 주변은 제주의 대표적 '다크 투어리즘 Dark Tourism' 구간이다. 아름다운 길 이면에 어두운 역사의 아픔이 묻혀 있는 것이다. 멀지 않은 옛날에 섬사람들이 흘리고 쏟아냈던 피와 땀과 눈물과 한숨이 올레길 주변 여기저기에 서려 있다.

● 환태평양 평화소공원, 소용돌이 파도 속 영등할망 석상

● 환태평양 평화소공원, 태평양이 징검다리 상징석
(사진 제공 : 미국 샌디에이고 주재 고희근 박사)

〈환태평양 평화소공원〉 환태평양 7개국이 화해와 평화 교류 협력을 선도할 목적으로 2010년에 조성한 소공원이다. 미국 샌디에이고에 본부를 둔 환태평양공원재단(www.pacificrimpark.org)이 기획 및 시공을 맡았고, 제주도에 조성한 건 러시아, 미국, 중국, 멕시코, 필리핀 해안 도시들에 이어 여섯 번째다. 제주도 예산 8천만 원을 근간으로, (사)제주국제협의회(당시 회장 고성준)가 회원 46명의 성금을 모아 2억 원의 재원을 마련하는 등 조성 전 과정에 중추적인 역할을 하였다. 올레 10코스를 걷다가 잠시 200m만 코스를 벗어나 보자. 제주 바다를 넘어 광활한 환태평양과 마주하는 서사적 장관과 대면할 수 있다. 알뜨르비행장 앞 오거리에서 남쪽 해안으로 5분 거리(출처 : 제주국제협의회 20년사).

〈다크 투어리즘(Dark Tourism)〉 전쟁, 학살 등 비극적 역사의 현장이나 엄청난 재난과 재해가 일어났던 곳을 돌아보며 교훈을 얻기 위하여 떠나는 여행을 일컫는 말이다. 유태인 400만 명이 학살당했던 폴란드 아우슈비츠 수용소, 미국 9.11테러가 발생했던 뉴욕 월드트레이드센터 부지인 그라운드제로, 일본 원자폭탄 피해 유적지인 히로시마 평화기념관 등이 대표적인 예다.(출처 : 두산백과).

가파도올레

- 총 거리 4.2km
- 소요 시간 1~2시간
- 최고 해발 15m(가파초등학교)
- 최저 해발 0m(상동포구)

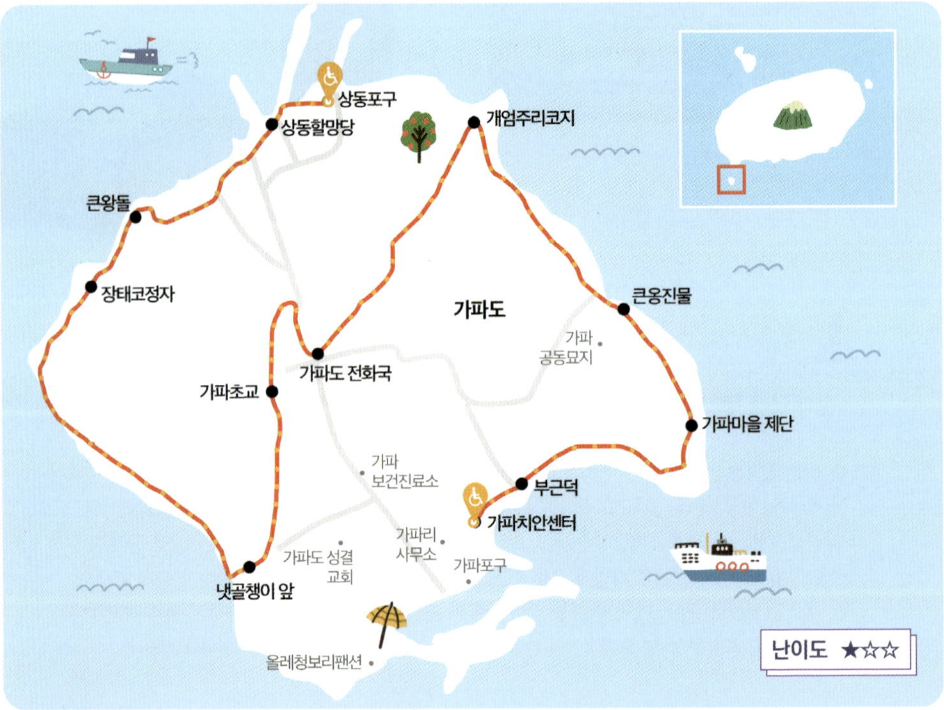

난이도 ★☆☆

경유지 & 구간 거리

상동포구—1.6km→냇골챙이 앞—0.4km→가파초교—0.9km→개엄주리코지—0.5km→큰옹진물—0.8km→가파치안센터

알아 두면 좋은 점

- 사람이 거주하는 섬 중에선 한국에서 해발 고도가 가장 낮은 섬이다.
- 전 구간이 휠체어 구간이다.
- 전 코스 종주 중이라면 10코스까지 오느라 지친 몸에 하루쯤 휴식을 주기에 적당한 여건이다.

가파도와 제주의 섬들

　가파도는 제주의 수십 개 부속 섬들 중에서 우도, 추자도와 함께 올레길로 걸을 수 있는 3개 섬 중 하나다. 잠시 걸음을 멈추고 뱃전에 올라 갈라지는 파도를 바라보다가 섬 속의 섬에 발을 내딛게 된다. 그다지 멀리 떠나온 게 아닌데도 한라산을 중심으로 본섬의 정취가 아련하게 느껴진다.

　가파도에 가는 뱃길은 15분밖에 안 걸린다. 올레 10코스 종착지 부근인 운진항에서 하루 5번(상황에 따라 변경) 운항하는 배를 타면 된다. 우리나라 최남단 마라도와 5km를 두고 인접해 있다 보니 섬 여행자들의 방문 우선순위에서는 다소 밀리는 경향이 있었지만, 2010년 3월에 가파도 올레길이 개장되면서 도보 여행자들이 많이 늘어났다.

● 가파도 청보리밭

　가파도 하면 청보리밭 축제가 관용어처럼 따라붙는다. 20만 평 가까운 보리밭이 매년 4, 5월만 되면 초록색 물결로 뒤덮이며 장관을 이룬다. 최고 해발이라 해 봐야 20m에 불과하다. 사람이 거주하는 우리나라 섬들 중에서 가장 낮다. 섬 전체가 평지인 만큼 올레 코스 또한 높낮이가 거의 없다. 그저 편안한 산책길일 뿐이다. 코스 거리도 4.2km에 불과하다. 올레 26개 코스 중에서 가장 짧은 구간이다.

　상동선착장에서 내려 걷기 시작하면 냇골챙이 앞까지 1/3이 서쪽 해안길이고, 가파초등학교와 전화국을 지나 개엄주리코지까지 1/3은 청보리밭을 지나는 섬 내륙길, 그리고 큰옹진물과 마을 제단을 지나 가파포구까지 이어지는 마지막 1/3은 동쪽 해안길이다.

　섬 전체에 산과 언덕이 없고 바다 위에 거의 수평으로 펼쳐진 명석과 비슷하다 보니 걷는 내내 사방이 확 트인다. 북쪽으로는 한라산을 중심으로 한 제주 본섬이 그윽하게 펼쳐져 있다. 서쪽으론 중국 상하이, 동쪽으론 일본 규슈 섬, 남쪽으론 환상의 섬 이어도까지 모두 수평선 너머 어딘가에 있을 가까운 이웃 지역들이다. 고즈넉하게 한두 시간 걸으며 이처럼 지구촌 이웃 땅들에 두루 가까워지는 기분을 느낄 수 있는 곳이 가파도 말고 또 어디 있을까.

　제주올레를 종주하는 중이라면 1코스에서 10코스까지 걷느라 수고한

몸과 마음에 하루쯤은 휴식을 제공하는 게 자신의 몸에 대한 예의일 것이다. 가파도올레는 긴 걸음을 잠시 멈추고 섬에 들어와 하루쯤 머물며 느긋이 휴식을 취하고 가라는, 이를테면 보너스 힐링 코스라 할 수 있겠다. 우리나라에서 가장 높은 한라산을 멀리 바라보며, 우리나라 유인도 중에서 가장 낮은 섬을 고즈넉하게 걸어 보는 시간이다.

 90개의 부속 섬, 8개의 유인도

우리는 보통 제주도 하면 제주 본섬과 마라도 및 우도, 추자도, 가파도 정도의 부속 섬 몇 개만을 생각한다. 그러나 사실 제주도의 부속 섬은 크고 작은 무인도를 포함하여 90개나 된다. 제주의 섬들이 이렇게 많다는 사실은 일반인들에게 다소 낯설다. 90개 섬 중 절반만이 제주 본섬 주변에 위치하고, 나머지 절반은 추자도 주변의 작은 섬들이다. 전자는 제주의 화산 활동과 함께 수십만 년 전에 생성된 것들이고, 후자는 수천만 년 전부터 있어 온 해남반도 및 남해안 여러 섬들과 맥을 같이한다.

90개 섬 대부분은 무인도이다. 사람이 거주하는 유인도는 8개뿐이다. 북쪽인 한림 앞바다의 비양도와 동쪽인 성산 앞바다의 우도, 그리고 남서쪽 모슬포 앞바다의 마라도와 가파도, 이렇게 4개가 본섬 주변의 유인도이

● 금능마을에서 바라보는 비양도

고 나머지 4개는 추자군도로 묶이는 상추자도, 하추자도, 추포도, 횡간도이다. 추포도는 8개 유인도 중 가장 작은 섬이고, 횡간도는 제주의 부속 섬들 중 최북단에 위치해 있다는 특징이 있다.

 8개 유인도 중 한림 앞바다의 비양도는 제주 여행자들에게 특히 깊은 인상을 남긴다. '고려 목종 5년 6월에 산이 바다 한가운데서 솟았다. 산에 네 구멍이 터지고 붉은 물을 5일 동안 내뿜고 그쳤다'는 『신증동국여지승람』 기록에 따라 1,000년 전 화산 활동으로 생겨난 것으로 추정되고 있다.
 올레 14코스와 15코스를 걷는 동안, 걷는 이의 위치에 따라 조금씩 변하는 비양도의 자태를 유심히 비교 관찰해 보는 것도 흥미롭다. 올레길이 개장된 우도나 가파도 또는 우리나라 최남단 마라도에 비해 외지인들의 발길이 덜 닿았기에 아직까지는 상대적 청정 지역이라는 강점이 비양도의 잠재력이기도 하다.

섬 속의 섬, 40여 개 무인도 이야기

8개의 유인도를 빼면 나머지 82개 섬은 모두 거주자 하나 없는 무인도들이다. 분포를 나눠 보면 추자도 주변에 38개, 본섬 주변에 44개이다. 외지 여행객들의 관심은 주로 제주 본섬에 있다 보니 무인도들은 여행 측면에서 관심도가 떨어질 것이다. 그나마 10개 정도의 무인도가 가끔씩 언급되는 듯하다.

먼저, 여행보다는 제주 설화나 유배 역사를 이야기할 때 자주 등장하는 관탈섬이 있다. 인터넷 지도를 펼쳐 보면 추자도와 제주항 사이 뱃길 정중앙에서 살짝 서쪽으로 흰 반점이 하나 보인다. 정식 지명은 '대관탈도'이다. 날씨가 좋으면 제주 해안에서도 아련히 보인다. 낚시꾼들이 선호하는 포인트이기도 하다.

설문대할망이 그 옛날 제주 섬을 빚은 후 한라산을 베개 삼아 잠시 피곤한 몸을 누이니 한쪽 다리가 관탈섬에 닿았다는 설화가 제주인들에겐 익숙하다. 제주로 유배 오던 관리들이 이 섬을 지나면서 비로소 귀양지가 가까워진 걸 느끼곤, 머리에 썼던 '관(冠)을 벗고(脫)' 한양 쪽 임금을 향하여 큰절을 올렸다는 데에서 섬 이름이 유래했다.

올레 12코스 후반부에서는 제주에서 가장 서쪽에 위치한 섬 차귀도를 만날 수 있다. 한라산 영실기암을 이루는 오백장군의 막내가 어머니 설문대할망의 죽음을 슬퍼하다 섬 바위가 되었다는 설화도 전해진다. 옛날엔 10여 세대라도 거주했으나 하나둘 섬을 떠나면서 1970년대 후반 들어서부터 무인도가 되었다고 한다. 와도, 죽도, 지실이섬 등의 새끼섬들을 옆에 끼고 있다.

● 가파도 마을 돌담길

　지금은 행정구역상 제주시에 속하는 북제주 해안에는 남쪽보다 섬들이 드물다. 차귀도와 비양도 외에는 3개 정도의 무인도 이름이 사람들 입에 오르내린다. 한림읍 귀덕 앞바다에 있는 자그마한 거북섬이 방파제 구실을 하고, 제주 구도심 동편으로 넘어가면 조천읍 북촌 앞바다에 서너 개의 올망졸망한 섬들로 이뤄진 다려도가 있다. 그리고 제주도 동북단인 구좌읍 하도 앞바다의 토끼섬(문주란섬) 정도까지가 제주 북쪽 해안의 3대 무인도라 할 만하다.
　제주도 최동단 우도와 서남단 가파도, 마라도는 관광객들이 많이 드나드는 3대 유인도이다. 한라산 이남인 남제주 해안에는 여러 무인도들이 특히 외지인 여행자들의 관심을 끌어모은다. 그중에서도 안덕면 산방산 앞바다의 형제섬이 유독 많은 사랑을 받는 듯하다. 올레 10코스 사계항에서 송악산까지 구간을 걷는 동안 보이는 2개의 섬 자태가 압권이기 때문이다. 일출 사진 등 제주를 다녀간 여행자들 SNS에 가장 많이 등장하는 섬 정경이기도 하다. 구글 지도로 보면 크기가 10배 차이 나는 2개의 바위섬인데, 측면으로 보이기에는 엇비슷한 규모라 다정한 형제처럼 보이는 것이다.
　서귀포항에서 바라보면 섶섬, 문섬, 범섬 또한 서로 떨어져 있긴 하지만 삼형제처럼 정겨워 보인다. 이들 세 섬은 토박이 현지인들에게도 특별한 사랑을 받는 듯하다. 서귀포에 잠시 살았던 외지인 이중섭의 그림(섶섬이 보이는 풍경, 1951년)에도 등장하는 섶섬, 서귀포 도심 정중앙 앞에서 1km도 안 되는 문섬, 앞서 올레 7코스에서 만났던 목호의 난에 얽힌 아픈 역사가 있는 범섬, 이들 삼형제 섬에는 무심코 지나는 외지인 여행자에겐 느껴질 수 없는 현지인들만의 감성이 녹아 있는 듯하다.

또한 서귀포항에는 다리로 연결된 새섬이 있고, 강정항 바로 앞에도 조그만 서건도가 있지만 두 섬 모두 육지와 너무 인접해서 섬의 느낌은 거의 없다. 남원읍 위미 앞바다의 '지귀도(地歸島)'는 '땅이 바다로 들어가는 형태'에서 이름이 유래했다고 한다. 가파도처럼 평평한 게 특징이다.

섬 속의 섬을 여행하는 건 색다른 경험이다. 제주올레를 종주하는 동안에는 1-1코스와 10-1코스, 그리고 18-1코스를 통해서 우도, 가파도, 상추자도, 하추자도 이렇게 유인도 4개를 샅샅이 밟아 볼 수 있다. 섬 여행에 남다른 애정이 있다면 가파도에 간 김에 마라도까지 다녀오는 것도 좋겠다. 운진항에서 다시 배를 타고 30분이면 우리나라 최남단 섬에 발을 디딜 수 있다. 올레 14코스를 걸을 때는 한림항에서 잠시 멈추어 비양도로 향해 보는 것도 좋겠다.

〈가파도〉

제주도 부속 섬 중 네 번째로 큰 섬이다. 상동(윗마을)과 하동(아랫마을)으로 나뉘어진 자그마한 섬이다. 포구 근처에 자전거를 대여하는 곳도 있지만, 오르막길이 없고 1~2시간이면 다 걸을 수 있어 도보로 둘러보는 데 부담이 없다. 전에는 최남단 섬 마라도에 밀려 관광지로는 상대적으로 오지에 속하는 섬이었으나, 청보리 관광과 올레길이 조성되면서 하루에도 정기적으로 여객선이 왕복 운항하는 섬이 되었다.
가파도 하면 빼놓을 수 없는 것이 '청보리'이다. 가파도의 보리는 재배종으로 키가 1m를 훌쩍 넘어서 바람이 조금만 불어도 파도 너울 같은 보리 물결이 넘실대는 게 특징이다. 매년 4월 초 ~5월 초에 가파도청보리축제가 열리는데, 청보리밭 걷기, 올레길 보물찾기, 야외 공연 등 다양한 행사가 열린다(출처 : 비짓제주).

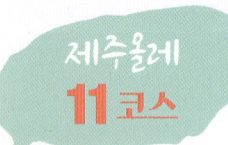

제주올레

11 코스

모슬포 - 무릉

총 거리 17.3km　　**최고 해발** 155m(모슬봉 정상)

소요 시간 5~6시간　　**최저 해발** 10m(하모체육공원)

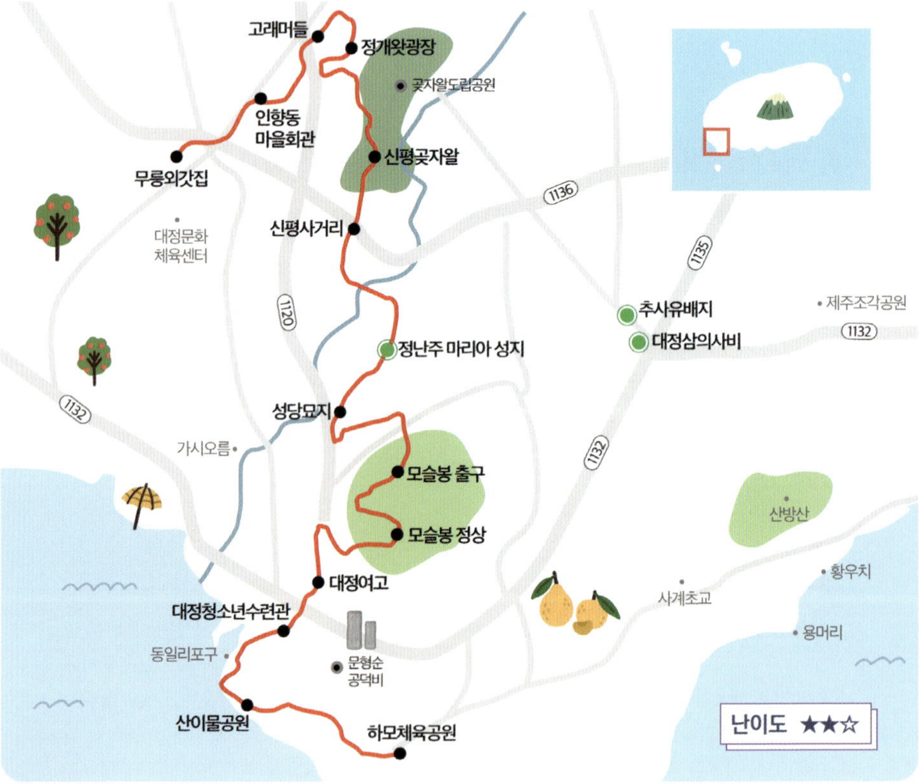

경유지 & 구간 거리

하모체육공원-3km→대정여고-2.5km→모슬봉 정상-3.7km→정난주 마리아 성지-2km→신평사거리-1.1km→신평곶자왈-1.8km→정개왓광장-3.2km→무릉외갓집

알아 두면 좋은 점

- 제주 근현대사에서 가장 많은 사연과 스토리를 품고 있는 대정 지역을 관통하는 코스이다.
- 신평사거리 이후부터는 곶자왈이 이어져 종점까지 식당이나 가게가 없다.
- 오후 늦은 시간에 혼자 갈 경우에는 신평곶자왈을 피해서 우회하는 게 안전하다.

의인 김익렬과 문형순

역사는 어느 페이지에나 불의에 맞섰던 의인들의 흔적을 남기고 있다. 물론 흔적 없이 잊힌 경우들이 더 많긴 하다. 그러나 오랜 세월 묻혀 있다가 후세 사람들이 뒤늦게 그 의미와 가치를 깨닫게 되며 비로소 양지로 드러나는 경우도 있다.

천성적으로 이타심보다는 이기심이 더 많은 게 우리 인간들이다. 자신의 안위보다는 타인의 생명을 우선하며 행한 의로운 행위는 그 대상이 한 사람이었건 열 사람이었건 똑같이 고귀하다.

제주시 봉개동에 있는 4·3평화공원 2층에서도 '의로운 사람들' 몇몇을 만나 볼 수 있다. 4·3사건 당시의 참혹했던 실상들을 마주하며 살이 떨렸던 1층 전시실과는 다른 분위기다. 살벌했던 시절 자신의 안위나 죽음의 위험까지도 감수해 가며 '의(義)'를 실현하고자 했던 사람들이다.

20대 후반의 김익렬 중령은 4·3사건 당시 육군 제9연대장이었다. 국방경비대 소속으로 제주에 주둔하고 있었다. 1948년 4월 3일 새벽, 무장대의 봉기가 시작되자 9연대에도 진압 명령이 떨어졌다. 김 연대장은 조기에 평화적 수습을 원했고, 이를 위하여 협상에 의한 타결을 시도했다. 당시 무장대의 총책은 대정공립초급중학교 교사였던 20대 청년 김달삼이었다.

● 김달삼(좌)과 김익렬(우)(출처 : 4·3평화공원에서 촬영)

김 연대장의 협상 제의를 받고는 위치 노출을 꺼려하며 무장대가 망설이자 김익렬은 자기 가족을 인질로 보내겠다고까지 제의했다.

결국 무장대가 정한 장소에 단신으로 들어간 김익렬은 김달삼과 마주 앉았고, 긴 논쟁 끝에 평화 협상을 체결했다. 똑같이 20대 후반이었던 두 사람은 일본 후쿠치야마(福智山) 육군예비사관학교 동기생이었다. 당시 가명을 쓰고 있던 김달삼이 마주 앉은 동기생을 알아봤는지는 모르겠으나, 김익렬은 적어도 회담 동안만큼은 상대방이 동기라는 사실을 몰랐던 모양이다.

고은 시인의 시 「장인 강문석」에는 회담이 끝나 부대로 돌아온 김익렬이 김달삼 얼굴을 떠올리며 아무래도 어디서 본 듯하다며 고개를 갸우뚱하는 대목이 나온다. 시 제목 중 '강문석'은 김달삼의 장인 이름이다. 아무튼 극적으로 타결시킨 두 사람의 협상 결과로 사태는 진정되는가 싶었다.

그러나 평화 협상 체결 직후 우익 측의 교묘한 방해 전술인 '오라리 방화 사건'이 일어나며 협상은 무효화되었고, 김익렬 연대장은 해임되어 버렸다. '4·3 의인'을 이야기할 때는 항상 그가 선두에 회자된다. 그가 체결한 평화 협정이 지켜졌더라면 수만 명의 무고한 목숨은 지킬 수 있었을지도 모른다는 아쉬움 때문일 것이다.

'부당함으로 불이행'

군 쪽에서 김익렬 의인이 있었다면 경찰 쪽에선 문형순 서장이 대표적 의인으로 꼽힌다. 4·3사건이 끝나고 이듬해 6·25전쟁이 발발하자 군 당국은 '빨갱이에게 동조할 가능성이 엿보이는 자'들을 예비 검속하여 학살하기 시작했다. 당시 성산포경찰서장이던 그는 계엄당국으로부터 예비 검속자 총살을 명령받았지만 집행을 거부함으로써 수백 명의 목숨을 살렸다.

계엄군의 위세가 살기등등했던 시절이다. 전시 작전 통제하에서 일개 경찰서장이 군의 작전 명령을 거부한 건 극히 이례적인 일이었다. 관내 민간

● 제주경찰청에 세워진 문형순 서장 흉상

❶ 문형순 공덕비
❷ 4·3평화공원 행불인(행방불명인) 표석(사진 제공 : 제주관광공사)

인 수백 명이 한날 새벽에 학살된 인근 모슬포경찰서와는 극히 대조적이었다. 4·3평화공원 2층 전시실에는 문형순 서장 사진 앞에 당시 문서도 전시되어 있다. '귀 경찰서에 예비 구속 중인 D급 및 C급 중, 현재까지 총살 미집행자에 대해서 즉시 총살 집행 후 그 결과를 9월 6일까지 육군본부 정보국에 보고하라'는 내용이다. 문서 상단엔 '부당(不當)함으로 불이행(不履行)'이라는 문 서장의 명령 거부 자필 글씨도 보인다.

기지를 발휘하여 다수의 애꿎은 희생을 막은 남원읍 신흥리 김성홍 구장도 손꼽히는 4·3 의인이다. 마을 주민들 개인별 성향을 물으러 오는 토벌대에 자신이 어찌 대답하느냐가 주민 각자의 운명을 좌우했을 때였다. 질문을 들은 김 구장은 무조건 '모른다'라고만 대답하여 '몰라 구장'이라는 별명으로 유명해졌다. 이들 세 사람 외에도 경찰과 의사 등 여러 명의 '의인'에 관한 자료들이 4·3평화공원 2층에 전시되어 있다.

올레 11코스는 대정읍 하모리 체육공원에서 시작된다. 섬의 남쪽 해안선을 따라 동에서 서로 이어져 온 올레길은 여기서부터 북쪽 내륙을 향하여 수직으로 방향을 튼다. 체육공원에서 출발한 지 30분쯤 지나면 대정 지역 4·3위령비와 함께 문형순 서장의 공덕비를 만날 수 있다. 올레 코스에서 200m 벗어난 진개동산에서다.

문 서장의 의로운 행적은 6·25전쟁 직후의 예비 검속자들에 대한 총살 명령 거부에만 국한된 것이 아니다. 그 이전 1948년 겨울 초토화 작전 당시 이곳 하모리 주민 100여 명의 희생을 막은 사례도 유명하다.
당시 이 마을 출신 좌익 총책이 검거되었고 그에게서 관련자 명단이 군

● 4·3평화공원 기념관(사진 제공 : 제주관광공사)

경에 압수되었다. 명단에 있던 주민 100여 명은 곧 체포되어 처형될 위기에 놓였지만, 당시 모슬포경찰서 문형순 서장이 나서서 이들의 자수를 적극 유도함으로써 애꿎은 희생을 막았던 것이다. 공포에 질려 있는 주민들을 안심시키고 설득하는 과정에서 조남수 목사와 김남원 면장의 중개 역할이 컸다고 한다. 문형순 공덕비 옆에 있는 2인 합동 공덕비에 두 사람의 이름이 함께 쓰여 있는 이유이다.

이북 평안도 출신인 문 서장은 3·1운동 직후 만주로 넘어갔다. 만주에서 항일 독립운동에 몸담았던 그는 해방 후 경찰에 들어갔고 4·3사건이 발발하기 직전 제주도로 부임해 왔다. 제주에서 6년 동안 경찰 간부로 재직하며 섬사람들 수백 명의 목숨을 살렸지만, 그의 행적은 조명되지 못했다.

6·25전쟁이 끝나던 해에 그는 50대 후반 나이로 경찰에서 퇴직했다. 이후 1966년 70세에 후손 없이 생을 마감할 때까지 그의 삶은 외롭고 고단했던 것 같다. 쌀 배급소에서 일하거나 극장 매표원으로도 일했다고 한다. 그의 의로운 행적이 조명되고 평가받기까지는 자그마치 반세기의 시간이 필요했다. 이곳 올레 11코스 인근 진개동산에 문형순 공덕비가 건립된 건 2005년이다.

〈4·3평화공원〉 4·3사건 당시의 희생자들을 기리기 위한 공간으로 제주시 봉개동에 위치해 있다. 위령제단, 위령탑, 봉안관, 평화기념관 4개 파트로 구성되어 있다. 위령제단은 희생자들에 대해 참배를 진행하는 곳이며, 봉안관은 유해 발굴 사업 시기에 발굴된 396기의 유해가 봉안된 곳이다.
평화기념관에는 총 6개의 특별 전시관이 있다. 제1관에는 주민들의 피신처로 활용되었다는 천연 동굴을 주제로 한 역사관이 있으며, 제2관에서는 해방 후 3·1절 기념 행사에서 사망한 민간인 6명의 이야기를 담아내고 있다. 제3관에서는 무장봉기와 분단 거부라는 주제로 1948년 4월 3일에 일어난 무장봉기에 대한 이야기가 있고, 제4관에서는 학살에 관한 내용을 다루고 있다. 5관과 6관에서는 진상 규명 운동으로 상처를 극복해 내는 과정과 관람 후의 소감문이 걸려 있다. 위치는 제주시 명림로 430(출처 : 비짓제주).

정난주 마리아의 삶

    천주교 신도가 우리나라에 처음 발을 들인 건 임진왜란 때이다. 왜장 고니시 유키나가(小西行長)를 비롯하여 왜군 중에 신자들이 있었고, 스페인 예수회 신부도 이들과 함께 동행했었다. 이후 천주교 문화가 국내에 조금씩 유입되기 시작한 건, 중국을 방문한 조선 사신들을 통해서였다. 그들이 북경에서 예수회 선교사들을 만나 필담을 나누거나 관련 서적들을 받아오곤 했던 것이다.

    그러다가 천주교가 정식으로 국내에 유입된 건, 이승훈이 북경에서 세례를 받고 돌아온 1784년(정조 8년)이다. 그 이전부터 천주교는 남인 학자들에게 실학의 연장으로 관심을 끌었고, '서학'이란 이름의 새 학풍으로 퍼져 나가다 이때부터는 본격적 신앙의 단계로 넘어선 것이다.

    서학에 대해 조정은 초기엔 방관하며 너그러운 자세를 견지했다. 그러나 신도들이 늘어나고 세가 확장되면서 긴장하기 시작했다. 특히 조정의 입장에서는 만인평등사상이 조선의 신분 체제를 위협한다고 느껴졌다. 조상의 제사를 지내지 않는 교리가 유교 예법에 어긋나는 것이라 탄압의 좋은 빌미가 되었다. 그리고 정조 15년, 시범 케이스 한 건이 도마에 올랐다. 호남 선비 윤지충이 모친의 장례에 제사를 지내지 않았다는 사실이 알려지

● 정난주 마리아의 묘역 입구

며 소동이 인 것이다. 예법 질서를 어지럽혔다는 이유로 그는 결국 붙잡혔고, 논란 끝에 친척 동생과 함께 처형되었다. 이른바 1791년의 신해박해다.

이 사건 후에도 신도들은 꾸준히 늘어나며 10년의 세월이 흘렀다. 정조가 사망하자 박해가 본격화되었다. 어린 순조를 대신해 수렴청정에 나선 정순왕후와 새 집권 세력 노론벽파가 남인들 중심의 천주교를 탄압하기 시작한 것이다. 반대 세력인 남인들을 제거하려는 정치적 속셈이 컸다. 이승훈, 정약종, 이가환, 권철신 등이 곧바로 붙잡혀 참수되거나 고문 중 옥사하였다.

그 와중에 일어난 제천 배론에서의 황사영 백서 사건은 불난 집에 기름을 쏟아붓는 빌미가 되었다. 1801년(순조 1년)의 이 신유박해로 중국인 주문모 신부를 비롯하여 교인 100여 명이 처형되고 400여 명이 유배되었다. 한국 천주교는 최초의 대대적 박해 사건으로 인해 거의 붕괴되기에 이르렀다.

이 사건은 다산 정약용의 집안까지도 풍비박산으로 만들었다. 아들 삼형제 중 막내인 다산은 강진으로, 큰형 정약전은 흑산도로 유배되었고, 작은형 정약종은 가장 큰 죄목으로 사건 초기에 처형되었다. 이복 맏형인 정약현만이 무사했으나 사위 황사영이 능지처참당하고 아내가 딸 정난주와 함께 머나먼 섬들로 유배되었으니 무사했다고 할 수도 없었다.

정약용은 18년 세월이 흐른 57세가 되어서야 해배(解配)되어 고향으로 돌아왔고, 이후 18년을 더 살면서 자신의 학문을 마무리하고 집대성할 수 있었다. 그러나 흑산도와 제주도로 유배된 큰형 정약전과 조카 정난주는 다시는 육지 땅을 밟을 수도, 일가친척을 만날 수도 없었고 각자의 섬에서 한 많은 생을 마쳤다.

추자도에 아들을 버리고 온 유배인

갓난아기와 함께 제주로 유배된 정난주의 삶은 특히 신산(辛酸)했다. 강진과 흑산도에서의 두 삼촌의 유배 생활은 절대고독 속에서 자기 한 몸을 살아내야 하는 고통과의 싸움이었지만, 조카인 그녀의 환경은 차원이 달랐다. 제주에서 그녀는 평생을 관의 노비로 살아야 했다. 신앙을 위하여 외세를 끌어들이려 했던 대역죄인 황사영의 아내였기 때문이다.

그녀는 유배길에 잠시 들른 추자도 해안가에 두 살 난 아들을 남몰래 두

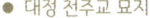
● 대정 천주교 묘지

고 떠났다. 포교에겐 아들이 숨이 끊어져 바다에 버렸다고 거짓말을 했다. 누군가에게 발견되어 살아가든 아니면 갯바위 그 자리에서 숨이 끊어지든 그건 아들의 운명이라고 믿었다. 다만, 아들은 자신처럼 노비로 살게 하고 싶진 않았고, 노비 어미의 구차한 모습을 보면서 자라게 하고 싶지도 않았던 것이다. 이후 추자도에서 죽었을지 살았을지 모를 아들에 대한 죄책감과 그리움은 그녀의 평생을 지배했다.

정난주는 서귀포시 대정읍 동일리에 묻혀 있다. 신평리와 보성리 경계 지역에 있는 천주교 대정성지 안이다. 대정현에 유배 와선 평생을 관노비로 살다가 66세에 생을 마쳤다. '정난주 마리아 묘'란 지명으로 불리는 그녀의 묘는 올레 11코스의 중간 지점에 위치해 있다.

대정읍 내에서 모슬봉에 오르고 내려오는 동안에는 상모리 공동묘지, 대정읍 공설묘지, 칠성 공동묘지 등 유독 공동묘지를 많이 만난다. 모슬봉을 내려와 밭과 밭 사이 돌담길을 걷다 보면 커다란 나무 십자가와 성모상이 눈에 들어오는 모슬포 천주교 공동묘지를 지나고, 잠시 후 천주교 대정성지 내 정난주 마리아 묘 앞에 이른다. 넓은 공터 한편에 규모를 갖추고

● 정난주 마리아의 묘

정성을 쏟아 조성됐음을 알 수 있다. 마치 순교자 묘역을 연상케 한다.

정난주에 대한 제주에서의 삶의 기록은 많지 않다. 순교자의 반열에 오른 신앙인으로서의 자료들이 성당 차원에서 모아져 있거나, 자기희생과 헌신으로 일관해 온 일생의 모습들이 이웃과 주변을 통해 구전으로 전해 내려올 뿐이다.

2018년 11월에 발간된 소설 『난주(김소윤 저)』는 신앙인이 아닌 자연인으로서의 한 여인의 삶을 보다 깊숙이 들여다볼 수 있게 해 준다. 제주로 유배 올 당시 정난주는 29세였다. 17세에 황사영과 혼인했으니 부부로서의 행복은 10여 년간이었다. 10대 부부의 혼인 당시를 소설 『난주』는 이렇게 묘사하고 있다.

● 소설 『난주』 표지

"마당에 펼쳐진 열 폭 병풍 앞으로 어른들은 근엄한 얼굴로 서 있고, 화려한 초례청을 둘러싼 사람들의 속삭임과 웃음소리는 아름다운 선율처럼 부드러웠다. 난주가 다홍색 치마에 활옷을 차려입고 떨리는 마음으로 걸음을 떼었을 때, 제 앞에 마주하고 선 소년의 긴장된 얼굴이 훤하게 빛났다. 정갈하고 맑은 그 얼굴은 캄캄한 밤을 빛내는 우아한 별처럼 단숨에 난주를 사로잡았다. 옥처럼 희고 순결한 기대가 버선발마다 바삭거렸고, 가슴 깊은 곳에서 터지는 떨림이 온몸에 퍼졌다. 다가올 재앙은 조금도 직감할 수 없었다. 어린 부부는 떨어지는 햇살이었고 부서지는 빛이었다. 그와 함께했던 짧은 세월은 한결같이 그랬다." 김소윤 『난주』, 은행나무

지아비를 섬기는 조선 여인의 애틋함을 다음과 같이 보여 주기도 한다.

"쌀을 일어 밥을 안치고 나물을 다듬고 반찬을 해서 상을 차리던 숱한 끼니의 일상들. 서방님의 빨래가 바람에 너풀너풀 말라가는 것만 보아도 두방망이질 치던 맹목적인 순정과 연모의 나날들……." 김소윤 「난주」, 은행나무

제주로 향하는 유배길에서 다시는 돌아갈 수 없는 행복했던 시간들을 회상하는 대목이다.

명문가의 장녀에서 천민 노비로

박해가 시작된 그해 2월, 숙부 정약종은 '무부무군(無父無君)'의 대역죄인으로 몰려 즉각 참살되었다. 남편 황사영은 제천 배론으로 숨어들었다가 같은 해 9월 백서 사건으로 능지처참을 당했다. 정난주 본인은 두 살배기 아들을 데리고 시어머니와 함께 친정에 피신해 있다가 붙잡혀 유배길에 오르게 되었다. 한양에서부터 아들과 셋이 함께 압송되어 내려오다 남도 갈림길에서 시어머니와 며느리는 헤어졌다. 한쪽은 거제도, 한쪽은 제주도가 목적지였기 때문이다.

'살아서 다시 보자'고 울며 다짐했지만 전혀 희망 없는 기약임은 두 여인도 잘 알고 있었다. 제주로 가는 바닷길 중간 기착지인 추자도에 하룻밤 머물면서 난주는 두 살배기 아들을 바닷가 바위 위에 몰래 버렸다. 함께 가서 노비의 자식으로 살게 하기보단 누군가에게 발견되어 평범한 백성으로 살게 하고픈 어미의 심정이었다.

이런 여정을 거치며 제주에 압송되기까지 여인의 내면이 어떤 상태였을지는 누구라도 쉽게 짐작할 수 있다. 그러곤 노비의 일상이 시작되었다. 명문가의 장녀에서 하루아침에 천민 노비의 신분으로 추락한 것이다.

"동녘에서 치솟은 붉은 해를 따라 하루가 이어지고 다시 또 서녘으로 하루를 끌고 가며 많은 날들이 흘렀다. 난주는 제주에 도착하여 일 년 만에 뼛속까지

노비가 된 듯했고, 때로는 매를 맞고 때로는 호통을 들었다. 그악스럽게 난주를 노비로 몰아세우는 것은 나라님도 법률도 아니요, 눈을 뜨면 맞이하는 바로 그 현실이었다." 김소윤 『난주』, 은행나무

온갖 잡일에 험한 막노동까지 겸해야 하는 노비의 일상에 대역죄인의 가족, 나라에서 금하는 사교의 무리라는 매서운 눈초리가 그녀에게 덧붙여졌다.

"생각하니 기막히고 돌아보면 눈물이 흐른다. 유복하고 무탈하던 어린 시절, 어른들이 제사상에 머리를 박고 기원하며 소망하던 것이 무엇인지 알지 못했다. 세상의 부귀와 영화도 어린 눈에 부질없고, 고대광실이나 비단옷도 소용없고, 그저 하루 재미나게 놀고 나면 그만인 것을 어른들은 무엇을 저리 소망할꼬, 속으로 손가락질을 하였던 것이다. 이제 와 생각하니 그들의 소망은 그저 무사하게만 해달라는 것이었으리라. 사람으로 나서 사람 노릇 하며 살고 끝내 사람으로 죽게 해달라는 가장 쉽고도 어려운 소망이었으리라. 난주는 참혹히 죽은 지아비를 생각하고, 갯가에 버려진 아들을 생각했으며, 찬 굴속에서 짐승처럼 죽어가는 자신을 생각했다." 김소윤 『난주』, 은행나무

🍊 천주교 성지순례길

그녀는 제주에서 40년 가까운 세월을 관의 노비로 살았다. 늘 죽음과 가까웠던 모진 일상이었지만 신앙과 인내로 이겨 냈다. 자기 한 몸 추스르기도 어려운 마당에 불우한 아이들을 데려다 양녀와 양자로 삼아 키우기도 하였다. 전염병으로 마을이 공포에 빠질 땐 전에 읽었던 의학 지식으로 혼란을 진정시키고 자기 몸 돌보지 않으며 병자들을 간병하기도 했다.

학식과 지혜에 속 깊은 덕망까지 갖췄기에 결국엔 이웃과 주변 모두로

부터 칭송받는 고결한 노년을 살았다. 66세에 병으로 눈을 감을 때에는 이웃과 주변 모두가 한마음으로 '한양 할머니'의 죽음을 애도했다.

제주에는 모두 6개의 천주교 성지순례길이 조성돼 있다. 이들 중 하나인 '정난주길'은 정난주 묘에서 출발해 대정향교와 알뜨르비행장을 거쳐 모슬포성당까지 이어지는 7km 구간이다. 올레 10코스, 11코스와 부분적으로 겹친다.

추자도에 있는 올레 18-1코스에는 정난주가 두고 간 아들 황경한의 묘가 있다. 추자도 바닷가에 버려진 아기 황경한은 엄마의 소원대로 다행히 좋은 사람을 만나 평범한 백성으로 일생을 살아갈 수 있었다. 성인이 된 아들은 제주에 노비로 산다는 모친의 존재를 알게 되었고, 정난주 또한 추자에 사는 성인 아들의 존재를 나중에 알게 되었다. 그러나 두 사람은 서로에 대한 그리움을 입 밖에 낼 수는 없었다. 능지처참된 역적의 아내요 아들이었기 때문이다. 모자는 평생 대면할 수 없었고 각자의 섬에서 생을 마쳤다.

● 정난주 마리아의 묘

신축민란 이재수

이곳 올레 11코스에 묻혀 있는 '한양 할망' 정난주는 제주에 들어와 살다 죽은 최초의 천주교인이었다. 그녀가 세상을 떠난 후 제주에 발을 디딘 두 번째 천주교인은 김대건 신부였다. 그는 중국 상하이에서 한국인 최초로 사제 서품을 받고 귀국하다가 풍랑을 만나 제주 해안에 잠시 표착했다.

그리고 13년 후인 1858년에는 홍콩에서 세례를 받고 돌아온 김기량이 고향 제주에서 전교 활동을 시작했다. 제주인 최초의 천주교도에 의해서 제주에도 비로소 천주교가 조금씩 퍼지게 된 것이다.

그리고 40여 년 후인 1901년, 제주에선 천주교 역사에 큰 상처로 기록되는 사건 하나가 일어난다. 천주교인과 일반인, 양측 모두가 피해자였으면서 가해자가 되어 버린 불행한 사건이었다. 바로 그 '이재수의 난'을 살펴보기 위해선 먼저 제주 민란의 역사를 들여다보아야 한다.

 방성칠의 난까지 민란의 역사

우리 역사에 1862년(철종 13년) 임술년은 민란의 해로 기록된다. 진주에서 일어난 농민 봉기가 이 한 해 동안 조선 전체로 퍼진 것이다. 이전에 장

길산의 난, 홍경래의 난 등 농민들이 주축이 된 여러 국지적 민란은 있었지만, 전국적 규모로 번진 건 이때가 처음이다.

임진왜란 이후 근 300여 년, 양반들의 탐욕과 부패가 세금제도 삼정(田政, 軍政, 還政)의 문란으로 이어지며 백성들의 삶이 도탄에 빠진 결과, 필연적으로 발생한 사건이다. 진주민란, 임술민란 또는 임술농민봉기로 불리는 이 사건은 육지에서 멀고 먼 바닷길 너머의 제주라고 예외는 아니었다.

1862년 2월에 경상도 진주에서 시작된 농민봉기는 충청도 전라도 함경도로 퍼지면서 그해 9월 변방 제주에까지 불길이 번졌다. 과다한 화전세에 시달리던 대정현의 화전민 등 1천여 명이 들고 일어난 1차 봉기는 10월 들어 제주 전 지역 1만여 명이 참여하는 2차 봉기로 이어지고, 11월에 들어서면서는 수만 명까지 늘어나며 3차 대규모 민란으로 번졌다. 이듬해 4월 최종 진압 때까지 관과 민 양측에서 많은 이들이 죽고 막대한 피해가 있었다. 제주에선 고려시대 때부터 민란은 자주 일어났었지만 섬 전체 규모로 번진 건 이때가 최초였다.

이후 한동안 잠잠해 보이던 민심은 조선 말엽에 이르러 다시 극심하게 표출된다. 거듭되는 관의 수탈에 민초들의 삶은 변함없이 피폐해지고 오히려 더 비참해진 것이다. 한양에서 파견돼 오는 제주목사 등 지방관들은 대부분, 섬에서의 짧은 재임 기간 동안 민초들의 재화를 갈취하여 자신의 부를 축적하는 데에만 열을 올리다 떠나곤 했다.

먼바다 너머 육지와 차단된 제주 섬의 특성이 지방관들의 이런 행태를 가능케 했다. 중앙의 감시와는 거리가 멀어 이것저것 눈치 볼 필요도 없기에 그들은 마냥 뻔뻔해질 수 있었던 것이다. 이런 폐해가 누적되면서 1890년 '김지의 난'으로 불리는 '경인민란'이 일어나 이듬해까지 이어졌고, 1896년에는 강유석과 송계홍이 주동이 된 '병신민란'으로 수천의 민중이 봉기했다. 관군과 대립하다가 결국은 진압되는 지금까지의 이들 민란과는 달리, 곧이어 일어난 두 번의 민란은 제주성이 함락되고 섬 전체가 민군에 장악될 정도로 대규모였다.

1898년 3월에 일어난 '방성칠의 난' 역시 그 발생 원인은 예전과 다를 바 없었다. 제주 목사 등 관료들의 수탈과 가렴주구 때문이었다. 주동자인 방성칠은 제주 사람이 아니라 동학혁명 이후 제주로 이주해 온 호남인이었지만 대정군 일대를 중심으로 화전민과 농민들 수만 명이 동참해 일어났다.

겁먹은 탐관오리 목사가 배를 타고 섬을 탈출해 버리자, 남은 관리들도 성안으로 쳐들어온 민중들에게 맞아 죽거나 성 밖으로 도망을 쳤다. 그런데 제주성이 민란군에 함락되는 초유의 상황을 이끌어 내고 나니 주동자인 방성칠은 개인적인 야심을 갖게 된다. 혹독한 화전세의 감면 등 원래의 봉기 목적을 넘어 육지의 중앙정부로부터 독립을 꾀하려 했던 것이다.

당시 제주에는 김윤식 등 정치적 유배객들이 많았기에, 원래 동학도였던 방성칠은 그들이 당연히 조정에 불만이 많을 것으로 보았고, 그들과 손을 잡으면 능히 독립된 정부를 구성할 수 있을 거라 오판했던 것이다. 그러나 유배객들과 제주 토착민들은 이에 호응하지 않았다. 오히려 방성칠과 주모자들을 잡아 죽임으로써 이 민란은 제주성이 장악된 지 일주일 만에 관이 아닌 민에 의해서 진압되고 만다.

 ### 제주에 전파되는 천주교 복음

그리고 3년 후 '신축민란'이라고도 불리는 '이재수의 난'이 일어난다. 제주 민란 역사상 가장 무참했던 사건이다. 근본 원인은 종전 사례들과 다름없이 관의 수탈과 횡포였지만, 이번엔 종교가 개입하면서 전혀 다른 양상으로 번졌다. 사건이 일어난 1901년은 정난주 마리아가 신유박해로 인해 제주에 유배 온 지 정확하게 100년을 넘긴 해였다. 육지에서 제주로 들어

온 최초의 천주교도였던 그녀가 관노비로 유배 생활을 하다가 묻힌 바로 그 모슬포 대정 땅에서 제주인 천주교도들 수백 명이 몰살당하는 사건이 발생한 것이다.

제주에 천주교 복음이 최초로 전파된 건 1858년 제주 어부 김기량에 의해서였지만, 본격적인 전파는 그보다 40년 후인 1898년 4월, 육지에서 세례를 받은 양용항이 고향에 돌아오면서부터다. 이듬해인 1899년 4월에는 제주본당 설립이 발표되고, 중앙으로부터 신부가 파견되어 들어오면서 제주에도 교회 공동체가 공식적으로 성립이 되었다. 그리고 2년 후 이재수의 난이 일어나기 직전까지 급격한 교세 확장이 이뤄졌다. 영세를 받은 신자가 수백 명에 이르렀고, 예비 신자까지 합치면 총 신도 수가 1천여 명에 이르게 된 것이다.

섬에서 이렇게 급격한 교세 확장이 가능했던 건 든든한 백그라운드가 있었기 때문이다. 당시 조선에 들어와 활동 중인 프랑스 선교사들은 고종이 하사한 '여아대(如我待)'라는 신표를 소지하고 있었다. 이들을 대할 땐 '나를 대하듯 하라'고 고종이 백성들에게 엄명하는 징표였다. 프랑스 선교사들에게 왕권에 버금가는 치외법권을 부여한 것이다. 이는 대원군이 프랑스 선교사 9명을 포함한 국내 천주교 신자 8천 명을 학살하자 이에 대응하여 프랑스 함대가 조선에 쳐들어온 병인양요의 여러 결과 중 하나였다.

제주에 파견된 프랑스 신부들은 이런 특혜를 이용하여 짧은 기간에 많은 이들을 신자로 끌어들일 수 있었다. 평생 수탈에 시달려온 민초들이 조상에 대한 전통 제례를 포기하고 천주교 신자가 되자 이들은 신부들의 비호 아래 새로운 특권 집단이 되어 갔다. 관의 통제 밖에 있었고, 오히려 관이 이들의 특권을 이용하였다. 가가호호 돌아다니며 세금을 부과하고 받아 내는 어렵고 성가신 일을 신도 집단에게 맡긴 것이다. 관료들은 자기 손 안 쓰고 코 풀어서 좋고, 신도들은 조정의 징세 업무를 담당하는 막강

❶, ❷ 이재수 생가 맞은편의 대정우물 터
❸ 이재수 생가로 들어가는 골목 입구

한 권한을 부여받아 좋은 것이었다.

그 사이에서 죽어나는 건 백성들이었다. 관의 묵인과 방조 아래 자행되는 일부 불량 천주교도들의 횡포가 도를 넘기 시작했다. 미신을 신봉한다는 이유로 여기저기 신당(神堂)을 부수거나 신목(神木)을 잘라 버리곤 했다. 신도들이 살인을 하거나 유부녀를 강간해도 관리들은 이를 처벌하지 못했다. 피해를 당한 백성들은 항의조차 할 수 없을 정도였다.

이들의 만행에 대응하기 위하여 대정군 유지들이 모여 '상무사'라는 자위 조직을 결성하자, 위협을 느낀 신도 측이 선제 공격을 가해 왔다. 초장에 와해시킬 속셈이었다. 이 과정에서 민간인 희생자가 생기며 갈등이 증폭되었고, 이는 곧 민심 폭발과 대규모 봉기로 이어졌다.

🍊 황사평 묘지와 대정삼의사비

　말단의 일원으로 민란군에 참여했던 20대의 이재수는 당시 관노에서 벗어난 평민 신분이었다. 장두 오대현이 신도들의 공격을 받아 납치되자, 민란군에는 새로운 장두가 절실히 필요했다. 당시엔 민란군의 우두머리인 장두는 시위가 끝나면 무조건 목숨을 내놓아야 하는 운명이었다. 봉기 목적을 달성한 후 시위대 전체를 살리기 위함이다. 때문에 죽을 각오를 단단히 한 이들이 장두로 자원을 하면 참석자들 중 원로들이 의견을 모아 최종 선출을 하였다. 양반 강우백과 평민 이재수가 제주성으로 진격해 들어갈 새로운 지휘부인 동진과 서진의 장두로 추대된 건 이런 과정을 거쳐서였다.

　1901년 2월, 불량 신도들이 야기한 오신락 노인 치사 사건이 직접적 도화선이 되어 발생한 신축민란은, 4월 상무사 결성과 5월 중순 장두 오대현 피랍 사건을 거쳐 5월 말에 민군이 제주성에 입성하여 교인들 수백 명을 학살하는 참극으로 이어진다. 교인 학살은 동진보다는 이재수가 이끄는

● 황사평 공원묘지

서진에 의해 주로 이뤄졌다. 교인들에 대한 민초들의 분노가 극에 달해 있었기 때문에 동진이건 서진이건 이재수는 당시에 모든 이들의 압도적 지지를 받았다.

그러나 며칠 후 프랑스 함대가 섬을 공격해 올 태세를 취하자 이재수는 무기를 내려놓고 관에 자수하며 시위대에게 해산을 당부했다. 더 진행되었다면 프랑스군의 상륙으로 제주 섬 전체가 큰 피해를 입을 수도 있었기에, 이재수의 결정은 섬 민중들을 배려한 장두로서의 큰 희생이었다. 이어서 나머지 두 장두인 오대현과 강우백도 이재수의 뜻을 좇아 죽음을 결심해 자수하면서 5개월 가까이 진행된 이재수의 난 또는 신축민란은 종지부를 찍는다. 장두 3인은 곧바로 서울로 압송되어 그해 10월 교수형에 처해진다.

민란에 희생된 수백 명의 신도들은 현재 천주교 성지로 조성돼 있는 황사평 공원묘지에 묻혀 있다. 애초엔 별도봉 아래인 화북천 주변에 묻혔다가, 프랑스 측과의 배상 문제 협상 결과 당시 황무지였던 이곳이 희생자 교인들 묘지로 결정되면서 일괄 이장되었다. 황사평은 이재수의 민군이 제주성으로 진입하기 직전 주둔지였기도 하다. 제주시 구도심에서 중산간 쪽으로 6km 떨어져 있다. 올레 18코스 시작점인 중앙로에서 440번 버스를 타면 화북2동 황사평 입구 정류장까지 30분 정도 걸린다.

대정읍 인성리 보성초등학교 옆 골목에는 장두 이재수가 살았던 집터가 있다. 모슬봉 아래에서 동쪽 길로 올레 11코스를 1.5km 벗어난 지점이다. 옛 대정고을 사람들의 식수원이었던 우물터 '두레물'을 찾아가면 그 맞은편에 있다. 추사관에서 150m 떨어진 곳이면서 추사유배길 초입이지만 대정우물 터에 대한 소상한 안내글만 보일 뿐 이곳이 그 옛날 장두가 살았던 집이라는 흔적이나 표식은 일절 없다. 누군가의 안내나 해설이 없으면 아무 생각 없이 지나치게 된다. 그래도 제주 역사의 중요한 인물이 살았던 현장인데 그저 우물 터만 둘러보고 지나는 것이다. 안내해 준 김철신 문화관광해설사의 말에는 짙은 아쉬움이 묻어난다.

"모슬봉에는 모친의 묘가 있습니다. '제주 영웅 이재수 모친 송씨 묘'라고 묘비에 쓰여 있죠. 1940년에 안성, 인성, 보성 세 마을 사람들이 공동으로 세운 거라더군요. 20대 총각 아들을 그렇게 먼저 하늘로 보냈으니 모친의 남은 삶이 오죽했겠습니까. 묘비에라도 이렇게 '아드님은 제주의 영웅'이었다고 또렷이 새겨 드린 거예요. 80년 전 사람들이 말이죠. 금년이 2021년 신축년입니다. 신축민란이 일어난 지 120주년이죠. 종교계 쪽에서야 당시 희생된 교인들을 추모하는 행사가 여기저기서 많을 거예요. 하지만 이쪽은 지금 3월인데도 너무도 조용합니다. 이 집에 살았던 20대 청년 이재수를 기리는 이들은 세상에 그리 많지 않은 것 같아요. 어쨌거나 제주 사람들을 대변해서 사심 없이 일어나 싸웠던 인물인데 말이죠. 120년 전 그 일이 그저 옛날에 일어났던 사건 하나로만 치부되진 말았으면 좋겠습니다."

우물 터에서 200m 떨어진 길가 사거리에는 '濟州大靜三義士碑(제주대정삼의사비)'라고 쓰인 비석이 하나 있다. 1901년 신축년 10월에 한양으로 압송돼 처형된 이재수, 강우백, 오대현 장두 3인을 기리는 기념비이다.

제주 민초들을 대변하다가 희생된, 제주 역사에선 너무도 중요한 의사(義士) 3인인데, 너무 초라하다. '삼의사비'가 이곳에 세워지기까지의 역사를 돌아보면 더 서글퍼진다. 이재수 생가 터도 그렇고 이 비석 또한 인터넷 지도나 내비게이션상에는 표기조차 되어 있지 않다. 바로 맞은편 드넓은 면적에 공들여 조성된 추사유배지 및 추사관과 너무도 비교된다. 이곳 역시 제주 중심이 아닌 중앙 중심의 역사가 지배하고 있는 것이다. 아쉬운 일이다.

삼의사비 뒷면에 빽빽하게 쓰인 비문의 글귀에서 이곳 대정에 살았던 사람들의 기개가 느껴진다.

● 대정삼의사비

"여기 세우는 이 비는 종교가 무릇 본연의 역할을 저버리고 권세를 등에 업었을 때 그 폐단이 어떠한가를 보여 주는 교훈적 표식이 될 것이다. (중략) 장두들은 끝까지 의연하여 제주 남아의 기개를 보였으며, 그들의 시신은 서울 청파동 만리재에 묻었다고 전해 오나 거두지 못하였다. 대정은 본시 의기 남아의 고장으로 조선 후기 이곳은 민중봉기의 진원지가 되어왔는데 1801년 황사영의 백서 사건으로 그의 아내 정난주가 유배되어 온 후 딱 100년만에 일어난 이재수 난은 후세에 암시하는 바가 자못 크다. 1961년 신축년에 향민들이 정성을 모아 「제주대정군삼의사비(濟州大靜郡三義士碑)」를 대정고을 홍살문 거리에 세웠던 것이 도로 확장 등의 사정으로 옮겨 다니며 마모되고 초라하여 이제 여기 대정고을 청년들이 새 단장으로 비를 세워 후세에 기리고자 한다."

추사 김정희와 4·3 김달삼

본관이 전라북도 고부(古阜)인 이세번(李世藩, 1482~1526)은 마흔 직전에 제주로 유배 왔다. 중종 때의 기묘사화 과정에서 불의를 느껴 탄원했다가 반대파에 의해 조광조 일당으로 몰려 숙청된 것이다. 아직 젊었던 그였으나 끝내 육지 땅을 밟지 못했고 6년 후 제주 섬에 묻혔다. 육지서 급히 내려와 부친을 묻은 두 아들은 섬에 남아 정착하면서 제주에 고부 이씨 후손들이 대를 이었다.

1901년 신축민란을 주도한 대정 사람 이재수가 이세번의 12대손이다. 1948년 4·3사건을 주도한 대정 사람 김달삼은 이세번의 14대손이다. 제주 섬 근현대사에 복합적 의미의 큰 파란을 불러온 두 번의 민란 주역의 탄생이 수백 년 전 이 섬에 유배 온 선비 한 사람에게서 비롯된 것이라 해도 과언이 아니다.

김달삼의 본명은 고부 이씨 이승진(李承晉)이다. 4·3사건 발발을 주도한 그는 5개월만인 1948년 8월, 이덕구에게 무장대 총사령관직을 넘겨 주고 월북하여 북한 정권 수립에 참여한다. 1년 후 다시 남파되어 태백산맥 일대에서 유격대 300명을 이끌다가 6·25전쟁 발발 3개월 전 토벌대와 교전 중 사살된다. 제주 사람인 그는 강원도 정선 아우라지 인근 골짜기에 '김달삼모가지잘린골'이란 지명으로 자신의 이름 석 자를 남겼다. 제주 유배인의 후손 김달삼은 또 한 사람의 제주 유배인과 직간접으로 연결된다. 바로 추사 김정희(1786~1856년)다.

유배인을 모셨던 제주인 강도순

추사는 1840년 55세 나이에 제주로 유배 왔다. 1848년 육지로 돌아갔으나 다시 정쟁에 휘말리며 한 번 더 유배를 가는 등 파란의 말년을 보내다 70세로 생을 마쳤다. 제주에서의 8년 동안 추사는 대정읍성 안동네 두 사람의 관리 집에서 귀양살이를 했다. 초기 1년여는 송계순의 집이었고 이후 더 넓은 강도순의 집으로 옮겨져 남은 세월을 보냈다.

지금의 대정읍 안성리 1681-1번지와 1661-1번지인 두 곳은 현재 '송계순집터'와 '추사유배지'란 공식 지명으로 여행자들의 발길이 이어진다. 당시 이 지역 유지이자 부자였던 강도순은 추사를 한낱 유배인이 아닌 중앙정부 고위 관료를 집에 모시는 자세로 대했던 모양이다. 덕택에 추사는 낯설고 외로운 환경에서 그가 좋아하는 분야에 몰두할 수 있도록 모자람 없

● 추사기념관

● 추사기념관 실내

는 공간과 분위기를 제공받았다. 추사체가 완성되고 명작 '세한도'가 그려지는 등 그의 위대한 성취가 이뤄진 근간이 된 것이다.

읽고 쓰고 그림 그리고 사색하는 일상 외에 추사가 또 하나 힘을 쏟은 분야는 '가르치는' 것이었다. 출륙금지령(出陸禁止令)이 200년 이상 지속되면서 육지 문물을 접하기 어려웠던 당시의 제주인들에게 추사라는 인물은 대단한 존재였다. 여유가 되는 신분이라면 누구나 자신은 물론 자식들까지 보내어 추사의 제자가 되고자 했고 추사 또한 이를 마다하지 않았다.

강도순의 집이 이 지역 유생들에게 학문과 서예를 가르치는 추사학당이 되면서 가장 큰 교육적 혜택은 당연히 집주인과 그 일가에게 돌아갔을 것이다. 당대는 물론 후손들에까지 추사의 정신과 가르침이 영향을 미쳤을 것임도 쉽게 짐작할 수 있다.

특히 추사가 살았던 그 집에서 나고 자란 강도순의 증손자 강문석은 항일 독립운동가이자 사회주의 운동가로서 해방 전후 우리 현대사에 꽤 이름이 오르내린 엘리트였다. 일제강점기에 죽산 조봉암과 함께 상해에서 항일운동을 하다가 체포되어 5년간 옥고를 치르기도 했다. 해방된 조국에선 조선공산당을 대표하여 일본으로 건너가 일본공산당 서기장과 상호 협

● 추사유배지

력 방안을 논의하기도 하였고, 1948년 남한 단독정부가 수립되자 북한으로 건너가 최고인민회의 대의원에 선출됐다. 이후 강문석은 북한 정권하에서 노동당 상무위원 등 고위직을 거치다 박헌영 일파와 함께 숙청되어 1955년쯤 처형된 것으로 추정되고 있다.

 유적지에서 나고 자란 후손들

일제 말기에 강문석은 일본 유학파에 일본군 소위로 임관한 고향 대정 후배 이승진을 사위로 삼았다. 마흔 직전인 장인에게 이승진은 믿음직스러운 엘리트 청년이었고, 20대 초반인 사위에게 강문석은 우러러볼 만한 경력에 하늘 같은 은사와 다름없었다.

해방된 고향 제주에 돌아와 대정공립초급중학교 교사로 재직하던 이승진은 4·3사건 발발 직전부터 '김달삼'이란 가명을 쓰기 시작한다. 장인 강문석이 상해에서 항일운동을 할 때 썼던 가명을 그대로 이어받은 것이다.

강문석의 큰딸 강영애는 아버지의 뜻에 따라 고향 출신 이승진과 혼인했다. 두 남녀의 애정이나 부부관계가 어땠는지는 남아 있는 자료가 거의

추사 김정희와 4·3 김달삼 201

없는 듯하다. 그러나 1945년 1월 혼인부터 1950년 3월 남편 김달삼의 죽음까지 5년 동안의 객관적 역사를 보면, 신혼부부의 사적인 행복 따위는 너무도 먼 곳에 있었을 것임은 쉽게 짐작할 수 있다.

아버지와 남편의 신념에 얼마나 공감했을지는 모르지만, 한 남자의 아내로서 강영애는 불행했던 여인임에 틀림없다. 결혼 당시 그녀는 사업을 하던 아버지를 따라 일본 오사카에 살고 있었지만 태어난 곳은 지금의 주소로 제주도 서귀포시 대정읍 안성리 1661번지이다. 그녀가 태어나기 80여 년 전 추사 김정희가 9년간 유배 살았던 바로 그곳이다.

올레 11코스 9.2km 지점인 정난주 마리아 성지는 대정읍 동일리에 속한다. 이곳에서 바로 옆 마을인 안성리를 향하여 2km 정도 올레 코스를 벗어나면 김달삼의 처갓집이었던 지금의 추사유배지에 이른다. 사위가 4·3사건을 주동한 빨갱이요, 집주인도 월북한 빨갱이 집안이었으니 옛날에 추사가 살았건 어쨌건 멀쩡하게 남아 있을 리가 없다. 4·3토벌대에 의해 집 3채 모두 불태워 없어졌다가 35년 만인 1984년에 고증을 통해 옛 모습으로 복원되어 오늘에 이르렀다.

● 추사유배지의 김정희와 초의선사 모형

● 추사유배지

　추사유배지 안의 주거용 초가집은 모두 3채다. 안채는 증조부 때부터 강문석 일가가 살았던 곳이고, 추사는 별채에 살면서 바깥채에 유생들이 모여들면 나와서 학문과 서예를 가르쳤다고 한다. 그 외에도 제주 전통 화장실이나 방앗간 그리고 대문의 일종인 '정낭' 등의 모습을 둘러볼 수 있다.

　유배지 바로 옆에는 유물 전시 공간인 추사관이 자리 잡고 있다. 초가를 복원할 때 함께 세웠던 유물 전시관이 낡고 헐어서 현대식 건축 양식으로 2010년에 재건립한 것이다. 유배의 땅에 세우는 기념관임을 감안하여 주요 전시실을 지하로 내렸다고 한다. 때문에 지상에서 볼 때는 단순한 1층 건물일 뿐이고, 주요 전시실은 지하 2개 층에 배치되어 있다.
　모조품들이 많긴 하지만 추사의 글씨와 그림과 편지 등 다양한 자료들이 상설 전시된다. 관람객들의 관심을 가장 많이 끄는 명작 '세한도'는 1939년 일본인 전문가가 복제해 만든 한정본 100점 가운데 하나라고 한다. 2020년 12월 일간지에는 3개월 전에 세한도 원본을 국립중앙박물관에 기증한 손창근 선생을 청와대로 초청한 문재인 대통령이 90도로 감사 인사하는 사진이 실리기도 했다.
　'세한도' 그림 속의 집 1채는 제주 추사관 건물의 디자인 모델이 되었다. 네 그루의 소나무와 잣나무 사이에 낮게 앉아 있는 그 집은 안정감은 있지만 외로워 보인다. 추사관 건물은 처음 접한 이들에겐 창고처럼 단순한 모습이라 좀 썰렁하고 의아한 느낌도 들 수 있지만, 세한도 그림 속 그 집과 비교해 보면 절로 고개가 끄덕여진다.

🍊 추사관에 가려진 비운의 제주인들

조선 500년 동안 제주에 귀양 온 이들은 200여 명에 이른다고 한다. 가장 신분이 높았던 광해군부터 가장 나이 어린 소현세자의 4살 아들 경안군까지 다양했다. 이곳까지 멀리 보낼 만큼 중죄인들이라고 했지만 민형사상의 죄인들이기보단 정쟁에 휘말린 정치범들이 대다수였다. 바깥세상 문물과 격리돼 살아온 섬사람들에게 유배인들의 사상과 이념이 얼마나 정신적 영향을 미쳤을지 쉽게 상상할 수 있는 일이다.

서두에 언급된 이세번처럼 섬에서 죽어 묻힌 이들도 있었고, 추사처럼 결국은 해금되어 섬을 벗어난 이들도 있었다. 섬에는 유배인의 씨가 뿌려지면서 유사한 DNA를 가진 후손들이 대를 잇기도 하였고, 유배인에게 배우고 익힌 이들의 정신 세계가 후손들에게 대를 이어 전수되기도 하였다.

제주 섬이 생긴 이래 가장 큰 사건을 유발시킨 김달삼이란 인물은 전자와 후자가 둘 다 해당되는 경우다. 유배인 이세번의 직계 후손이면서, 유배인 김정희에게 배우고 익힌 강도순의 직계 후손과 부부의 연을 맺었기 때문이다.

제주 추사관에서 사람들은 '세한도' 그림을 보며 감탄하고, '의문당(疑問堂)' 현판 앞에서 고개를 끄덕이거나 추사의 여러 편지글 앞에서 애틋해하기도 한다. 한양의 고귀했던 선비가 절해고도에서 느꼈을 외로움에 공감하다가 그 속에서 일궈 낸 성취와 업적들에 큰 감동을 느끼기도 한다.

그러나 정성을 다해 추사를 스승으로 모셨던 이 집 옛 주인과 그 후손들

● 김달삼

에 대한 흔적은 어디에도 남아 있지 않다. 추사의 제자가 된 증조부를 뒀기에 증손자 강문석은 좋은 환경에서 나고 자라며 넓은 세상에 일찍 눈을 뜰 수 있었고, 모자람 없이 키운 그의 딸 강영애 또한 문무를 겸비한 엘리트 청년 김달삼과 짝을 맺어 줄 수 있었다.

허나 당대의 행복이나 후세의 평가를 놓고 보면 유배인 추사만이 성공한 삶을 살았다. 추사와 직간접으로 연결되는 3명의 섬사람들은 모두 불행한 인생이요, 세상을 잘못 만난 비운의 삶을 살았다.

대정 추사유배지까지 먼 길을 달려온 여행자들은 초가집 한 칸에 눌러 살았던 옛 선비의 고매한 정신과 예술혼을 기리다 떠날 뿐, 한때는 이 마당을 활보했을 3명의 제주 사람들의 비운에 대해선 관심이 없을 것이다.

〈추사관〉 대정읍에 있는 추사관은 김정희 선생이 9년간 유배 생활을 하며 남긴 흔적을 모은 곳이다. 그가 살았던 초가집도 옛 모습대로 복원되어 있다. 추사관에는 김정희 선생이 쓴 현판 글씨와 아내, 지인들에게 보낸 편지 등이 전시되어 있다. 편지에는 유배 생활에 대한 이야기가 자세히 적혀 있어 당시 유배인의 생활을 엿보는 귀중한 자료가 되었다. 고단한 유배 생활에도 그는 자신을 갈고 닦으며 '추사체'를 완성하고 유명한 '세한도(국보 제180호)'를 그렸다. 위치는 서귀포시 대정읍 추사로 44(출처 : 비짓제주).

제주올레 12코스

무릉 - 용수

- 총 거리 17.5km
- 소요 시간 5~6시간
- 최고 해발 85m(녹남봉)
- 최저 해발 0m(용수포구)

경유지 & 구간 거리
무릉외갓집-4.7km→신도생태연못-1.8km→산경도예-3km→신도포구-3.2km→수월봉 육각정-0.6km→엉알길-1.1km→자구내포구-3.1km→용수포구

알아 두면 좋은 점

- 제주 서남단 지역을 지나간다는 데에 의미가 크다. 산남 지역인 서귀포시에서 산북 지역인 제주시로 들어가는 첫 코스이다.
- 엉알길 입구에서 자구내포구 입구까지 1.1km는 휠체어 구간이다.

성지순례 김대건길

제주올레 26개 코스의 분포를 보면 북제주에 12개 코스가 193km, 남제주에 16개 코스가 232km에 걸쳐 있다. 북쪽과 남쪽 코스의 거리 비율이 45 대 55인 걸 보면, 경관이나 걷기 여건 면에서 남쪽이 다소 유리한 걸로 유추할 수도 있다.

섬의 동쪽 끝에서 시작된 올레길이 시계 방향으로 남제주인 서귀포시 구역의 코스들을 다 지나 북제주 땅에 첫발을 내딛는 구간이 바로 올레 12코스다. 서귀포시 대정읍 무릉리에서 출발하여 신도포구, 수월봉, 차귀도포구, 당산봉 등을 거친 뒤 제주시 한경면 용수리에서 끝난다.

12코스 종착지인 용수리해안은 우리나라 최초의 성직자인 김대건 신부가 서해 바다에서 풍랑을 만나 표류하다가 기착했던 곳이다. 1845년 여름, 중국 상하이에서 한국인 최초로 사제 서품을 받고 일행 13명과 함께 배를 타고 귀국하던 길이었다. 신부 일행은 이곳에 내린 후 고국 땅에서의 감격스러운 첫 미사를 봉헌한다. 이를테면 용수리는 우리나라 최초의 신부가 최초의 미사를 올린 곳인 셈이다.

천주교 역사엔 의미가 커서 용수리포구 일대가 성지로 조성돼 있다. 김대건 신부 제주표착기념관과 기념성당이 들어서 있고, 신부 일행이 중국

❶ 코스 정경
❷ 용수성지 김대건 신부 제주표착기념관

에서 타고 왔던 라파엘호도 원형을 복원하여 전시하고 있다. 용수성지 외에도 용수리 올레길 구간 주변에는 순례자의 집, 예루살렘교회, 순례자의 교회 등 종교적 분위기를 물씬 풍기는 곳들이 많다.

천주교 역사를 더듬는 6개의 순례길

올레 11코스에서 만난 정난주 마리아의 삶은 제주에 유입된 천주교 초기 역사의 한 페이지에 해당한다. 그녀가 세상을 떠나고 7년 뒤 김대건 신부가 표착하여 섬에 잠시 발을 들였고, 다시 13년 뒤인 1858년 어부 김기량이 제주인 최초로 세례를 받는다. 이런 역사를 거치며 1899년 제주에 최초의 교회 공동체가 설립됐고, 1977년에 이르러 천주교 제주교구가 정식으로 설정된다.

● 용수성지에 복원된 라파엘호 전경

　제주도에는 이런 천주교 역사의 발자취를 더듬으며 따라 걷는 성지순례 길이 조성돼 있다. 총 거리 91km에 6개 코스인데 이들 중 첫 번째가 김대건길이다. 신부 표착지인 용수리 포구를 중심에 두고 남쪽의 고산성당에서 북쪽의 신창성당까지를 연결하고 있다. 올레 12코스 후반 1/3에 해당하는 '수월봉입구 교차로-차귀도포구-용수리포구' 구간과 겹친다. 천주교 제주교구는 2012년 9월 '김대건길' 개통을 시작으로 이후 5년 동안 매년 하나씩 총 5개 순례길을 추가했다.

　이듬해에 개통한 하논성당길(2013년)은 제주 산남 지역 최초의 본당이 자리했던 곳을 지나는 코스다. 서귀포성당에서 출발하여 이중섭거리, 면형의 집, 하논성당터를 거쳐 다시 원점으로 돌아온다. 서귀포성당 주변과 이중섭거리 구간이 올레 6코스와 겹친다.

　김기량길(2014년)은 제주인 최초의 세례자이자 순교자인 김기량의 자취를 더듬는 길이다. 그의 고향 함덕에서 출발하여 신흥포구와 연북정 비석거리를 거쳐 조천성당까지 이어진다. 조천, 신흥, 함덕해안을 지나기 때문에 올레 18코스와 거의 전 구간이 겹친다.

정난주길(2015년)은 대정성지 정난주 마리아 묘에서 출발하여 모슬포성당까지다. 추사유배지와 대정향교를 거치고, 4·3사건과 일제강점기의 아픔을 상기시키는 섯알오름 4·3위령탑과 알뜨르비행장을 만나기도 한다. 올레 10코스, 11코스와 부분적으로 겹친다.

신축화해길(2016년)은 이재수의 난 당시 희생된 300여 교인들을 기리는 순례길이다. 희생자들이 묻힌 황사평 묘지를 출발하여 화북성당과 사라봉, 관덕정을 거쳐 중앙성당까지 이어진다. 올레 18코스 절반에 가까운 관덕정-사라봉-화북포구 구간과 겹친다.

여섯 번째로 개통된 이시돌길(2017년)은 아일랜드인 맥그린치 신부가 개척한 이시돌 목장을 중심으로 이어진 길이다. 시작점인 성이시돌센터전시관에서 세 갈래 길로 나뉘어지며 한경면 고산성당까지 이어진다. 맥그린치 신부는 1954년에 제주 한림공소로 부임해 와 평생을 제주인으로 살다가 2018년 90세 나이로 세상을 떠났다. 올레 13코스와 조수, 월림 근처에서 살짝 만나고 헤어진다.

경기옛길 영남길과 용인 너울길

용수리해안에 표류해 왔던 김대건 신부 일행은 포구에 잠시 머물며 배를 수리한 후 다시 바다로 나아갔다. 며칠 항해 끝에 서해안 군산 앞바다를 거쳐 금강 하구 나바위에 무사히 내릴 수 있었고, 육로를 거쳐 용인으로 올라가 사목 활동을 시작했다.

용인은 그가 자라난 제2의 고향이다. 충남 당진에서 태어났지만 증조부가 순교한 후 조부가 가족을 이끌고 용인으로 이사를 왔기 때문이다. 그러나 용인에 돌아온 후 조선 최초의 목회자로서의 삶은 1년을 넘기지 못한다. 이듬해인 1846년 가을, 외국 선교사를 도우려다 관군에 붙잡히곤 한강변 새남터에서 순교한 것이다. 그의 나이 25세였고, 증조부에 이어 부친

● 용인 은이성지에 있는 김대건 신부 기념관

까지 순교한 지 7년 만이었다.

　은이로, 은이빌라, 은이뜰마트, 은이골……. 경기도 용인시 양지면 남곡리 일대에서 만나는 이름들이다. 얼핏 겉으론 정겨운 우리말 지명 같지만 '은이(隱里)'란 한자 이름엔 천주교 역사의 상흔이 깊숙이 녹아 있다. 한자 뜻 그대로 '숨겨진 마을'이다. 200여 년 전 천주교 박해 시기에 초기 신도들이 이 지역에 숨어 살았기 때문이다. 8살 김대건 소년의 가족도 고향인 충남 당진에서 박해를 피해 이곳으로 숨어들었다. 이후 24세에 우리나라 최초의 신부가 되고 이듬해 순교하기까지의 자취들이, 경기옛길 영남길의 6코스 초입인 은이성지 '김대건 신부 기념관'에 오롯이 모아져 있다. 은이성지는 인근 골배마실로 이사와 살고 있던 소년 김대건이 우리나라 첫 신부로 성장하기까지의 발판이 된 곳이다. 1836년 이곳에서 피에르 필리에르

모방 Pierre - Phillibert Maubant 신부에게 세례성사와 첫 영성체를 받았고 이어서 신학생으로 선발됐기 때문이다.

이곳 은이성지에서 삼덕고개를 넘어 미리내(美里川)성지까지 이어지는 산길은 '용인 성지순례 너울길'로 불린다. 중국에서 제주를 거쳐 이곳으로 돌아온 김대건 신부가 안성이나 이천 등 인근 지역으로 사목 활동을 하러 교민들을 찾아나섰던 길이다. 또한 한강 백사장 새남터에서 순교한 김 신부의 유해가 어려운 과정을 거쳐 미리내성지에 묻히기까지 비밀리에 운구되어 온 산길의 일부이기도 하다.

제주도 한경면의 '제주올레 12코스'와 '성지순례 김대건길', 그리고 경기도 용인의 '경기옛길 영남길 6코스'와 '용인 성지순례 너울길', 한반도의 4개의 길은 25세에 순교한 한 종교인의 삶으로 연결이 된다. 물론 종교인들에게 더 큰 의미가 있겠지만, 일반인들에게도 멀지 않은 우리 역사에서 신념 때문에 핍박받고 희생된 이들을 숙연하게 돌아보게 해 준다. 자연스럽게 자기성찰의 기회로도 연결이 되는 것이다.

〈김대건 신부 표착기념관〉 우리나라의 첫 신부인 성 김대건 신부와 제주 천주교의 역사를 엿볼 수 있는 곳이다. 기념관은 총 2층과 옥상 전망대로 이루어져 있고 1층은 영상이나 이미지를 볼 수 있는 공간이며, 2층에는 김대건 신부의 업적 등을 소개하고 천주교가 들어오기까지의 험난한 과정을 알게 해 주는 전시품들, 억압 당시 사용되었던 도구 등이 전시되어 있다. 기념관 옆에 있는 작은 성당은 성 김대건 신부가 사제 서품을 받은 은이성지 김가항성당의 모습을 재현했고, 지붕은 파도와 라파엘로를 형상화했다. 성당은 미사 시간을 제외하고는 누구나 자유롭게 관람이 가능하다. 위치는 제주시 한경면 용수1길 108(출처 : 비짓제주).

〈천주교 6대 성지순례길〉

1. 김대건길(11.5km) : 고산성당에서 시작해 유네스코 세계지질공원으로 인증된 수월봉 인근과 자구내포구를 지나 성 김대건 신부 표착지인 용수성지를 둘러본 다음 신창성당까지이다.

2. 하논성당길(10.6km) : 서귀포성당에서 시작해 서귀포 신앙의 모태인 하논성당터와 홍로성당이 있었던 면형의 집을 거쳐 다시 서귀포성당으로 귀착함으로써 시작과 끝이 연결돼 있음을 깨닫게 하는 성찰의 길이다.

3. 김기량길(9.3km) : 제주에 처음으로 믿음의 씨앗을 뿌린 김기량 펠릭스 베드로의 순례자길. 조천해안을 따라 조천포구, 신흥포구, 함덕포구를 지나며 연북정, 환해장성 등의 유적들을 만나는 길이다.

4. 정난주길(13.8km) : 정난주 묘역을 출발하여 대정현성의 성당과 추사유배지 그리고 1901년 신축민란으로 인해 교수형을 받은 이재수 등 3인의 대정삼의사비를 만나고 모슬포성당으로 이어지는 길이다.

5. 신축화해길(12.6km) : 이재수의 난 당시의 천주교 희생자들이 묻힌 황사평 공원묘지를 시작으로 정난주 마리아가 도착한 화북포구와 4·3사건으로 사라진 곤을동마을 등 역사적인 공간을 지나 별도봉과 사라봉의 해안 비경을 걸어 제주 지역 최초의 본당인 중앙 주교좌성당까지 이르는 길이다.

6. 이시돌길(3개 코스 33.2km) : 제1코스(9.4km)는 이시돌센터전시관을 출발해 글라라 수녀원, 맥그린치로, 새미소 뒷길, 녹원목장 입구, 밝은오름, 정물오름 입구 등을 거쳐 이시돌센터전시관으로 회귀. 제2코스(11.8km)는 이시돌센터전시관을 출발해 글라라 수녀원, 맥그린치로, 금오름 입구, 4·3 잃어버린 마을, 상명리 입구, 월림리사무소, 월림리운동장, 저지삼거리를 거쳐 조수공소까지이다. 제3코스(12.0km)는 조수공소를 출발해 바람의 언덕, 청수공소, 낙천의자공원, 고산리 입구, 고산2리복지회관, 고산성당까지이다(출처 : 비짓제주).

차귀도 오백장군

   올레 1코스 앞바다에서 소섬인 우도를 만나고, 남제주 내륙에서 북제주 해안으로 내려오는 12코스 앞바다에선 아담한 섬 차귀도를 만난다. 규모로는 비교할 바가 못 되지만, 한쪽은 제주의 최동단 섬이요 다른 한쪽은 최서단 섬이라는 점에서 두 섬은 쌍벽을 이룬다.

   우도(牛島)라는 지명은 '누운 소'의 형상에서 유래했지만, 차귀도의 지명에 대해선 전해지는 이야기가 있다. 옛날 옛적 중국 송나라 왕이 호종단이란 신하를 제주에 보냈던 모양이다. 동방의 작은 섬에서 대륙을 위협할 큰 인물이 나온다는 설을 듣고는, 그럴 가능성을 아예 차단시켜 버리기 위해서였다. 호종단은 왕의 명령대로 제주 섬을 누비며 주요 수맥과 지맥들을 모조리 끊어 버렸다. 임무를 마친 그가 돌아가려고, 중국 대륙과 가장 가까운 고산 앞바다에서 배를 띄웠는데 갑자기 돌풍이 일며 배가 침몰해 버렸다. 격노한 한라산 수호신이 그들이 '돌아가지(歸) 못하게 막았다(遮)' 하여 '차귀도(遮歸島)'란 지명이 생겼다는 설이다.

   차귀도가 생겨난 유래에 대한 이야기도 있다. 거센 오줌 줄기로 성산포 해변 땅을 갈라 우도를 만들고, 그 우도를 빨래판 삼아 빨래 방망이를 두드리던 설문대할망 이야기다.

　할망에게는 500명의 아들이 있었다. 모친의 거구를 닮아 장정 5백의 몸집들이 어떠했을지, 또한 얼마나 먹성 좋은 대식가들이었을지 쉽게 상상할 수 있다. 대가족이다 보니 먹거리는 언제나 부족했는데, 어느 해 흉년이 들어 그해에는 특히 끼니를 잇기가 어려웠다.

　치마폭에 흙더미를 날라다 제주 섬과 한라산을 만든 본인이었지만, 흉년에 장정 아들 500명 먹여 살리는 데까지는 힘이 부쳤나 보다. 밖에 나가 뭐든 해서 먹거리를 구해 오도록 어머니는 아들들을 다그쳐 내보냈다. 그러곤 남아 있던 양식을 탈탈 털어 가마솥에 넣고 죽을 끓이기 시작했다.

　장정 500명이 먹을 죽이 끓는 가마솥이다. 얼마나 거대했을지 짐작할 수 있다. 솥뚜껑을 열어 기다란 판자를 걸쳐놓고는 그 위를 오가며 주걱으로 열심히 죽을 저었다. 그러다 한순간, 발을 헛디디며 할망은 그만 가마 속으로 빠지고 말았다. 그러곤 할망의 육신은 펄펄 끓는 죽의 일부가 되어 버렸다.

　얼마 후 5백 형제가 각자 뭔가를 하나씩 들고 집으로 돌아왔다. 뜨거운 죽을 보곤 너무나 반가워 모두가 솥 주변에 둘러앉아 정신없이 퍼먹었다. 오늘 죽에는 어쩐 일인지 고기가 들어 있어 특히 더 맛있다며 서로가 좋아

● 눈 덮인 영실기암(사진 제공 : 제주일보 고봉수 기자)

했다. 형제 중 가장 늦게 돌아온 막내가 남은 죽을 먹으려고 솥 바닥을 긁다가 뼈다귀들을 발견했다. 이상한 생각이 들어 유심히 들여다보다가 결국은 어머니가 잘못된 것임을 깨달았다.

정신없이 집을 뛰쳐나온 막내는 울부짖으며 달렸다. 그저 달리다 보니 자신도 모르는 사이에 해안가에 이르렀다. 막내는 바다를 바라보며 하염없이 울다가 바위로 변하고 말았는데 그곳이 바로 한경면 고산리 앞바다의 차귀도라는 것이다. 막냇동생의 이 소식을 들은 499명의 형들도 뒤늦게 상황을 파악하곤 통탄하며 울부짖다가 모두 바위로 굳어 버렸다. 오랜 세월이 흐르며 섬사람들은 한라산 중턱에서 바위로 변한 이들 형제들을 '오백장군'이라 부르게 되었고, 오늘날에 이르러선 '영실기암'이라는 정식 지명이 붙었다.

 설문대할망의 막내 아들

백록담 서쪽으로 고도차 300m 아래를 거대한 수직 암벽이 병풍처럼 둘

● 당산봉에서 내려다본 자구내포구

러싸고 있는데 이 암벽을 구성하는 바위들이 영실기암이다. 한라산을 대표하는 절경 중 하나로 꼽힌다. 영실 등산로를 오르내릴 때 그 경관이 얼마나 빼어난지 실감할 수 있다. 석가의 500명 불제자들을 연상시킨다 하여 '오백나한(五百羅漢)'으로 불리기

● 차귀도 앞 자구내포구

도 한다. 그런데 그 기암들 하나하나를 누군가 일일이 다 세어 봤는지 500개에서 1개가 모자란다고 한다. 남은 바위는 서쪽 바다의 작은 섬 차귀도에 '작은 오백장군'이란 애칭으로 서 있으니 어쩌면 당연한 일이다.

비록 형들과는 멀리 떨어져 홀로 있지만, 어머니가 빚은 제주 섬에 대한 막내의 애정은 남달랐던 모양이다. 송나라의 호종단이 제주 섬에 몹쓸 짓을 하고 중국으로 떠나려 할 때 그가 탄 배를 차귀도 앞바다에서 침몰시킨 것도 막내의 역할이 컸으니 말이다.

장구한 세월을 비바람 맞으며 꿋꿋이 서 있던 막내 바위에게 얼마 전 불

● 차귀도

행한 사건이 일어났다. 2012년 1월 중순, 산업용 해상 작업을 하던 업체가 중장비 기계를 바위와 결박한 일로 인해 파손이 된 것이다. 결박 부분에 생겼던 균열 때문에 이후 얼마 동안 강풍과 파도의 영향을 받으며 절단과 파손으로 이어졌다. 문명의 이기로 넘쳐나는 오늘날 우리의 몰지각이 빚은 참사다. 그런 불미스런 사건과 관계없이 차귀도 앞 자구내포구는 오늘도 정겹고 평화롭다. 포구를 나가고 들어오는 낚싯배와 고기잡이배들이 여느 어촌 포구보다도 붐비는 모양새다. '제주도 배낚시 명소' 하면 차귀도 앞바다도 다섯 손가락 안에 꼽힌다.

〈차귀도〉 죽도, 지실이섬, 와도 3개의 섬과 수면 위로 솟은 암초인 장군여, 썩은여, 간출암 등으로 이루어진다. 섬의 아름다움과 더불어 특히, 해 질 무렵 바다와 섬과 석양이 연출하는 장관이 더욱 유명하다. 1~3월과 6~12월 사이에 낚시꾼들이 많이 찾는다. 한경면 고산리 자구내포구에서 유람선을 타고 5분이면 도착한다. 잠수함을 타고 바닷속을 여행하는 재미도 빼놓을 수 없는데, 동그란 창을 통해 보이는 화려한 색의 물고기들과 바닷속 풍경이 아름답다(출처 : 비짓제주).

〈영실기암〉 한라산 백록담 서남쪽 해발 1,600여 m의 위치에서 아래로 약 250여 m의 수직 암벽이 형성되어 있는데, 이 암벽을 구성하는 기암이 병풍처럼 둘러싸고 있는 곳을 일컫는다. 한라산을 대표하는 경승지로서 영주 12경 중 제9경에 해당한다. 영실의 절경뿐만 아니라 영실에서 내려다보는 산방산 일대는 마치 신선이 되어 세상을 내려다보는 것과 같은 풍광을 보여 준다. 영실기암을 이루고 있는 한라산조면암을 영실조면암이라고도 부른다. 영실조면암은 영실휴게소에서 한라산 정상으로 가는 등산로 입구에서 500m 지점의 오른쪽 계곡에 분포하는데, 약 250m의 절벽을 이루며, 남북이 약 1.5km, 동서가 약 1km인 타원형의 형태이다. 동쪽은 높은 절벽을 이루며 남서쪽은 낮은 지형으로 열려 있다(출처 : 비짓제주).

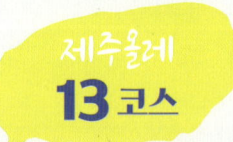

용수 - 저지

📍 총 거리 15.9km
   소요 시간 4~5시간

최고 해발 240m(저지오름 정상)
최저 해발 0m(용수포구)

난이도 ★★☆

 경유지 & 구간 거리
용수포구-2.7km→용수저수지-1.7km→특전사숲길-2.6km→고사리숲길-2.1km→낙천의자공원-2.9km→뒷동산아리랑길-1.1km→저지오름 입구-2.8km→저지예술정보화마을

알아 두면 좋은 점
- 코스 종반인 저지오름에서 오르는 숲길이 아주 운치 있고 고즈넉하다.
- 코스 중간 지점인 낙천리마을과 종점 지점 외에는 식당이 거의 없으니 유의해야 한다.

여자 많은 섬, 삼다도

　삼다의 섬, 돌과 바람과 여자, 언제부턴가 제주를 특징지어 온 단어들이다. 2개는 여전히 유효하지만 하나는 '옛날엔 그랬나?' 정도지 지금은 아닌 듯하다. 화산섬이라 돌이 많고, 망망대해의 외딴섬이라 바람이 많은 건 쉽게 이해될 수 있다. 그런데 여자가 많았다는 데에는 얼핏 '왜일까?' 하는 의문이 생긴다. 그러나 한 번 더 생각해 보면 그럴 수도 있겠다 싶다.

　지금도 그렇지만 그 옛날 제주 섬은 돌투성이 척박한 땅이라 일구기도 힘들고 수확도 시원찮았다. 온 가족이 굶지 않으려면 고기잡이에 더 많이 의존해야 했다. 자연스레 여자는 밭에서, 남자는 바다에서 분업이 이뤄졌다. 오늘날처럼 안전한 선박이나 성능 좋은 어업 기구라곤 없던 옛날이다. 허술한 배와 원시적 방법에 의존해 바람 많은 바다로 나아가야 했다. 얼마나 많은 남자들이 폭풍과 풍랑에 목숨을 잃었을 것인가.

　다른 지역 어촌 마을은 어땠는지 모르지만, 옛날 제주의 남녀 성비가 해양 사고와 연관이 있었던 건 사실인 듯하다. 4·3사건 때 남자들이 특히 많이 희생됐기 때문이라는 주장도 있지만 정답은 아닌 듯하다. 제주에 '여자가 많다'는 말은 해방 이전부터 있었기 때문이다. 문헌을 통해서도 이를 확인해 볼 수 있다.

민속학자이자 해양문명사가인 주강현 교수의 『제주기행』은 관광의 섬 제주를 인문학적으로 살펴본 책이다. 돌, 바람, 여자, 귤, 잠녀 등 15개 키워드를 통하여 제주의 자연과 역사와 문화의 실체를 해부해 보여 주고 있다. 방대한 옛 문헌들에서 발췌한 인용구들이 요소요소에 곁들여져 신뢰를 더해 준다.

 옛사람들 기록 속의 제주 모습

『제주기행』에 실린 옛 문헌 인용문 몇 개를 살펴보자.

"배가 침몰하여 돌아오지 아니하는 남자가 한 해에 100여 인이나 된다. 그 때문에 여자는 많고 남자는 적어 시골 거리에 사는 여자들은 남편 있는 사람이 적다." 주강현 『제주기행』, 웅진지식하우스

16세기 조선의 문신인 임제의 『남명소승』에서 발췌한 인용문이다. 450년 전 기행문이지만 한 여행자가 4개월간 여행하며 담아낸 섬의 상황이 또렷이 그려진다.

"바닷길이 험하여 자주 표류를 당하기 때문에 섬사람은 딸 낳기를 중히 여기며 여자 수가 남자의 세 곱이나 되어 거지라 할지라도 다 처첩을 가지게 된다."
주강현 『제주기행』, 웅진지식하우스

병자호란 때 결사항전을 주장했던 문신 김상헌이 젊은 시절 썼던 『남사록』의 일부를 발췌한 것이다. 대국 청나라에 굴복하기를 끝끝내 반대하던 당시의 그는 67세의 노신이었다. 그보다 훨씬 젊었던 32세 때 제주에 어사로 파견되어 일기 형식으로 기록해 둔 기행문이기에 충분히 신뢰가 갈 만한 내용이다.

두 문헌보다 1~2백 년 전에 지어진 최부의 『표해록』의 인용문도 그 내용

이 매우 구체적이고 사실적이다.

"제주는 아득히 먼 바다 가운데 있어서 수로로 9백여 리고 파도가 사납기 때문에 공물 실은 배와 장사하는 배가 끊임없이 오가는 가운데 표류하고 침몰함이 열에 다섯이나 여섯가량 됩니다. 제주 사람으로서 앞서 가다 죽지 않으면 반드시 뒤에 가다 죽습니다. 그러므로 제주 경내에는 남자 무덤이 매우 드물고 마을에는 여자 많기가 남자의 세 배입니다. 부모 된 자가 딸을 낳으면 반드시 '이 아이가 내게 효도를 잘할 아이'라고 말하고, 아들을 낳으면 '이 아이는 내 자식이 아니고 고기밥'이라고 말합니다." 주강현 『제주기행』, 웅진지식하우스

『제주기행』에 실린 이 정도의 인용글들만 보아도 삼다 중 '여자'에 관한 대목은 어느 정도 수긍이 된다. 제주 한 바퀴 해안 마을 전역에는 바다로 나가 돌아오지 못한 남자들에 대한 이야기가 수도 없이 많다. 남편을 기다리는 아내의 이야기 또는 아버지나 아들을 기다리는 가족의 이야기들이다. 오랜 세월 전해 내려오는 설화로, 또는 어딘가에 연도 표기된 역사의 사실로, 아니면 지역에서만 알려진 동네 이야기 등 다양한 형태로 전해져 왔다.

올레 13코스가 시작되는 한경면 용수리에도 그런 사연 하나가 전해진다. 바로 '절부암'에 담긴 이야기다. 설화인 듯하면서 소소한 역사적 사실이기도 하고 마을을 대변하는 동네 이야기이기도 하다.

용수포구 절부암

　　옛날 용수리 마을에 고씨 처녀와 강씨 총각이 살았다. 둘 다 조실부모하여 외롭게 살던 처지라 언제부턴가 서로를 사랑하게 되었다. 착하고 부지런한 처녀, 총각을 가엽고 기특하게 봐 오던 마을 사람들이 이를 눈치채고 둘을 혼인시켜 주었다. 항상 쪼들리고 구차한 살림이었지만 서로를 너무나 아끼고 사랑했기에 부부는 늘 행복했다. 세상에 남부러울 게 하나 없었다.

　　농사일도 열심히 했지만 겨울이 되어 한가할 땐 마을 앞바다 차귀도에 테우(육지와 가까운 바다에 나갈 때 사용한 조그만 통나무배)를 타고 나가선 대나무를 베어다가 바구니 따위를 만들어 팔기도 하였다. 이듬해 어느 날도 농사 끝나 겨울이 되니 남편 강씨는 예전처럼 테우를 타고 차귀도로 나갔다.

　　강씨는 열심히 땀 흘리며 대나무를 베다 보니 바람이 세지며 날씨가 거칠어지는 걸 못 느꼈다. 날이 저물어 대나무를 싣고 배를 띄우려 할 때쯤엔 이미 강풍에 거센 풍랑이 일고 있었다. 그는 무섭긴 했지만 '가다 보면 어떻게 되겠지' 하는 심정으로 노를 저어 테우를 몰았다. 바닷길 중간쯤에 이를 무렵, 집채만 한 파도가 배를 덮쳤다. 순식간이었다. 조그만 테우는 그대로 뒤집혀 버렸다. 남편 강씨는 흩어지는 대나무 더미들과 함께 흔적도 없이 파도 속으로 사라졌다.

멀지 않은 뭍에선 아내 고씨가 울고 불며 이 광경을 지켜보고 있었다. 간밤 꿈자리가 궂어 남편의 항해를 만류했던 아내다. 오후 들어 바람의 세기가 심상치 않자 바닷가로 나와 몇 시간째 차귀도 쪽을 지켜보고 있었던 것이다. 테우 하나가 뭍으로 가까워지다가 갑자기 사라지는 것을 보고 남편의 배임을 직감했다. 고씨가 비명을 지르며 '사람 살려'를 외치자 순식간에 마을 사람들이 모여들었다. 허나 모두 발만 동동 구를 뿐 할 수 있는 일이라곤 없었다. 혹시 헤엄쳐 뭍으로 오를지도 모른다는 기대감에 여러 사람이 몰려다니며 해변을 샅샅이 뒤졌다. 차귀도 바로 앞 자구내포구 일대를 밤새 찾았지만 허사였다.

아침이 되자 강씨가 살아 있을 것으로 믿는 마을 사람은 아무도 없었다. 짚신은 이미 너덜너덜 헤어지고 발에선 피가 흐르다 말라붙었지만 고씨는 실성한 여인처럼 홀로 해안을 누볐다. 용수리에서 자구내포구를 거쳐 남쪽 멀리 수월봉 아래까지 몇 날 며칠을 수도 없이 오고 갔다. 살아 있는 남편이 아니라 시신만이라도 찾기 위해서였다.

그러던 어느 날 여인은 용수포구 앞 언덕 위에서 발견되었다. 단정한 소복 차림으로 큰 나무에 목을 매단 채였다. 온 동네 사람들이 한숨지으며 한마음으로 고이 장례를 치뤄 줬다. 3일장이 끝나던 날, 죽은 여인이 그토록 찾아 헤맸던 남편의 시신이 뭍에 떠올랐다. 아내가 목을 맸던 바로 그 언덕 아래에서였다.

 제주도 기념물 제9호

인근 마을에는 신재우라는 선비가 살았다. 과거 시험에 여러 번 낙방한 후 대충 포기한 상태로 빈둥거리며 살고 있었다. 그는 안타까운 부부의 사연을 듣고는 깊이 감동하며 혼자 중얼거렸다. '내가 급제하면 열녀비를 세워 줄 텐데…'

● 용수포구 절부암

그런데 그날 밤, 선비의 꿈에 고씨 부인이 나타났다. '과거 시험을 다시 보라'고 살며시 말하곤 조용히 사라졌다. 잠이 깨어 이상한 느낌을 받은 선비는 다시 머리를 싸매고 공부에 매진하였고, 이듬해 과거에 급제했다.

대정현감이 되어 금의환향한 그는 혼자 다짐했던 원혼과의 약속을 이행했다. 고씨 부인이 목을 맸던 언덕의 바위 하나에 '절부암(節婦岩)'이라 새기고, 당산봉 아래 자락에 부부를 합장해 줬다. 그러곤 매년 마을 사람들이 부부를 위해 제사를 지낼 수 있도록 여건을 만들고 지원해 줬다.

절부암은 올레 12코스가 막 끝나고 내륙으로 올라가는 13코스의 초입에 위치해 있다. 용수리포구를 살짝 벗어난 울창한 숲속 바위에서 제주 열녀의 슬픈 절개를 보여 주고 있다. 대정현감 신재우가 '절부암'이란 마애명을 새긴 건 1866년 고종 3년 때였다고 한다. 옛날 옛적의 설화가 아니라 170년밖에 되지 않은 가까운 과거의 역사 이야기인 것이다.

절부암은 1981년에 제주도 기념물 9호로 지정되었다. 쉽게 만나고 쉽게 헤어지는 우리 현대인들에게 부부간의 도리에 대한 교훈을 깨우쳐 준다고

는 하지만, 그보다는 우리의 고조할머니 세대가 섬에서 살았을 당시의 고달픈 일상과 애환이 머릿속에 먼저 그려진다.

〈절부암〉 절부암은 1981년 8월 26일 제주특별자치도 기념물 제9호로 지정되었다. 당산봉 기슭으로 가다 보면 부부의 합묘를 찾아볼 수 있다. 제주올레 13코스 한경해안도로 용수포구 언덕동산에 자리한다. 해가 지는 시간에 방문하면 풍력발전단지와 차귀도의 일몰을 동시에 볼 수 있고, 신창리에서 시작해 용수리를 거쳐 차귀도를 바라보며 고산리로 가는 해안도로를 타는 드라이브 코스는 제주의 절경을 제대로 느낄 수 있는 코스이다. 위치는 제주시 한경면 용수3길 22(출처 : 비짓제주).

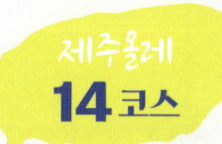

저지 - 한림

- 총 거리 19.1km
- 소요 시간 6~7시간
- 최고 해발 135m (저지예술정보화마을)
- 최저 해발 0m (한림항)

난이도 ★★☆

경유지 & 구간 거리
저지예술정보화마을-2.4km→큰소낭숲길-4.1km→무명천산책길 입구-3.6km→월령선인장자생지 입구-1.8km→일성제주비치콘도-2.1km→금능해수욕장-2.6km→옹포포구-2.5km→한림항

알아 두면 좋은 점

- 내륙 밭길에서부터 해안 쪽 해수욕장과 포구와 항구에 이르기까지 다양한 구간을 거친다.
- 월령에서 한림까지 위치를 옮길수록 비양도의 형태가 바뀌는 모습이 매우 운치 있다.
- 일성콘도에서 금능해수욕장까지 2.1km는 휠체어 구간이다.
- 전반부인 중산간 길을 지나 월령포구까지는 식당이나 가게가 없다.

무명천 할머니 진아영

우리네 몸과 마음의 상처란 결국은 아물게 되어 있다. 시간의 흐름과 함께 대개는 조금씩이라도 자연 치유가 되어 간다. 세월이 가면서 상처 자체가 잊히기도 한다. 한 번 겪었던 어떤 아픔을 평생 느끼며 살 필요는 없도록 해준 조물주의 배려일 것이다.

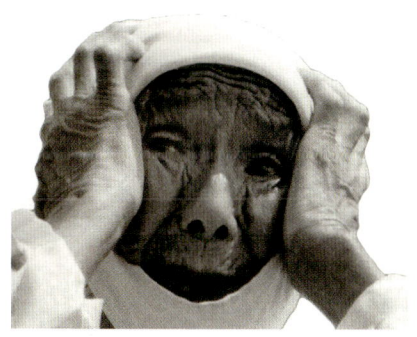

● 진아영 할머니(출처 : 4·3평화공원에서 촬영)

그러나 치유되지도 않고 잊을 수도 없는, 조물주도 어쩌지 못하는 예외의 경우도 있다. '진아영'이란 예쁜 이름을 가진 할머니의 경우가 그랬다.

젊었을 땐 이름만큼 얼굴도 곱고 아름다웠다. 그랬던 옛 시절 어느 날, 그녀는 영문도 모른 채 갑자기 턱을 잃었다. 어디선가 날아온 총탄에 아래턱 전체가 날아간 것이다. 불행인지 다행인지 목숨은 붙어 있었다. 그러곤 계속 살았다. 약이 없이는 단 하루도 살 수 없는 시간들을 무려 55년이나 살아냈다. 그러다 2004년 9월에 비로소 세상과 이별했다. 향년 91세, 결혼도 안 하여 자식도 없었다. 늘 혼자였다. 턱이 없는 흉한 모습을 남들에

● 월령해변

게 보이지 않으려 늘 하얀 천으로 얼굴을 감싸고 살았다. 그녀는 생전이나 지금이나 사람들에겐 '무명천 할머니'로 불린다.

 **서른다섯에 맞닥뜨린 비극**

1949년 1월은 이승만 정부가 수립된 지 5개월째 접어든 때였다. 4·3사건이 일어난 지는 벌써 10개월째, 제주 섬에는 연일 피바람이 몰아치고 있었다. 신생 정부가 막 펼치기 시작한 '초토화 작전'은 실로 무시무시했다. '섬의 해안가에서 벗어난 모든 중산간 마을 사람들은 무조건 해안 쪽으로 다 내려와라, 안 그러면 누구든 보이는 대로 이유 불문 사살하겠다'는 포고문이 엄포가 아니었다.

제주 섬의 북서쪽에 위치한 한경면 판포마을에도 1월 어느 날 군경이 들이닥쳤다. 추운 겨울밤 고요했던 마을은 단번에 아수라로 변했다.

"아영아!"

"……."

"아무 디나 곱으라(숨어라) 혼저(빨리)!"

아무 데나 빨리 숨으라는 아버지 목소리는 낮았지만 다급했다. 딸도 반사적으로 집 밖으로 뛰쳐나왔고 어둠 속을 뛰었다.

 곧이어 토벌대의 고함 소리와 총소리, 사람들의 비명이 요란하게 뒤섞였다. 어느 순간, 갑자기 어딘가에서 커다란 쇠망치가 날아와 얼굴을 후려치는 듯한 충격을 느꼈다. 정신없이 뜀박질하던 몸이 일순 옆으로 휘청이더니 그대로 꼬꾸라졌다. 몸을 돌려 누우며 손으로 얼굴을 감쌌으나 얼굴 반쪽이 없어진 듯 이상했다. 붉게 타오르는 밤하늘에서 끈적한 액체가 콸콸 쏟아지고 있다는 생각, 온몸이 불구덩이에 빠졌다는 생각을 하며 아영은 정신을 잃었다.

 당시 그녀는 서른다섯 살 시골 아낙이었다. 며칠인지 몇 달인지 모를 시간이 흘러 비로소 의식이 돌아왔을 때, 자신은 얼굴 전체가 헝겊에 싸여 집안 방에 누워 있었다.

 "총알이 턱에 맞으난 목심이라도 살아났쑤게. ㅎ썰만(조금만) 비켜시믄 가심이나 머리에 맞아실 거 아니우꽈."
 "경허영(그렇게 해서) 죽어 버려시믄 차라리 좋아실 건디. 정(저렇게) 살아이성(있어서) 어떵 헐 거라. 큰일 마씸."

 방문 앞마루에 걸터앉은 친척들의 말소리도 들려 왔다. 병원 치료 따위 상상할 수도, 변변한 약 한 봉지 써 볼 수도 없었다. '빨갱이'로 몰려 오로지 쉬쉬하며 아무 조치도 취할 수 없는 그런 시절이었다.

 그렇게 세월이 흘렀고 그동안 의지해 왔던 부모님까지 세상을 떠나자 고향 마을에선 더 이상 살 수가 없었다. 누군가의 도움 없이는 망가진 몸을 하루하루 버텨 낼 수 없었던 것이다. 바로 옆 월령마을에 시집가 살던 친언니가 혼자 남은 동생을 데려갔다.

 모두가 어렵던 시절이었다. 언니와 조카의 보살핌이 있었다지만 혼자 견뎌 내야 했던 시간의 아픔들은 본인 외에는 실감할 수 없었을 것이다.

턱 전체가 없어졌으니 밥을 제대로 씹을 수도 없었고 따라서 소화 기관도 늘 원활치 못했다. 늘 진통제와 약에 의지하는 일상이었다. 제대로 된 말을 할 수가 없었으니 주변과의 의사소통도 어려웠다. 마을에선 '모래기 할망'으로 불렸다. '모래기'는 '벙어리'의 제주 방언이다.

그나마 의지를 했던 언니마저 세상을 떠나자, 60대 후반이 된 진아영 할머니는 혼자 이 세상에 남겨졌다. 언니의 자식인 외조카가 그나마 일상사에 도움이 되는 유일한 끈이었다. 생계뿐 아니라 매일매일 복용하는 약값을 벌기 위해서 할머니는 뭔가라도 늘 해야 했다. 바닷가에 나가 톳을 캐다 팔기도 하고 이웃집 날품팔이 일은 언제든 무엇이든 했다.

그녀는 늘 하얀 천으로 얼굴을 감싸고 있었고 턱 없는 얼굴을 남에게 보이는 일은 없었다. 혹여 마을 친지 제삿집에서 식사를 하게 되어도 반드시 구석에서 벽을 보고 돌아앉아 혼자서만 먹었다. 아랫니가 없어 제대로 씹을 수도 없었으니 집에서의 식사는 대개는 죽으로 때웠다.

선인장 마을 한림읍 월령

　올레 13코스는 제주도의 서쪽 끝 해안에서 한라산 쪽을 향해 중산간 저지마을까지 올라간다. 이어지는 14코스는 절반이 월령마을까지 내려가는 내륙길이고, 나머지 절반은 한림까지 가는 해안길이다. 저지마을에서 바다를 바라보며 두어 시간 내륙길을 내려가면 월령포구에 이른다. 온 마을의 밭과 들이 선인장으로 뒤덮여 있고, 바다에는 거대한 풍력발전기들이 하나씩 또는 떼를 이뤄 묵직하게 돌아간다. 해안길을 따라가다 조금만 주의를 기울이면 '무명천 할머니 삶터' 이정표와 만난다.

　올레 코스에서 100여 m 떨어진 녹색 지붕 집이 진아영 할머니가 노후를 살았던 안식터이다. 젊었을 때 모습을 포함한 사진 여러 장, 침구류, 약봉지들, 바느질 도구, 옷가지들, 냄비 등 주방 도구들이 생전 당시처럼 그대로 보존되어 있다. 다녀간 이들이 할머니 드시라고 놓고 간 초코파이와 과자 등 간식들도 보이도록 방문은 늘 열려 있었으나 2021년 6월 기준, 코로나19 예방을 위해 실내는 볼 수 없어졌다.

● 무명천 할머니 생가

　할머니는 집 안에 있을 때도 항상 자물쇠를 꼭꼭 걸어 잠갔고, 잠깐만 집을 비울 때도 늘 자물쇠를 잠갔다고 한다. 누군가가 자신을 해치려 하거나 집에 있는 걸 훔쳐 가려 한다는 피해 의식이 많으셨는가 보다. 턱을 잃어버렸던 그날의 악몽이 반백 년 세월이 지나도 결코 잊히지 않는 트라우마로 남아 있던 탓이리라.

　국가로부터의 사과나 배상 같은 건 꿈도 꾼 적이 없었다. 평생 자신의 팔자요 개인의 불운으로만 여기며 살다 떠났다. 할머니의 죽음이 임박해서야 비로소 4·3사건 관련 국가의 책임에 대하여 대통령이 공식 사과하기에 이르렀고, 무명천 할머니의 삶은 뜻있는 사람들로부터 조명을 받기 시작했다.

　할머니는 주변에 틈틈이 선인장을 심었다. 몸이 불편한 할머니가 특별히 손길을 많이 안 줘도 저들은 알아서 잘 자랐다. 저들 스스로 자라나 열매도 잘 맺었다. 선인장들은 할머니에겐 무료한 시간을 함께하는 벗이 되었고 그 열매들은 할머니 약값에 보탬이 되어 주곤 하였다.

　할머니 집 마당에는 무명천 할머니의 아픈 삶을 돌아보며 추모하는 이들이 자주 모여든다. 그럴 때면 음악인 최상돈 씨가 진아영 할머니를 기리며 만든 곡 '노란 선인장'이 낮게 울려 퍼지곤 한다.

노란 선인장

난 그 꽃을 본 적이 없었네
돌담 노랗게 핀다는 그 꽃을
꽃잎 날아 하늘 푸를 때
그제 알았네 노란 선인장
고맙다는 말 이제 드리네
살아온 세월 고맙다는 말

〈진아영 할머니 집터〉   2008년 3월 25일, 월령리 무명천 할머니 생전의 집을 전시관으로 탈바꿈하여 오픈하였다. 진아영 할머니가 돌아가시면서 집이 헐리게 되자, 시민단체 사람들이 '무명천 진아영 할머니 삶터 보존위원회'를 구성하여 4·3사건의 상징인 진아영 할머니의 생전 모습을 복원하여 알리자는 데 뜻이 모아져 진행되었다.
턱과 이가 없어 씹지를 못하니 소화 불량으로 인한 위장병과 영양실조는 늘 달고 다녀야 했다. 이처럼 4·3사건의 후유증은 진아영 할머니의 삶을 좌지우지했고, 이런 할머니의 모습이 1998년 다큐멘터리 제작단(감독 김동만)에 의해 '무명천 할머니'로 제작되어 상영되었다. 위치는 제주시 한림읍 월령1길 22(출처 : 비짓제주).

저지 - 서광

총 거리 9.3km
소요 시간 3~4시간
최고 해발 260m(문도지오름 정상)
최저 해발 110m(알못)

난이도 ★☆☆

경유지 & 구간 거리
저지예술정보화마을-2.8km→강정동산-1.3km→저지곶자왈-1.4km→문도지오름 출구-3.3km→저지상수원-0.5km→오설록 녹차밭

알아 두면 좋은 점
- 올레 7-1코스와 함께 정규 코스를 벗어나 내륙 깊숙이 들어가는 두 번째 알파 코스에 해당한다.
- 시작점 저지마을과 종점 오설록 녹차밭 인근 외에는 식당이나 가게가 없다.
- 혼자서 오후 늦은 시간에 출발하는 건 안전상 피하는 게 좋다.

영화 「지슬」의 큰넓궤

　1948년 8월 15일 대한민국 정부가 수립되었다. 여전히 진행 중인 제주 4·3사태는 신생 정부에겐 골칫덩이였다. 조급해졌다. 수단과 방법을 가리지 않는 쪽으로 강경 진압을 결정했다.
　권력자들에겐 육지와 멀리 떨어진 제주 섬사람들의 안위 따윈 중요한 게 아니었다. '제주의 30만 도민이 없어지더라도 대한민국 존립엔 아무 문제가 없다'라는 말까지 고위 공직자 입에서 나돌았다. 포고문에 이어 11월 중순엔 제주 지역에 계엄령까지 선포되었다. 섬의 해안 마을을 제외한 중산간 지역을 싹 쓸어 버리는, 소위 '초토화 작전'이 시작된 것이다.

　제주 해안과 한라산 사이에 사는 수많은 중산간 마을 주민들은 바깥이 돌아가는 상황에 대해 도무지 영문을 알 수가 없었다. '폭도'라 불리는 무장대와 군경 토벌대 양쪽으로부터 밤과 낮 번갈아 가며 수난을 당하고 있기에 더 그랬다. 해안선 5km 아래로 내려가야 하는 소개령에 대해서도 대부분 잘 모르는 상태였다. 설령 들었다 해도 평생 살아온 집을 버리고 떠나긴 쉽지 않았고, '잠시만 버티고 있으면 곧 잠잠해지리라'고 다들 그렇게 믿는 분위기였다.

● 영화 「지슬」의 큰넓궤 장면

● 영화 「지슬」 포스터

    한라산 서쪽 중산간 마을인 안덕면 동광리도 예외일 순 없었다. 당시 동광리는 무등이왓, 조수궤, 사장밧, 간장리, 삼밧구석이라는 5개 촌락으로 이뤄져 있었다. 가구 수는 총 200여 호였는데 이들 중 130가구가 무등이왓에, 45가구가 삼밧구석에 몰려 살았고 나머지 세 부락의 가구 수는 몇씩 안 되었다. 11월 15일 새벽에 들이닥친 토벌대는 마을을 포위한 채 주민들 모두를 무등이왓에 집결시켰다. 곧이어 무자비한 폭행이 시작되었다. 주민 10명이 시범적으로 총살되었다. 마을 집들도 불태워지기 시작했다.

    그날 이후에도 마을에 남은 사람들에 대한 학살과 방화는 이어졌다. 겁에 질린 사람들은 너도나도 살길을 찾아 산속으로 숨어들 수밖에 없었다. 마을 북쪽 도너리오름 기슭에 있는 '큰넓궤'라는 동굴에는 가장 많은 사람들이 숨어들었다. 입구가 좁고 내부가 넓어 가장 안전하고 들키기 어렵다 믿었기 때문이다. 120여 명 주민이 이 동굴 속에 숨어 살며 두 달 가까이 짐승 같은 시간을 보냈다. 그러나 결국은 군 토벌대에게 발각되었고 대부분은 총살당해 죽었다. 그들이 살았던 터전도 다 불태워져 폐허로 변했다. 마을 자체가 사라져 버린 것이다.

무채색 아름다움 속의 슬픈 역사

2013년 개봉된 제주 출신 오멸 감독의 영화 「지슬」은 당시 희생된 동광리 마을 사람들의 이야기를 담았다. 제주 4·3사건을 주제로 한 독립 영화 몇 편 중 대표작이다. 이유 없이 숨어 살다 영문 모른 채 죽어간 65년 전 원혼들을 달래기 위하여 감독은 영화에 제사의 형식을 빌려 왔다. 영혼을 불러 모신 후 위로하고 나서, 영혼이 남긴 음식을 나눠 먹으며 신령 앞에서 염원을 비는 제사의 절차에 따라 신위(神位), 신묘(神廟), 음복(飮福), 소지(燒紙)의 4개 시퀀스로 이야기가 전개된다.

험난했던 일제강점기까지 버텨 살아온 섬사람들이었다. 설마하니 해방된 우리 땅에서 무슨 위험한 일이 있으랴 믿는 영화 속 순진한 사람들 모습이 관객들 눈에는 안타깝기만 하다. 우리나라 영화이지만 우리 말 자막이 제공되는데, 섬사람들의 대사가 순도 100%의 제주 토속 사투리이기 때문이다. 그러기에 일반 관객들에겐 당시의 아픔과 애환이 더 깊고 절실하게 전달된다.

관객의 눈에 익숙한 제주 자연의 천연색 풍광도 영화 속엔 없다. 바다와

● 큰넓궤 입구

파도, 구름과 오름, 숲을 흔드는 바람, 한라산 눈길 위를 걷는 사람들……. 담담하게 묘사된 무채색 화면이 이어질 뿐이다. 흑백 영상은 차갑고 슬프지만 섬 대자연의 아름다움은 더 깊고 그윽하게 다가온다. 정치·사회 이슈에 대한 메시지나 시사성보다는 영화 자체로서의 예술성이 더 돋보이는 작품이다. 선댄스영화제에서의 심사위원 대상을 비롯하여 국내외 여러 영화제에서의 다양한 수상이 이를 반증해 준다.

영화의 마지막 장면은 얼핏 해피엔딩처럼 보인다. 주민들이 동굴에서 나와 눈 덮인 숲길로 탈출하는 장면에서 끝나기 때문이다. 하지만, 이어지는 엔딩 자막이 그들의 최후를 말해 준다.

"그들 대부분은 1948년 12월 24일 서귀포시 정방폭포에서 총살되어 바다에 버려졌다."

올레 14코스 시작점에서 반대 방향으로 추가된 14-1코스에는 2가지 중요한 특징이 있다. 제주 고유의 원시 숲인 '곶자왈' 구간을 거친다는 점과 해안에서 가장 멀리 떨어진 중산간 지역까지 깊숙하게 들어간다는 점이다. 해안선 5km 이상 벗어난 지역은 적지로 간주해 누구든 보이면 적으로 여겨 사살한다고 포고했던 그 중산간 지역이다.

  14-1코스의 종점인 오설록 녹차밭에서 신화역사로를 따라 한라산 방향으로 3.5km만 이동하면 '4·3유적지 큰넓궤 입구'라고 쓰인 표지판을 만날 수 있다. 영화「지슬」속 현장 동굴 입구까지는 1.3km를 더 들어가야 한다. 이 일대는 2017년에 '동광리 4·3길'이 개통되면서 이후 많은 이들이 찾고 있는 역사 탐방 루트로 변모했다.

  오설록 티 뮤지엄에서 동쪽으로 신화역사공원을 지난 동광육거리 주변이 그 현장이다. 육거리 동쪽으로는 최초 학살 터이자 사라진 마을 무등이왓 터가 있고, 북쪽 도너리오름 기슭에는 100여 명의 주민들이 학살되기 전에 50여 일을 숨어 살았던 그 동굴 '큰넓궤'가 자리 잡고 있다.

  영화「지슬」을 보고 난 이후의 방문이라면 마음이 더 아파질 수가 있다. 며칠만 고생하면 곧 집으로 돌아갈 거라 믿으며 천연덕스럽게 농담과 수다를 풀어놓던 영화 속 사람들이 움직였던 동선을 따라가 보자. 올레길 코스만 걸으며 아름다운 풍광에 취하는 것도 좋지만, 조금만 코스를 벗어나 숨겨진 역사의 아픈 현장까지 찾아본다면 여행의 의미가 더 깊어질 것이다.

〈동광리 4·3길〉

1코스 큰넓궤 가는 길(6km) : 동광리복지회관-몰방에-동광분교-삼밧구석마을 터-임씨올레-4·3희생자위령비-잃어버린 마을 표석-큰넓궤-도엣궤-동광리복지회관
2코스 무등이왓 가는 길(6km) : 동광리복지회관-임문숙일가 헛묘-무등이왓마을 소개 안내표지-최초 학살 터-옛 공고판-광신사숙 터-연자방아-잠복 학살 터-안덕충혼묘지-이왕원(국영여관)-원물오름-동광리복지회관
4·3길 안내센터는 동광리복지회관.

생명의 숲 곶자왈

곶자왈은 '깊은 숲'을 뜻하는 '곶'과 '마구 엉클어진 덤불'인 '자왈'의 합성어다. 물론 둘 다 제주어다. 중산간 지역 일부에 오랜 세월에 걸쳐 형성된 원시림을 일컬어 제주에선 곶자왈이라 부른다. 최근 몇십 년 전까진 사람 발길도 거의 닿을 일이 없었을 터이니 원시림이 맞다.

땅이 생겨난 애초에는 크고 작은 바위들뿐인 황무지였다. 토양층이 얕거나 흙이 거의 없었으니 식물이 자랄 턱도 없었다. 어느 날 돌덩이에 솟아난 한줄기 이끼식물이 수천수만 년 세월을 지나며 주변 바위들을 뒤덮어 갔고, 다시 비슷한 세월 속에서 이름 모를 나무와 온갖 덩굴들이 자라나 하늘을 가려 버리며 지금처럼 습한 밀림 지대가 되었다. 흡사 뉴질랜드 밀포드 트랙에서 만나는 원시림과 다를 바 없다.

이 섬에 정착해 살게 된 인간들이 자기 집을 짓고 농사지을 땅을 개간할 때도 곶자왈 지역은 철저하게 외면당했다. 몇 겹인지도 모르게 쌓이고 쌓인 크고 작은 바위들을 들어내야 하는 일이 도저히 엄두가 안 났던 것이다. 기술이 발달한 현대로 들어서도 마찬가지였다. 놀고 있는 땅이 한 치라도 발견되면 기어코 파헤쳐 개발의 삽질을 하려 드는 탐욕스런 인간들에게조차도 곶자왈은 관심 밖이었다.

섬이 생긴 이래 철저하게 무시되고 외면당하던 곶자왈이 제주 생명의 보고(寶庫)로 인정받게 된 건 최근의 일이다. 사람들이 어느 정도 편하게 먹고 살 만해지면서 고개 들어 주변과 환경을 둘러보는 여유가 생긴 덕택이다. 개발이 진행될수록 섬의 허파가 줄어들고 이는 곧 인간의 숨쉬기를 위협한다는 사실, 그리고 버려진 땅은 버려진 그대로 놔두는 것이 인간에게 도움이 된다는 사실을 비로소 깨달은 것이다.

제주에는 동부 지역과 서부 지역에 각각 2개씩, 모두 네 군데의 곶자왈 지대가 형성돼 있다. 동쪽엔 구좌-성산과 조천-함덕 지대, 서쪽엔 한경-안덕과 애월 지대인데 이들 전체 면적을 합치면 3천 3백만 평을 웃돈다. 제주도 전체 면적의 6%에 불과하지만 우리 몸의 허파처럼 섬의 생명 유지 기능을 맡고 있는 것이다.

올레 전체 26개 코스 중에서 곶자왈을 경유하는 구간은 네 군데이다. 모슬포에서 무릉마을로 들어가는 11코스와 저지에서 오설록 녹차밭까지 이어지는 14-1코스, 그리고 한림항에서 고내포구까지 내륙을 거치는 15-A코스와 조천만세동산에서 김녕해변까지의 19코스이다.

청정 제주의 청정 밀림

14-1코스는 문도지오름 정상에서 방목 중인 조랑말들을 만나고 오름 주변 360도 파노라마 전경을 바라볼 때가 하이라이트지만, 오름을 내려오고 나서 저지곶자왈 밀림을 30여 분 누비는 동안도 오래 기억에 남는다. 물론

● 14-1코스 종착지 오설록 녹차밭

종점에서 만나는 오설록 녹차밭도 시원한 피날레로서 깊은 인상을 남긴다.

올레 안내 책자에는 강정동산에서 문도지오름에 오르기 전까지 2km가 곶자왈로 표기되어 있지만 이 구간은 자동차까지 다닐 수 있는 임도(林道)를 걷기 때문에 편안하고 한적하긴 하지만 곶자왈 분위기는 전혀 느낄 수 없다. 반대로 문도지오름을 올랐다가 내려가면 진짜 곶자왈 구간이 이어진다. 여러 군데 쌓아진 돌담들을 보면 멀지 않은 과거에 이 밀림에서도 사람들이 살았음을 보여 준다. 4·3사건 때 군경 토벌대를 피해 마을 사람들이 숨어 살았던 동굴인 '볏바른궤'도 유적으로 남아 있다.

오후 늦게는 입산 금지라든가, 혼자보다는 2인 이상 함께, 바위가 많아 발목 부상에 신경 써야 한다는 등의 유의사항들만 염두에 두면 곶자왈 밀림 안에서의 시간은 청정 자연과 만날 수 있는 절호의 기회다. 일상에서는 우리가 언제 이렇게 신선한 공기를 마음껏 들이마실 수 있을까. 바람 소리는 많지만 바람이 느껴지지는 않는다. 숲속을 가득 메운 나무와 이끼류와 고사리 등 온갖 식물들이 공기청정기의 촘촘한 필터 역할을 해 준다.

14-1코스 종점인 오설록 녹차밭은 제주 곶자왈도립공원과도 가깝다.

● 저지곶자왈

신평이나 저지곶자왈보다는 더 넓은 지역에 체계적으로 조성되어 있는 곶자왈공원이다. 올레길에서의 곶자왈만으로는 아쉬움을 느낀다면 공원을 방문하여 두어 시간 정도 산책하며 좀 더 느긋하게 청정 공기를 마음껏 흡입해 보는 것도 좋겠다.

〈곶자왈도립공원〉 다양한 생명들이 살아 숨 쉬는 신비로운 곳인 곶자왈의 생태를 보호하고, 사람들에게 휴양 공간, 체험, 학습 등을 제공하는 생태 관광지이다. 총 5개의 코스가 있어 다양한 곶자왈의 모습을 감상할 수 있다. 이곳의 길은 포장된 길이 아니기 때문에 긴팔, 긴바지와 함께 걷기 편한 신발을 신고 오는 것이 좋고, 구두나 샌들, 키높이 운동화 착용 시에는 탐방이 금지된다. 전망대에 오르면 넓게 펼쳐진 숲의 푸른 전경과 주변 오름 등을 조망할 수 있어 발걸음을 뗄 수 없게 만드는 풍경을 연출한다. 위치는 서귀포시 대정읍 에듀시티로 178(출처 : 비짓제주).

〈오설록 티 뮤지엄〉 2001년 9월에 개관한 국내외 차 관련 박물관. 푸른 녹차밭이 펼쳐지는 제주도 서광다원 입구에 위치한다. 올레 14-1 코스 종착지이다. 동서양 전통과 현대가 조화를 이룬 문화의 공간이자 자연 친화적인 휴식 공간으로, 건물 전체가 녹찻잔을 형상화하여 만들어졌다. 녹차와 한국 전통 차 문화를 이해할 수 있는 학습 공간으로 설록차의 모든 것을 체험해 볼 수 있는 곳이다. 오설록의 '오'는 경쾌한 감탄의 의미와 함께, origin of sulloc, only sulloc, of sulloc cha의 의미를 가지고 있다. 위치는 서귀포시 안덕면 신화역사로 15(출처 : 비짓제주).

한림 - 고내(내륙)

- 총 거리 16.5km
- 소요 시간 5~6시간
- 최고 해발 105m(과오름 둘레길과 고내봉 입구 사이)
- 최저 해발 0m(한림항)

난이도 ★★☆

경유지 & 구간 거리
한림항-1.6km→수원농로-1.4km→영새생물-3.7km→선운정사-2.9km→납읍숲길-1.6km→납읍리 금산공원-3.9km→고내봉 입구-1.4km→고내포구

알아 두면 좋은 점
- 3코스와 함께 내륙길과 해안길 중 하나를 선택해 걸을 수 있는 2개 코스 중 하나이다.
- 납읍초교와 납읍리사무소 근처에 제주산 돼지고기, 소고기를 전문으로 하는 식당들이 있고, 이곳을 지나면 고내포구까지는 식당이 없다.
- 납읍리 금산공원을 한 바퀴 돌면서 신평과 저지에 이어 세 번째 곶자왈 지역을 거치게 된다.

산남 산북의 차이, 곶자왈

　11코스 후반에 지나온 신평곶자왈은 나처럼 소심한 이들에겐 혼자 걷기에 으스스한 구간이다. 방심하다간 길을 잃을 위험도 있다. '통신 불통'이라는 푯말도 자주 눈에 띈다. 깊고 깊은 숲길이다. 비 오는 날이나 해 저무는 시간이면 올레 노선을 벗어나 도로 쪽으로 우회하는 게 좋다.

　곶자왈이 어서 끝나기만을 바라며 빠른 걸음으로 1시간을 걷는 동안 숲속에서 딱 한 사람을 만났다. 만났다기보다는 그냥 지나쳤다. 좁은 숲길 커브를 돌았는데 갑자기 100m 앞에 누군가가 보여 순간적으로 움칠했다. 자그마한 키의 여성 복장이었다. 내 발자국 소리에 상대방도 약간 당황한 모양새였다. 뒤를 돌아본 건 아니지만 멈칫 하는 그런 느낌이 들었다. 상대방 걸음이 갑자기 빨라짐을 알 수 있었다. 긴장하고 있는 듯 보였다.

　그냥 뒤돌아보며 서로 인사 한마디 하면 자연스러울 텐데……. 혼자 아쉬워하며 뒤를 따랐다. 걸음이 빠른 내가 상대방을 쫓아가는 형국이라 난처했다. 맑은 날이었지만 좁고 침침한 숲속이다. 여성 혼자서는 충분히 긴장할 만도 했다.

　"저기요, 제가 먼저 앞질러 갈게요!"

뒤쫓아오는 남성의 목소리에 상대방이 뚝 걸음을 멈췄다. 그러곤 숲길 옆으로 가만히 비켜섰다. 얼른 지나가라는 뜻인 듯했다. 다가가는 내 쪽을 보지도 않고 고개를 숙이고 있었다. 좀 더 빠른 걸음으로 다가가며 밝은 목소리로 인사를 건넸다.

"수고하십니다. 혼자 다니기엔 좀 으스스한 곳이군요."
"……."

아무 대꾸가 없었다. 고개 숙인 채 그냥 서 있기만 했다. 모자를 눌러썼으니 얼굴도 알아볼 수 없었다. 상대의 무반응에 무안하기보다는 싸늘하면서 으스스한 느낌이 들었다. 도망치듯 스쳐 지났지만 잠시 동안 뒤가 몹시도 켕겼다. 숲속에서 처녀 귀신을 만난 느낌이었.

처음 제주올레를 종주하던 어느 봄날 오후의 풍경이다. 몇 년이 지났지만 그때 11코스에서 만난 신평곶자왈 밀림 속에서의 그 싸늘했던 느낌은 여전히 생생하다.

납읍 난대림 지대 금산공원

올레 11코스의 이곳은 제주 4대 곶자왈 중 하나인 한경-안덕곶자왈 지대에 속한다. 14-1코스의 문도지오름 주변까지 아우르며 제주도 서부의 허파 구실을 하는 거대한 숲 지역이다. 섬 동쪽의 구좌-성산곶자왈 지대와는 위치상 정확히 대칭을 이루는 구조다. 특히 이 일대는 도내 유일의 곶자왈도립공원까지 조성되어 있어서, 다른 3개 곶자왈 지대에 비해선 도립공원을 찾는 관광객들 출입이 압도적으로 많다.

15-A코스의 애월곶자왈 지대는 4개 지역 중 면적은 가장 작지만 한라산과 가장 가까운 위치이면서 고도가 가장 높은 곳에 분포한다는 특징이 있다. 해발 800m가 넘는 노꼬메오름에서 발원하여 애월읍 납읍의 난대림

● 한림항

지대까지 이어져 내려온다. 이 일대 난대림은 제주 서부 지역 평지에선 유일하게 남아 있는 상록수림이다. 아직까지는 자연림의 원형이 잘 보존되어 있는 것으로 정평이 나 있다.

 15-A코스에서 가장 친숙하면서 대표적인 곳으로는 납읍초등학교 뒤편의 금산공원(錦山公園)을 들 수 있다. 한림항에서 코스를 출발하면 11km 지점에서 금산공원을 만난다. 1만여 평 넓이에 펼쳐진 이 공원 일대는 난대림 곶자왈로서 천연기념물 제375호로 지정되어 있다. 올레 코스는 공원 안을 돌아 나오는 300m에 불과하여 10분 정도면 충분하지만 조금 더 여유롭게 머물다 나올 필요가 있다. 공기 좋다는 제주도지만 곶자왈 숲속에서의 심호흡은 청정 그 자체를 들이마시는 일이나 다름없기 때문이다. 앞서 만났던 11코스와 14-1코스에서의 곶자왈보다는 덜 거칠고 덜 험한 만큼 숲 전체적인 분위기도 좀 더 편안한 느낌을 준다.

 곶자왈은 제주 섬에 생명의 물을 공급해 주는 상수원 역할을 한다. 제주는 바다로 둘러싸였지만 정작 물은 귀하다. 삼다수는 유명해도 섬 지표면은 물기가 별로 없고 늘 말라 있다. 한라산에서 해안가까지 수십 개의 하

● 금산공원

천들이 연결돼 있지만 비가 많이 올 때나 하천이지 평상시엔 늘 바닥을 드러낸다. 제주의 삼다 중 하나인 구멍 숭숭 뚫린 돌들 때문이다. 화산석 현무암의 지질 특성이 빗물을 지표면에 고이게 하지 못하고, 내리는 족족 땅 밑으로 새어들게 하는 것이다. 흡사 스펀지나 다름없는 토질이다.

이렇게 쉽게 지하로 스며든 빗물들은 자연 여과 과정을 거치며 흐르다 해안가에 이르러선 용천수(湧泉水)로 솟아난다. 고지대에서 내려온 수압에 못 이겨 지표 틈새를 찾아 분출되는 것이다. 옛 섬사람들이 이들 자연 샘물 주변으로 하나둘 몰려들어 정착해 살면서 자연스레 촌락이 형성되곤 하였다. 제주의 마을들이 주로 일주도로를 따라 해안 가까운 곳에 위치한 이유들 중 하나도 바로 용천수 때문이다. 이 때문에 해안과 멀리 떨어진 중산간 지역은 개발시대 이전인 1970년대 초반까지만 하여도 도시의 달동네처럼 살기 어려운 곳으로 치부되기 일쑤였다.

이곳 올레 15코스만 해도 한수하물과 애월하물이란 지명을 가진 두 군데 용천수가 눈에 띈다. A, B코스가 겹치는 한수리해안과 B코스 종반인 애월항 앞에 있는 2개의 자연 샘물이다. '하물'은 '물이 많음'을 뜻하는 제주어로, 7-1코스의 '하논'이 '논이 많은 곳'을 의미함과 같은 맥락이다. '하영'과 '하다'가 '많이'와 '많다'를 뜻하는 것처럼 '하'라는 어간은 '많음'과 같은 것이다.

용천수는 제주도 남부와 북부의 지리적 차이와도 연관이 있다. 앞서 7-1코스에서 정방폭포, 천지연폭포, 천제연폭포에 엉또폭포까지 제주의 4대 폭포를 이야기했지만, 정방폭포 바로 옆에 있는 자그마한 소정방폭포와 중산간 돈내코 지역의 자그마한 원앙폭포도 역시 많은 이들의 사랑을 받는다. 이들 6개 폭포는 모두 산남인 서귀포시에 몰려 있다. 한라산 이북인 산북 또는 북제주 쪽에는 폭포라는 게 거의 없다. 이는 제주도 남과 북의 지형 차이를 단적으로 보여 주는 특징이기도 하다.

제주올레를 한 바퀴 다 돌지 않았더라도 제주 여행 한두 번쯤 해 본 사람이라면 머릿속에 북제주와 남제주의 차이가 대략은 그려질 것이다. 한경, 한림, 애월, 조천, 구좌 등 산북 쪽으로는 절벽이란 게 거의 보이질 않는

● 금산공원

● 제주도 4대 곶자왈 지대

다. 올레 12코스에서 산북으로 넘어와 15코스 종점인 고내포구까지 오는 동안에도 마찬가지다. 한라산과 이어진 대지는 멀리 오름들만 군데군데 보일 뿐 그저 완만한 경사를 이루다가 바다로 이어질 뿐이다.

물 흐름과 지형의 다름

산남인 서귀포시 쪽은 이와는 정반대의 대조를 보인다. 해안선을 따라 이어진 올레길만 걸어 봐도 알 수 있다. 5코스 남원 큰엉에서부터 6, 7코스 쇠소깍과 외돌개 앞 그리고 8, 9코스 중문 주상절리와 박수기정과 용머리해안, 게다가 10코스 송악산 둘레까지 놓고 보면 온통 해안 절벽 투성이다. 완만한 산북과 거친 산남의 지세 차이가 극명한 것이다.

또 하나의 차이는 계곡과 하천을 통한 물 흐름의 많고 적음이다. 산북은 하천이라 해 봐야 평상시에는 한결같이 메말라 있는 건천들이 대부분이다. 하지만 산남은 다르다. 앞에서 본 6개 폭포 외에도 강정천, 안덕계곡, 돈내코 등을 통하여 늘 많은 양의 물이 흐른다. 산북과 산남의 강수량 차이도 하나의 원인이긴 하지만, 주로 곶자왈 면적의 많고 적음이 이런 물 흐름 차이를 만들어 낸다는 게 정설이다. 제주도 면적의 6%에 이르는 곶자왈 숲은 2/3 이상이 한라산 이북에 분포하기 때문이다. 산북의 대지에 모아진 빗물들은 대부분 지표보다는 지하로 스며들어 흐르다가 저지대 해안가에서 용천수로 샘솟는 것이다. 땅 밑을 흐르는 동안 여러 단계의 자연 여과 과정을 거치게 해 주기에 제주 곶자왈은 제주 섬에 뿌리내려 살아가는 인간과 자연 모든 생명의 원천이요 저장 창고나 다름없다. 제주 섬의 대지를 으깨고 쪼개어 허물어 나가는 개발의 광풍이 적어도 곶자왈 지대에서만큼은 향후에도 일지 않아야 한다.

〈납읍 난대림 금산공원〉 제주시 애월읍 납읍리마을에 인접하여 1만여 평에 이르는 넓은 면적에 펼쳐진 울창한 상록수림을 일컫는다. 제주시의 서부 지구에서 평지에 남아 있는 유일한 상록수림으로 상록교목 및 60여 종의 난대성 식물이 자라고 있으며, 원시적 경관이 그대로 보존되고 있어 수목가지의 절취, 식물 채취 행위 및 야생동물의 포획 등 자연을 손상시키는 행위가 일체 금지되고 있다.
납읍리는 예로부터 반촌(班村)으로 유명했어서, 이곳의 난대림 지대는 이 마을의 문인들이 시를 짓거나 담소를 나누는 휴양지로서 이용되었기 때문에 경작지와 인가가 주위에 있으며 보존이 잘 되어 왔다. 위치는 제주시 애월읍 납읍리 1457(출처 : 비짓제주).

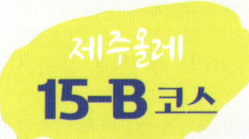

제주올레 15-B 코스

한림 - 고내(해안)

- 총 거리 13km
- 소요 시간 4~5시간
- 최고 해발 20m(수원농로)
- 최저 해발 0m(한림항)

난이도 ★☆☆

경유지 & 구간 거리
한림항-1.6km→수원농로-2.4km→한수풀해녀학교-2.8km→금성천 정자-2.6km→하이클래스 제주-1.8km→애월초교 뒷길-1.8km→고내포구

알아 두면 좋은 점

- 한담해안로와 애월카페거리는 특히 여행자들이 많이 몰리는 구간이다.
- 제주올레공식안내소(한림항) 위치는 제주시 한림해안로 192이다.

바람의 신 영등할망

　제주 바다 남쪽 멀리에는 거인 섬이 하나 있었다. 이마에 눈이 1개만 달린 괴물들이 살고 있어서 사람들은 그 섬을 외눈박이섬(一目人島)이라 불렀다. 고기잡이 어부들이 풍랑을 만나 표류하다가 그 섬 괴물들에게 끌려가 잡아 먹히곤 했는데, 괴물들이 바람의 방향을 조절하여 어부들을 섬 쪽으로 끌어들이곤 했기 때문이다. 누구든 한번 가면 살아나올 수 없는 곳이었지만 예외가 한 번 있었다. 한림과 수원 사이에 있는 조그만 어촌 마을 한수리 어부들의 경우다.

　어느 날 그들은 조그만 배를 타고 고기잡이 나갔다가 태풍을 만났다. 강풍과 파도에 휩쓸려 정처 없이 표류하다 보니 멀리서 외눈박이 거인들이 자신들을 발견하곤 다가오는 게 보였다. '우리 다 이젠 죽어싱게마씸(죽게 돼 버렸군요)' 하며 서로 부둥켜안고 울고 있는데 어디선가 구세주가 나타났다. 어디서 왔는지 거대한 몸집의 영등할망이 나타나 자신들의 배를 치마폭에 감싸 준 것이다. 잠시 후 외눈박이들이 헐떡거리며 가까이 다가온 소리가 들렸다. 그들은 어부들을 보지 못 했느냐고 거칠게 물었지만 영등할망은 시침을 뚝 떼며 본 적 없다고 둘러댔다. 생김새는 무지막지했지만 단순 무식했던 외눈박이들이라서 뭐라고 툴툴거리기만 하다가 그냥 돌아가

는 듯했다.

 그들이 사라지고 바람도 잔잔해지자 영등할망은 치마폭을 걷으며 어부들에게 돌아가라 일렀다. 노를 저으면서 '개남보살(관음보살 觀音菩薩)'을 소리 내어 암송하면 고향 마을까지 안전하게 갈 수 있다며 안심도 시켜 줬다. 어부들은 크게 기뻐하며 수십 번 머리를 조아려 감사 인사 하곤 뱃머리를 고향 쪽으로 향했다. 모두가 합창하듯 쉬지 않고 '개남보살'을 암송하면서 노를 저어 가다 보니 드디어 눈에 익은 고향 앞바다가 나타났다. 그들은 '이젠 진짜 살아싱게마씸' 하며 서로 얼싸안고 만세를 불렀다. 그러다 긴장이 풀려 버렸다. '개남보살' 암송하는 것을 깜빡 잊어버린 것이다.

 갑자기 강풍이 일며 파도가 출렁이기 시작했다. 배는 순식간에 방향이 바뀌며 오던 길로 다시 밀려갔다. 고향 앞바다와 점점 더 멀어지며 어부들이 우왕좌왕하는 동안 다시 외눈박이섬에 가까워졌고 이를 본 괴물들이 눈에 불을 켜고 몰려오기 시작했다. 위기의 순간, 영등할망이 다시 나타나 어부들을 숨겨 주곤 괴물들을 아까처럼 거짓말로 둘러대 돌려보냈다. 어부들은 영등할망의 신신당부를 잊지 않고 마지막까지 '개남보살'을 암송하며 무사히 고향 포구에 도착했다.

두 번이나 어부들의 목숨을 구해 줬지만 정작 영등할망은 외눈박이들에게 붙잡혀 죽임을 당했다. 자신들이 속은 걸 나중에 알게 되자 화풀이로 할망의 몸을 세 토막 내어 바다에 던져 버린 것이다. 죽은 영등할망은 신이 되었다. 바람의 신이 되어 제주를 비롯한 인근 섬과 바다를 누비고 다녔다.

바다에 둘러싸인 제주 백성의 수호신

한수리 어부들은 헤어질 때 영등할망이 했던 마지막 말을 잊지 않고 있었다. 매년 2월이 오면 자신을 기억해 달라는 말이었다. 어부들은 해마다 때에 맞춰 할망을 기리는 제를 올리기 시작했다. 소문은 점차 인근 마을들로, 섬 전역으로 퍼져 나갔다. 어느덧 영등할망은 고기잡이 어부와 해녀들을 바다의 재앙으로부터 보호해 주는 제주 백성의 수호신으로 자리매김해 나갔다.

영등신이 된 영등할망의 입장에서 보면 자신의 광활한 활동 영역에 비추어 제주는 그저 자그마한 섬에 불과할 따름이었다. 그러나 은혜를 잊지 않고 매년 자기를 챙겨 주는 섬사람들의 정성과 소박한 마음씀씀이들이 기특하고 사랑스러웠다. 해서 아무리 바쁜 일이 있어도 1년에 보름 동안은 반드시 제주를 찾아 섬사람들의 후의를 받아들이고 받은 만큼 그 이상으로 베풀고 돌아간다.

영등신이 제주에 오는 날은 매년 음력 2월 초하룻날이다. 한수리 인근 마을인 귀덕리 복덕개포구로 섬에 들어와선, 맨 먼저 한라산에 올라 영실 오백장군들에게 문안 인사를 드린 다음 여행을 시작한다. 어승생과 산천단, 산방산 등 섬 여기저기를 돌아다니며 구경하고 놀다가 2월 15일이 되면 섬 동쪽에 있는 우도를 통해서 제주를 떠난다.

● 귀덕해안 복덕개포구

 보름 동안 돌아다니며 놀기만 하다가 떠나는 건 아니다. 대지에는 오곡의 씨앗을 뿌려 주고, 바다에는 전복과 소라와 미역 등을 많이 번식하게 해 주는 해초의 씨를 잔뜩 뿌려 주고 떠난다. 1년 치 먹거리를 마련해 주고 떠남으로써 섬사람들의 후의에 보답하는 것이다. 이러니 제주 사람들의 영등할망, 영등신에 대한 기대와 사랑은 유별날 수밖에 없다. '영등절'이라 불리는 이 보름 동안 섬사람들은 여러 종류의 굿과 행사들을 펼침으로써 영등신을 기쁘게 해 드린다. 현실적으로는 그해 1년 동안 농부와 어부로서의 자신들의 무사와 안녕을 빌고, 섬 전체의 풍농(豊農)과 풍어(豊漁)를 기원하는 축제인 것이다.

 영등할망은 제주에 올 때 혼자서만 오는 건 아니다. 가족이나 측근 중에서 한두 명을 데리고 와선 함께 여행하기를 즐긴다. 제주 사람들은 영등절 동안의 날씨를 보면서 할망이 누구를 함께 데려왔는지를 짐작하곤 했다. 보름 동안 화창한 날씨가 이어지면 사이좋은 딸을 데리고 와서 그럴 거라 믿었고, 반대로 궂은 날씨가 계속되면 껄끄러운 며느리를 데리고 와서 할망의 심기가 그다지 편치 않은 모양이라고 수군거렸다.

● 귀덕해안 영등할망 석상

 복덕개포구의 신화공원

    한림항에서 애월 고내포구까지 해안선을 이어가는 올레 15-B코스의 중간쯤엔 귀덕1리포구가 자리한다. 해안선 200m 전방에 거북등대가 있는 조그만 섬이 방파제 역할을 해 주기에, 어촌 마을 항구로는 천혜의 조건을 갖췄다. '복덕개포구'라고 쓰인 큼직한 안내석이 있어 올레길을 걷다가 얼른 눈길이 간다. 그러나 이 구간을 걸을 때 안내석보다 더 먼저 눈에 띄는 건, 포구 곳곳에 서 있는 영등할망 일가족의 석상들이다. 영등대왕, 영등할망, 영등하르방 세 석상이 나란히 서 있는 일대 주변에 영등호장, 영등우장, 영등별감, 영등할망 따님과 며느리 등등의 석상들이 정겨운 소개글과 함께 적당한 간격을 두고 서 있다.

    이곳 귀덕1리포구의 '영등할망신화공원'에서 걸음을 잠시 멈춰 보면 제주 사람들에게 영등할망이 어떤 존재인가를 실감할 수 있게 된다. 또한 제주 섬에서의 '여성'의 역할과 위상에 대해서도 새삼 떠올리게 된다. 앞서 1-1코스에서 만난 설문대할망은 이 섬을 빚어낸 주인이자 창조주였고, 이곳 올레 15-B코스에서 만나는 영등할망은 섬사람들에게 안전과 풍요를

● 애월카페거리

안겨 주는 내방신(來訪神)이다. 오랜 옛날부터 제주 섬의 삶은 많은 부분이 여성들의 노력에 의해 꾸려져 온 게 사실이다. 고달픈 제주 여성들의 배후에선 막강한 두 분 할망신(神)이 버텨 서서 뒤를 돌봐주고 있기도 하다.

여행TIP

〈애월한담해안 산책로〉 '곽금올레길'이라고도 부르는 한담해안 산책로는 애월항에서 곽지과물해변까지 해안을 따라서 조성된 산책로이다. 주변 경관과 조화를 이루고 있어 아름답기로 유명하다. 총 길이는 1.2km이며, 바로 옆에 파도가 찰방거리는 해안길을 따라 걸을 수 있다. '제주시의 숨은 비경' 31곳 중 하나이기도 하다. 용암이 굳어지면서 만들어진 신기한 형태의 바위들이 시선을 끌고, 검은 바위로 이루어진 해안을 따라 구불구불하게 이어지는 길은 산책길에 재미를 더해 준다. 제주도의 서쪽에 위치해 있어 아름다운 일몰을 좋은 위치에서 감상할 수 있다는 점도 이곳의 매력 포인트이다. 봄에는 주변으로 유채꽃이 피어, 제주 바다와 샛노란 유채꽃이 한눈에 보이는 풍경을 감상할 수 있다(출처 : 비짓제주).

❶ 한담해안 산책로(사진 제공 : 제주관광공사)
❷ 고내포구 게스트하우스 실내
❸ 복덕개포구 주변 상가

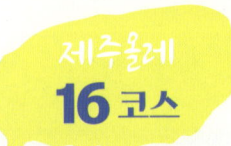

제주올레
16 코스

고내 - 광령

- 총 거리 15.8km
- 소요 시간 5~6시간
- 최고 해발 185m(항파두리 항몽유적지)
- 최저 해발 0m(고내포구)

경유지 & 구간 거리
고내포구-2.8km→남두연대-2km→구엄어촌체험마을-1.8km→수산봉 정상-3.1km→예원동 복지회관-2km→항파두리 코스모스정자-4.1km→광령1리사무소

알아 두면 좋은 점

- 전반부와 후반부가 절반씩 해안길과 내륙길로 이뤄진 코스이다.
- 다락쉼터와 항파두리 항몽유적지를 지나며 외세와의 항쟁 관련 흔적들과 만난다.
- 구엄포구를 지나 후반부는 식당이나 가게가 없으니 전반부에서 대비를 하고 출발해야 한다.

메밀밭과 자청비

 강원도하면 떠오르는 음식엔 여러 가지가 있다. 그중 가장 많이 떠올리는 건 막국수일 것이다. 강원도 향토 음식이지만 요즘은 지역에 상관없이 전국적 음식이 되었다. 김칫국물에 말았거나 전분을 조금 섞었을 뿐이지만 이 역시 메밀국수다.
 강원도하면 메밀이 생각나는 이유에는 막국수도 있지만 소설「메밀꽃 필 무렵」도 있을 것이다. 이효석이란 이름은 가물가물해도 단편「메밀꽃 필 무렵」이란 제목만큼은 많은 이들이 기억할 것이다. 작가의 고향인 평창군 봉

평은 단편소설 덕택에 유명 관광지로 변모했다. 이 지역의 '메밀꽃축제' 또한 전국적으로 인지도가 높아졌다.

그러나 사실, 메밀 하면 제주도를 빼놓을 수가 없다. 국내 메밀의 주산지가 강원도가 아닌 제주도라는 사실을 아는 사람들은 그다지 많지 않다. 재배 면적과 생산량 면에서 제주도가 전국의 1/3을 넘나든다. 강원도는 제주도의 절반 수준에도 못 미친다. 다만 제주도에선 가공 시설이 부족하다 보니, 제주산 메밀이 강원 등 육지로 옮겨져 가공된 후에 해당 지역 브랜드로 유통되는 경우가 많다.

메밀은 거친 땅에서도 적응력이 뛰어나고 재배 기간이 짧다는 특징이 있다. 가뭄이나 장마 및 병충해의 영향도 덜 받으니 농부의 손길도 덜 필요하다. 척박하고 메마른 땅을 일구는 제주 사람들에게 메밀은 그 옛날 어려운 시절을 버티게 해 준 보배와 같은 구황작물이었다.

메밀 주산지이긴 하지만 제주의 메밀 음식은 지극히 지역적이다. 강원도 막국수처럼 지역을 넘어 보편화된 메뉴는 아직까지 없다. 메밀가루 반죽으로 만든 수제비인 '조배기'나 무를 넣은 메밀전병인 '빙떡' 등은 옛날과 달리 요즘의 제주인들 식탁에선 점차 사라져 가는 추세다. 반면 메밀가루를 넣은 '몸국'이나 '꿩메밀국수' 같은 메뉴들은 제주 향토 음식점에서 외지인들에게 점차 인기를 얻고 있다. 걸쭉한 국물의 맛도 일품이고 특히 건강 식단으로 새롭게 각광받고 있는 것이다.

 **문학 속에 그려진 메밀밭**

"산허리는 온통 메밀밭이어서 피기 시작한 꽃이 소금을 뿌린 듯이 흐뭇한 달빛에 숨이 막힐 지경이다."

> "봉평은 지금이나 그제나 마찬가지지. 보이는 곳마다 메밀밭이어서 개울가가 어디 없이 하얀 꽃이야." 이효석 「메밀꽃 필 무렵」

이효석의 단편 「메밀꽃 필 무렵」에 나오는 문장 두 줄이다. 고단한 삶을 이어 가는 장돌뱅이 셋이 달 밝은 밤길을 따라 산을 넘는 정경을 묘사하거나, 주인공 허생원이 한 여인과 첫정을 맺었던 20년 전 하룻밤을 추억하는 장면이다. 소설 전문을 통하여 '메밀'이란 단어는 저 두 문장 포함하여 딱 세 번 나올 뿐이지만, 주인공의 쓸쓸한 삶과 회한이 달빛 아래 펼쳐진 메밀밭 정경과 함께 잔잔하게 어울리며 아련한 여운을 남긴다.

소설 속 배경지인 강원도 봉평에선 매년 9월 메밀꽃축제가 열린다. 정식 명칭은 '평창효석문화제'이다. 1999년 1회가 열린 이래 벌써 20주년이 넘었고, 전국적으로도 꽤 유명한 행사가 되었다. 2018년에 문화체육관광부에서 선정한 국내 최우수 7대 축제 중 하나로 꼽힌 것만 봐도 그렇다. 이 축제를 찾는 이들에는 두 부류가 있을 것이다. 소설의 내용을 알면서 문학적 향취에 젖고 싶은 이들, 그리고 내용은 모르지만 메밀꽃밭의 멋진 경관을 기대하는 이들이다.

작가의 생가터가 있고 옛 모습의 장터와 물레방아와 당나귀 등 단편 이야기 속 배경들이 고스란히 재현되어 있다. 물론 광활한 메밀밭 정경이 핵심이고 거기에 메밀 먹거리와 다양한 행사들이 방문객들의 만족도를 높여 준다.

반면 대한민국 메밀의 주산지인 제주도의 메밀축제는 이제 걸음마 단계다. 자신을 내세우거나 PR하는 데에 별로 신경을 안 쓰는 제주 사람들 특유의 기질 탓이기도 할 것이다. 제주시 오라동 일대 30만 평 메밀밭에서 메밀축제가 열리기 시작한 건 고작 2016년부터이다. 말이 30만 평이지 단일 규모로 전국에서 가장 넓은 면적이다. 그것도 압도적으로 넓다.

정식 명칭은 '제주오라메밀꽃축제'다. 2019년 9월에서 10월 사이 20여

● 오라동 메밀밭(사진 제공 : 제주일보 고봉수 기자)

일 동안 제4회 행사가 열렸었다. 물론 20주년 된 봉평에 비하면 20대 청년과 세 살배기 아기의 수준 차이다. 그러나 제주에는 제주의 맛이 있다. 인위적이지도 않고 조미료도 배제된, 천연 재료만으로 우려낸 토속 자연의 맛이다. 접근성도 좋다. 제주공항에서 승용차로 30분 안에 갈 수 있는 거리다.

　중산간 해발 600m 지점에서 축구장 100여 개 넓이에 펼쳐진 장관을 만난다. 하얀 물보라에 덮인 바다 또는 겨울에 함박눈이 내려 쌓인 설원을 떠올리게 한다. 위로는 한라산 백록담과 오름들이 그윽하고 저 멀리 아래로는 푸른 바다와 제주 시내 정경이 파노라마처럼 펼쳐진다. 물론 2020년 9~10월의 메밀꽃축제는 강원도 봉평이건 제주시 오라동이건 열리질 못했다. 코로나 상황이 안정되면 당연히 다시 재개될 것이다.

　전국 메밀의 1/3 이상을 생산하는 만큼 제주에는 오라동 외에도, 조천읍 와흘리나 표선면 성읍리 등 메밀밭 단지들이 많다. 그중에서도 애월읍 항파두리 주변의 메밀밭들은 올레길 코스에 속해 있어 많은 여행자들의 사랑을 받고 있다.

항파두리 항몽유적지는 올레 16코스 후반인 장수물에서 고성숲길로 이어지는 1km 구간이다. 장수물을 지나 잠시 후 토성에 오르면 짙은 녹색 물결이 이는 청보리밭을 만나고, 밭 사이에 놓인 기다란 나무 데크길을 지나면 곧바로 항몽유적지가 나타난다. 유적지를 둘러보고 휴게소를 지나 잠시 차도를 건너고부터 메밀밭이 펼쳐진다.

해발 200m가 안 되는 안오름 중턱 일대다. 광활한 오라동 메밀밭 규모와는 비할 바가 못 되지만 살랑살랑 이는 하얀 메밀꽃 물결은 올레꾼들 발걸음을 충분히 가볍게 해 준다. 밭 돌담 아래로는 고성리마을의 소박한 민가들이 낮게 앉아 있고, 해안 쪽으로는 하귀와 외도와 도두 일대의 정경이 시원하게 펼쳐진다.

제주 여인을 대변하는 또 하나의 여신

제주 메밀의 유래에 대해선 '자청비'라는 여신에 얽힌 설화가 유명하다. 늦도록 자식이 없어 상심하던 김진국 대감 부부는 부처님께 불공을 드린

● 항파두리 항몽유적지

덕에 겨우 딸 하나를 얻었다. 불공이 2% 모자랐는지 부부가 그렇게 원했던 아들은 아니었다. 그런데 아이가 하는 행동을 보면 딸이 아닌 아들이었다. 이 여자아이 자청비는 남자 못지않게 적극적이고 화통한 성격이라 매사에 천방지축 왈가닥으로 자랐다.

그녀가 열다섯 되던 해에 하늘나라 옥황상제의 아들 문도령을 만났는데, 한눈에 마음에 들었나 보다. 곧바로 남장을 하곤 도령을 따라 나섰다. 3년간 글공부를 함께한 뒤, 헤어질 때에야 자청비는 자신이 여자임을 밝혔다. 깜짝 놀란 문도령은 그녀와 결혼을 기약하곤 아버지 부름에 응하여 하늘나라로 돌아갔다.

그런데 세월이 가도 소식이 없자, 자청비는 직접 하늘나라로 문도령을 찾아갔다. 우여곡절 끝에 그를 만났고 어려운 관문을 대범하게 통과하여 드디어 문도령과의 혼인에 성공했다. 집안 살림은 물론 궁중 살림도 잘하고 성격도 활달했기에 옥황상제의 며느리로서 너무 잘한다고 주변에서 칭찬이 자자했다.

평안과 행복도 잠시, 하늘나라에 큰 반란이 일어났다. 이때 자청비는 여인의 몸으로 직접 출동하여 난을 진압함으로써 옥황상제와 문도령을 위험에서 구해 냈다. 크게 기뻐한 옥황상제는 상으로 땅을 주려 했지만 자청비는 오곡의 씨앗을 요구해 받아 냈다. 이를 가지고 문도령과 함께 고향 제주 땅으로 내려왔다. 하늘나라에서 가져온 씨앗들을 섬 여기저기에 심고 보니 다섯 종자 중 하나가 빠졌다는 사실을 뒤늦게 알았다. 부랴부랴 다시 하늘나라로 올라간 자청비는 마지막 종자를 되찾고 돌아와선 뒤늦게 밭에 심었다. 오곡의 씨앗 중 마지막으로 심은 이 종자가 바로 메밀이다.

하늘나라에 다녀오는 바람에 파종은 한발 늦게 했지만 수확은 다른 농작물들과 같은 시기에 이뤄질 수 있었다. 메밀이 척박한 땅에서도 잘 자라고 생육 기간이 짧아 이모작도 가능하게 된 건 자청비의 이런 수고와 정성 덕분이다. 처음에 메밀을 하늘나라에 빠트리고 온 것이 제주인들의 식생활에는 결과적으로 이로움을 준 것이다. 이후 자청비는 섬사람들의 식생활을 책임지는 농업의 신이자 곡물의 신으로 숭앙받았다. 제주 섬의 창조주인 설문대할망 휘하에 바다에는 어업을 돌보는 바람의 신 영등할망이 매년 내방(來訪)하고, 대지에는 농사를 관장하는 농업의 신 자청비가 있는 것이다.

〈제주오라메밀꽃축제〉 우리나라 메밀 생산량 1위 지역인 제주에서 열리는 메밀 축제이다. 전국 최대 규모인 30만 평 메밀밭에서 진행된다. 2019년 9월 8일부터 한 달 동안 제4회 축제가 열렸으나 2020년 이후 코로나 사태로 잠정 중단되었다. 위치는 제주시 오라2동 산76 일대(출처 : 비짓제주).

항파두리 삼별초

고려의 역사엔 2가지 특징이 있다. 100년 무신 정권과 100년 가까운 몽골의 지배다. 왕조 475년의 후반 대부분이 이들 시기에 해당된다. 2개의 역사에는 공통 분모가 하나 있으니 바로 '삼별초 항쟁'이다. 옛날 교과서에선 '난'으로 배웠지만 '항쟁'으로 봐야 한다는 시각이 근래엔 우세하다. 3년이라는 짧은 기간 동안의 이 사건이 후세의 우리에겐 시간이 갈수록 소중한 역사가 되고 있다.

고려가 몽골과 첫 접촉을 가진 건 평양 인근 강동성에서 거란족을 몰아내는 데에 몽골의 강력한 도움을 받으면서부터였다. 첫 만남에 큰 신세를 진 것이다. 1219년 때의 일. '정중부의 난' 이후 무신 정권이 50년 무르익어 가던 즈음이었다. 고려로선 오랫동안 시달려 온 거란 문제를 해결했으니 앓던 이 하나를 뺀 셈이다. 그러나 이 일로 인해 몽골에 갚아 나가야 할 빚이 얼마까지 불어날 것인지는 예상하지 못했다. 당시의 몽골은 테무진이 부족을 통일하여 칭기즈칸으로 즉위하고 10여 년이 경과한 때였다. 여진족인 금나라를 제압하고 서역 원정을 통하여 중앙아시아 일대를 정복하며 제국의 기치를 높이 들던 시기다.

대국의 입장에서 동방의 조그만 나라 따위 필요할 땐 언제든지 뭐든 요구해 왔고 받을 수 있는 쉬운 대상으로 여겼을 것이다. 역시나 많은 공물을 요구했고 고려는 매년 조공을 바치기에 허리가 휠 지경이었다. 어느 해, 몽골 사신 저고여가 공물을 받아 가다 압록강 주변에서 피살되는 사건이 발생했다. 고려에 더 큰 흑심이 있던 몽골은 이를 빌미로 트집을 잡기 시작했고, 1231년 드디어 살리타가 대군을 이끌고 쳐들어왔다. 당시 몽골은 칭기즈칸이 죽고 셋째 아들 오고타이가 '칸'의 자리를 물려받아 비약적인 영토 확장을 꾀하던 시기였다.

고려 조정은 침략군을 당해 낼 재간이 없었다. 속수무책 상태에서 겨우 화의를 청하여 얻어 냈다. 몽골군은 조정을 감독할 다루가치(達魯花赤) 수십 명을 개경에 남겨 두곤 일단 철수했다. 당시 무신 정권 내 최고 실력자는 최충헌의 아들 최우였다. 화친은 맺었지만 그는 몽골에 항복할 뜻은 전혀 없었다. 항복은 곧 60년간 이어져 온 무신 정권의 종말이요 왕정복고를 의미했기 때문이다. 이에 그는 허수아비 왕 고종과 문신들의 반대를 무릅쓰고 개경에서 강화도로 천도를 단행한다.

강화도에서 진도를 거쳐 제주까지

몽골군이 해전에 약한 점을 이용한 지리적 선택은 효과가 있었다. 최씨 무신 정권은 강화도의 바다 울타리 안에서 오랜 세월 무사할 수 있었다. 그러나 강화 밖 고려의 국토는 계속되는 몽골의 침입으로 유린되고 있었다. 백성들의 신음소리가 천지사방에 울려 퍼졌다. 강화 천도 26년 후 항전 고수파 최의가 암살되면서 최충헌 이래 3대에 걸친 세도정치는 막을 내린다.

그리고 얼마 후인 1270년, 몽골에 굴복한 고려 왕과 문신들이 무신 정권을 완전히 종식시키고 개경으로의 환도를 결정한다. 몽골에선 칭기즈칸의 손자 쿠빌라이가 송나라를 멸하여 중원을 정복하곤 원나라를 개국했다. 고려는 무신시대가 끝나고 왕정은 복구되었으나 원나라의 속국이나 다름없게 되었다.

무신 정권의 친위대였으면서 대몽 항쟁의 선봉이었던 삼별초 입장에선 개경 환도와 몽골의 지배는 곧 전원 죽음을 의미했다. 고려 왕 원종으로부터 삼별초 해산 명령이 내려졌고 대원 명부도 압수된 뒤였다. 삼별초에 대한 몽골의 대대적 보복이 있을 것임은 너무나 자명한 일이었다. 막다른 골목에 몰린 이들에겐 저항만이 한 가닥 희망이었다. 결국 배중손을 우두머리로 한 삼별초는 왕족 온(溫)을 새로운 왕으로 옹립하고 반몽골 반조정의 기치를 들어 봉기한다.

그들은 아직 강화에 남아 있던 고려 관리와 가족들을 볼모로 삼고, 국고 재산들을 몰수하여 천여 척의 배에 나눠 싣고 진도로 향했다. 강화도보다는 남해안 진도가 지리적으로나 전략적으로 더 유리하겠다고 판단했기 때문이다. 한동안은 그 판단이 주효한 것처럼 보였다. 남도의 전라, 경상 일대가 진도의 삼별초 정부에 호응했고, 북쪽 멀리 있는 개경의 고려 조정은 수차례 이들을 정벌하려 했으나 번번이 실패한다.

그러나 승승장구한 기간은 짧았다. 홍다구의 몽골군이 김방경의 고려군과 연합하여 진도를 총공격해 왔고 삼별초군은 격전 끝에 1년을 넘기지 못하고 무너졌다. 옹립됐던 온(溫) 왕도 일장춘몽 허무하게 죽음을 맞았고 우두머리 배중손 또한 교전 중 사망한다. 풍비박산, 살아남은 삼별초 대원들은 새로운 우두머리인 김통정의 지휘 아래 배를 몰아 남쪽 멀리 제주로 향한다.

제주 섬의 북쪽 해안 애월에는 김통정의 지시를 받은 선발대가 몇 달 전에 이미 내려와 항파두리 토성을 쌓고 있었다. 장기 항전을 염두에 둔 포석이었다. 제주를 새 근거지로 김통정의 삼별초는 초기 1년 동안 일사불란하게 재기의 발판을 만들어 갔다. 토성 등 방어 시설을 한층 견고하게 구축하면서 자체 조직도 정비해 가는 한편으로 바다 건너까지 진출하여 남해안 일대를 장악하기에 이르렀다.

이제 제주 섬은 김통정을 왕으로 하는 하나의 소왕국이 되는 듯했다. 막 개국한 원나라는 동쪽 바다 건너 변방인 고려의 안정을 위하여 더 늦기 전에 손을 써야 했다. 원나라 입장에선 차후 일본 정벌을 위한 전초기지로서 제주 섬은 중요한 전략적 요충지였다. 쿠빌라이는 어서 삼별초군을 진압하도록 고려 왕 원종을 다그쳤다. 안과 밖으로 궁지에 몰린 고려 조정은 제주로 사절단을 보내 회유를 시도했다. 그러나 김통정은 이들을 죽임으로써 한 가닥 퇴로를 완전히 끊어 버렸다. 결사항전의 의지를 분명히 한 셈이다. 이에 대한 원나라의 응답도 즉각적이었다. 1273년 4월 드디어 총공세가 펼쳐진 것이다.

고려 조정과 원나라가 합세한 여몽연합군 1만여 명이 160척의 배에 나눠 타고 바다 건너 제주 섬으로 쳐들어왔다. 애초에 삼별초는 대몽골제국

● 항파두리 오두막 정경

의 적수가 될 수 없었다. 승부가 뻔한 싸움이었다. 항파두리성은 교전 끝에 간단하게 함락되고 만다. 성을 탈출한 김통정 장군은 인근 중산간에서 부하들과 함께 자결하고 만다. 3년여에 걸친 삼별초의 대몽항쟁은 허무하게 끝을 맺는다. 대원들 일부는 살아남았지만 대부분은 교전 중 죽거나 생포되어 처형당했다.

규모나 무기나 전력 면에서 어른과 아이의 싸움이었다. 강화부터 진도를 거쳐 제주까지 항전하며 버텨온 3년이란 세월이 오히려 경이로울 지경이다. 항파두리성 인근의 작은 오름은 당시 김통정 장군과 그의 아내와 대원들이 흘린 피로 일대가 붉게 물들었다는 데에서 '붉은오름'으로 지금까지 불리게 되었다고 한다.

항몽유적지 토성의 풍경

역사적 의미 측면에서만 봤을 때 올레 16코스의 하이라이트는 역시 항파두리 항몽유적지이다. 야트막한 수산봉을 넘고 시골 마을 골목길과 밭 사이 돌담길을 거닐다 보면 예원교차로와 만나고 이윽고 항몽유적지로 들어선다. 둘레 6km에 걸쳐졌던 항파두리 외성 안 전체가 유적지이긴 하나, 대부분의 관광객들은 둘레 800m의 내성 안과 주변만 둘러보다가 떠나곤 한다. 그러나 올레 16코스를 정방향으로 걷는 올레꾼들은 야트막한 언덕 같은 토성을 제일 먼저 만난다. 박정희 정권 시절 6km 외성 중 1km 정도만 토성을 쌓아 복원한 것이다.

삼별초 시절에는 이 토성 위에 재를 잔뜩 쏟아부은 후 말들을 타고 달려서 일대가 재먼지로 뒤덮이게 했다고 한다. 산 아래 여몽연합군에게 이곳 삼별초 군세가 막강함을 과시하는 위장 전술이었던 셈이다.

토성 안으로 내려서면 낡은 슬레이트 지붕의 자그마한 창고 건조물 하

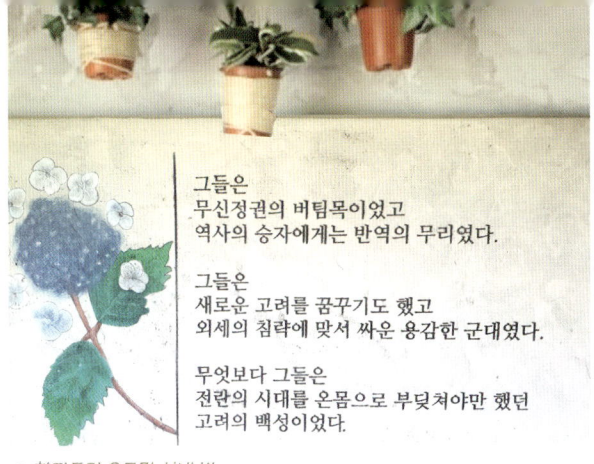

● 항파두리 오두막 실내 벽

나를 만난다. 얼핏, 슬픈 사연이 깃든 흉가의 모습으로 보이지만 한쪽 벽면의 붉은색 하트 무늬와 다른 쪽 벽 앞의 벤치 하나, 그리고 벽 일부를 둘러싸고 있는 담쟁이덩굴로 인해 전체적으로 포근한 느낌을 준다. 빈 창고 안으로 들어서 벽면에 쓰인 문장 몇 줄을 읽다 보면 비로소 이곳에서 싸우다 죽은 이들의 심정의 일단을 알 것도 같다.

"더는 물러설 곳 없는 섬 제주. 두려움과 희망은 늘 바다 너머서 밀려왔다. 1271년. 그날 하늘은 파랗고 땅은 붉었다. 그리고 자당화는 고왔다. 1273년 4월."

선발대가 처음 이곳에 와서 토성을 쌓기 시작한 때와, 여몽연합군을 맞아 결전을 치른 후 최후를 맞던 마지막 날을 묘사하고 있다.

소박한 화분 3개와 예쁜 수국 그림과 함께 3개의 문장이 다른 한쪽 벽을 장식한다.

"그들은 무신정권의 버팀목이었고 역사의 승자에게는 반역의 무리였다. 그들은 새로운 고려를 꿈꾸기도 했고 외세의 침략에 맞서 싸운 용감한 군대였다. 무엇보다 그들은 전란의 시대를 온몸으로 부딪혀야만 했던 고려의 백성이었다."

토성과 맞은편 내성 쪽 정자까지는 폭이 적당한 나무 데크길이 놓여 있다.

● 항파두리 토성 내 보리밭

토성 위에서 보면 한 폭의 그림이다. 데크길 양편으로는 넓게 펼쳐진 청보리밭 풍경이 일품이다. 정자 너머로 올라가서 만나는 내성 안 유적지는 관광지답게 이것저것 꾸며 놓긴 했으나 사실 볼거리는 별로 없다. 내성 안 유적 자체보다는 내성 바깥과 외성 안 일대 요소요소에 펼쳐진 꽃밭들이 일반 여행자들에겐 더 큰 매력을 준다.

 토성 앞 청보리밭은 물론 유채꽃밭과 녹차밭, 해바라기, 양귀비, 코스모스, 수국 등 다양한 종류의 꽃들이 계절에 맞게 주기적으로 피어나고 있다. 이곳을 자주 찾는 여행자라면 갈 때마다 달라지는 주변 꽃밭 풍경들을 바라보며 이곳 관리자들이 쏟는 정성과 심혈을 어렴풋이 느껴 볼 수 있을 것이다.

❶ 항파두리를 벗어나는 전경
❷ 항파두리에서 내려다 보는 도두봉 등 전경

● 항파두리 항몽유적지

    외지인 여행자들은 올레 16코스 항파두리 항몽유적지에서 '의(義)를 위하다 죽은' 삼별초 군인들의 항몽순의비(抗蒙殉義碑)를 만나고, 아름다운 청보리밭과 꽃밭들에 취하다 떠나곤 하지만 간과하는 게 있다. 이곳에 서려 있는 섬사람들의 땀과 눈물과 한숨이다. 둘레 6km의 외성을 쌓고 내성 궁궐을 지으며 동원된 엄청난 노동력은 오롯이 제주 사람들 몫이었다.

〈항파두리 항몽유적지〉 몽골의 침입 시 조국을 지키고자 궐기한 삼별초가 최후까지 항전한 유서 깊은 곳으로, 국가 사적 제396호로 지정되어 있다. 전시관과 기념비, 토성이 남아 있으며 주변에는 김통정 장군이 뛰어내릴 때 생긴 발자국에서 솟아나는 물이라는 장수물이 있다. 삼별초의 독자적인 무력 항몽은 외세의 침략으로부터 조국을 수호하려는 호국충정의 발로로 평가하여 1977년 7월 21일에 정부가 성곽 일부의 보수와 순의비 건립을 착공, 1978년 6월 준공했다. 위치는 제주시 애월읍 항파두리로 50(출처 : 비짓제주).

두 장군 최영과 김통정

제주올레가 초행길이 아닌, 서너 코스 정도는 걸어 본 이들에게 나는 16코스를 추천하곤 한다. 애월읍 고내포구에서 중산간 마을 광령1리까지 이어진 16코스는 초반 1/3은 해안길이지만 이후 2/3는 내륙을 향한다. 역동적인 해안선 정경이 이어지다 내륙으로 들어서면 오름과 저수지와 역사 유적 그리고 아늑한 숲길과 돌담길과 한적한 마을들을 지난다. 유명 시인의 아름다운 시들을 길에서 만나는 것도 올레 16코스만의 특징이다.

● 코스 중반에 많이 있는 시석(詩石)

김춘수의 유명한 시 「꽃」이나 허형만의 간결한 시 「눈부신 날」, 그리고 조동범의 「개」 등 쉽게 읽히며 오래 인상에 남는 시들을 코스 내 군데군데 바위들에 새겨 놓았다. '…… 무명 록 가수가 주인인 / 모 라이브 카페 구석진 자리엔 / 닿기만 해도 심하게 뒤뚱거려 / 술 쏟는 일 다반사인 원탁이 놓여있다……'로 시작되는 손세실리아의 시 「반뼘」 앞에서는 한참을 서 있다 가게 된다. 제주올레 전체를 16코스 하나에 모두 압축해 놓은 듯 제주의 다양한 모습들을 반나절 동안에 두루두루 만날 수 있다.

16코스 시작점인 고내포구를 벗어나면 잠시 오르막 끝에 애월해안도로변 시원한 언덕에 이른다. 서쪽 절벽 아래로 방금까지 지나온 해안선과 쪽빛 바다가 장쾌하게 펼쳐진다. '다락쉼터'라는 표지석이 서 있고 여러 석상들과 정자와 벤치 등이 잘 배치된 공간이 나타난다. 드라이브하다가 잠시 자동차를 멈추고 쉬었다 가기에 딱 좋은 조건을 갖췄다. 올레길을 걷고 있었다면 자석처럼 끌려가 벤치에 배낭 내려놓기도 딱 알맞은 분위기이다. 아름다운 해안 절경으로는 올레 전 구간 통틀어 열 손가락 안에 들 만한 곳이다.

● 다락쉼터 최영과 김통정 장군 석상

다락쉼터 초입에 가지런히 놓인 벤치들 옆에는 '애월읍경은 항몽멸호의 땅'이란 문구가 적힌 대형 비석이 서 있다. 이곳 애월 지역이 '몽골에 맞서고 오랑캐를 없앤 땅'이란 뜻이다. 양쪽에 소박한 자태지만 호위무사인 듯 서 있는 두 명의 장군 석상이 이 비문을 뒷받침해 준다. 비석 왼쪽으론 '항파두리' 안내석과 함께 김통정 장군의 석상이 있고, 오른쪽으론 '새별오름' 안내석과 함께 최영 장군의 석상이 있다.

　이곳에서 10km 떨어진 항파두리 항몽유적지는 애월 하면 떠오르는 역사적 명소이기에, '몽골에 맞서' 싸웠던 삼별초의 수장 김통정 장군이 왜 여기 서 있는지는 어렵지 않게 연결이 된다. 그러나 고려 말의 최영 장군이 '새별오름' 안내석과 함께 이곳에 서 있는 이유에 대해선 처음엔 고개를 갸우뚱거릴 수도 있다.

 제주 섬 최초, 외지인들의 전쟁터

　항파두리에 토성을 쌓고 몽골과 결사항전을 준비했던 삼별초와 김통정 장군이 바다 건너 들이닥친 여몽연합군에게 단 며칠 만에 패하고 최후를 맞은 건 1273년 4월의 일이다. 이때 섬에 들어와 눌러앉은 몽골인들은 탐라를 그들의 전투마 공급을 위한 말 목장의 하나로 만들기 위해 탐라총관부를 두었고 원나라의 직할령으로 삼게 된다. 고려의 일개 지방임을 뜻하는 '제주'라는 지명 대신에 원래 독립적이었던 옛 이름 '탐라'를 다시 씀으로써 자신들이 새로 쟁취한 새 지배자임을 은근히 과시한 것이다.

　세월이 흘러 중국 대륙에서 명나라가 흥하며 원나라가 쇠할 즈음 고려가 제주를 되찾기 위해 나서지만, 100년 동안 탐라를 지배해 온 몽골 세력들은 호락호락하지 않았고 오히려 반발한다. 소위 '목호의 난'이 발생한 것이다. 이에 고려 조정은 최영 장군이 이끄는 대규모 토벌대를 제주로 보낸다. 1374년 고려군은 지금의 한림읍 옹포리포구로 상륙하여 중산간인 새

● 코스 중반 구엄해변

별오름에서 목호군과 결전을 치른 뒤 결국은 서귀포 앞바다 범섬에서 목호 세력을 일망타진한다. 지금의 애월읍 권역인 새별오름에서 '오랑캐를 멸'하게 했으니, 다락쉼터 비석의 비문과 최영 장군의 석상이 이렇게 연결되는 것이다.

그러나 아름다운 정경을 자랑하는 이곳 쉼터에서 '항몽멸호의 땅' 운운하는 엄숙한 비문을 대하는 게 어쩐지 불편할 이들도 있다. 몽골에 맞서다 죽은 김통정과 몽골 잔당을 척결한 최영, 두 인물의 모습에서 거부감을 느끼는 이들도 많은 것이다. 제주 사람들 입장에선 석상으로 서 있는 두 인물은 항몽멸호 이전에 섬사람들에게 피해를 입힌 명백한 가해자들이다. 학교 교과서에는 중요 역사 인물로 나오지만 제주 사람들로선 공경과 존경심이 우러날 만한 이유가 별로 없기에 이곳 2개의 석상은 주민들에 따라선 불편하게 느낄 수도 있는 것이다.

김통정 장군이 삼별초를 이끌고 오면서 섬은 외지인들끼리의 전쟁터가 되어 버렸다. 설문대할망이 섬을 빚고 고양부 3씨가 섬의 역사를 시작한 이래, 외지인들이 쳐들어와 자기들끼리 싸움을 벌인 최초의 사건이었다. 섬사람들은 당연히 원치 않는 상황이었고, 섬사람들과는 아무 이해 관계도 없는 싸움이었다.

삼별초 선발대가 맨 처음 제주에 왔을 때 상대적으로 적은 군세였음에도 손쉽게 고려군을 제압할 수 있었던 건, 토착민들의 은근한 협조도 한몫했다. 제주인들은 고려 조정에서 파견돼 온 관료들에게 오랜 세월 수탈을 당하고 있었기에, 똑같은 외지인들이었지만 새로 나타난 삼별초군이 조금은 더 나아 보였던 것이다.

그러나 김통정 장군과 삼별초 본진이 들어오고부터는 상황이 바뀐다. 섬사람들은 새로운 소왕국의 왕을 섬겨야 하는 머슴이나 노예로 전락하고 만다. 해안선을 따라 적군의 상륙을 저지하기 위한 방어선인 환해장성을 쌓아야 했고, 아무것도 없던 애월 항파두리에는 거대한 토성을 쌓아야 했다. 토성 내에 견고한 궁궐을 짓는 것도 모두 무력에 의해 강제 동원된 섬사람들의 몫이었다. 여몽연합군과의 한바탕 싸움으로 삼별초 항쟁은 진압되고 섬사람들은 해방되는 듯했지만 그게 아니었다. 고려 조정과 몽골인들의 이중 지배에 시달리는 새로운 악몽의 역사가 시작된 것이다.

고려 충신이 일으킨 제주의 피바람

최영 장군은 제주 역사에서 또 다른 가해자였다. 김통정 장군보다 더 무시무시한 상흔을 제주에 남겼다. 여몽연합군이 섬으로 와서 삼별초를 토벌하고 떠난 후 어느덧 100년이 지나자, 이번엔 '목호의 난'을 진압하기 위해 최영 장군을 필두로 한 대규모 토벌대가 섬으로 들이닥쳤다. 그가 이끄는 고려군 25,600명은 제주에 남아 있는 몽골 잔당인 1,700명 목호들의 15배 군세였고, 당시 제주 섬 전체 인구와 맞먹는 숫자였다.

몇 개월 후 최영이 목호의 난을 진압하고 떠나자 제주 인구는 절반으로 줄어 있었고, 섬 전체는 시체 썩는 냄새로 천지가 진동했다. 몽골인의 피가 섞인 가족들은 물론이고 몽골인을 도왔거나 동조했거나 혹은 조금이라도 몽골인과 연루된 자들은 무조건 찾아내 현장에서 몰살시켰던 것이다.

이렇게 피바람이 휩쓸고 지나간 섬에는, 100년 동안 주인 행세를 해 온 원나라 몽골인 대신에 고려인들이 새 지배자로 들어왔다. 그리고 20년 후부턴 고려에서 조선으로 나라 이름만 바뀐 조정 관료들이 파견되어 섬의 주인 행세를 했다. 그들에게 변방의 제주 섬은 오로지 자신들의 사리와 사욕을 채우기 위한 수탈의 대상일 뿐이었다. 섬사람들에게 그들은 자신들을 착취하는 외지인들일 뿐이었다. 몽골인이건 고려인이건 조선인이건 다를 바 없는 '육지 것들'이었던 셈이다.

조선 500년 동안 제주에는 특히 민란이 많았다. 한결같이 조정에서 파견된 관료들의 가렴주구 때문이었다. 예전의 탐라국 때처럼 자유롭고 편안했던 시절은 다시 돌아오지 않았다. 섬 토착민들이 주인인 시절도 다시 오지 않았다.

● 코스 중반 수산봉

● 다락쉼터

  삼별초가 제주로 오지 않았다면 어땠을까? 김통정 장군이 진도에서 모든 걸 끝내고 제주를 염두에 두지 않았더라면 섬의 역사는 어떻게 바뀌었을까? 100년 동안의 몽골인들의 지배는 없었을지도 모른다. 그랬다면 섬 인구 절반이 죽임을 당하는 '목호의 난'도 일어나지 않았을 것이다. 아무런 의미도 없는, 역사의 가정일 뿐이긴 하지만 말이다.

  '목호의 난' 이후 574년 뒤에는 제주 섬에 '4·3사건'이라는 또 한 번의 피바람이 불어닥친다. 둘 다 탐라인들은 몽골에 동화된 '오랑캐 집단'일 뿐이라는 시각과 제주인들은 북조선에 동화된 '빨갱이 집단'이라는, 중앙 정치인들의 그릇된 시각이 불러온 대참사였다.

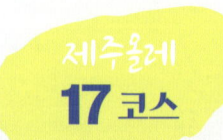

제주올레 17코스

광령 - 제주 원도심

📍 총 거리 18.1km
   소요 시간 6~7시간

   최고 해발 160m(무수천사거리)
   최저 해발 30m(간세라운지)

난이도 ★★☆

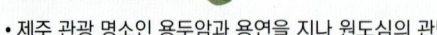

경유지 & 구간 거리: 광령1리사무소-2.5km→무수천트멍길-3.1km→외도월대-2.3km→이호테우해수욕장-3.8km→휠체어 구간 시작점-1.6km→어영소공원-2.8km→용연구름다리-2km→간세라운지

알아 두면 좋은 점

- 제주 관광 명소인 용두암과 용연을 지나 원도심의 관덕정과 목관아를 지나는 코스이다.
- 제주국제공항 인근길을 지나는 동안 비행기 이륙 장면을 가까이에서 볼 수 있다.
- 도두봉을 내려오는 길에서 용연구름다리까지 4.4km는 휠체어 구간이다.

정뜨르비행장

　지금의 제주국제공항은 일제강점기 때 만들어진 군용 비행장이 그 모태다. 당시에는 이 지역 이름을 따 '정뜨르비행장'으로 불렸다. 일본이 태평양전쟁을 일으키며 제주에 만든 5개 공군 비행장 중 하나다. 물론 제주 사람들의 피와 땀과 눈물이 서린 곳이다.

　해방이 되고 일본군이 떠나자 다른 여느 군용 기지와 마찬가지로 정뜨르비행장도 용도 폐기되었다. 6·25전쟁 이후까지 그대로 방치되다가 민간 공항으로 개발이 시작된 건 1950년대 후반이다. 이후 몇 번에 걸친 활주로 확장 공사를 통해 연간 수천만 명이 이용하는 현재의 국제공항으로 변모했다. 설레는 마음으로 하늘을 날아 제주에 착륙하는 여행객들은 잘 모를 것이다. 드넓게 깔린 활주로와 그 주변에 수많은 원혼들이 깔려 있음을 알게 되는 건 별로 달가운 일이 아닐 수도 있다.

　해방이 되고 일본군이 떠난 정뜨르비행장 일대는 이후 오랫동안 그대로 방치되었다. 거친 바람만 일렁이는 황야 지대였다. 누구도 일부러 찾을 일 없는 이곳에선 그러나 한 시절 무섭고 끔찍한 일들이 반복됐었다. 4·3사건 당시 정뜨르비행장 일대는 일상적인 집단 학살 터이자 암매장 터로 악명이 높았다. 주민들 대부분은 근처 접근도 불가능했고 총소리만 수없이 들어야

● 이호테우해변

했다.

　이곳에서의 학살과 암매장은 4·3사건 발발 6개월 후인 1948년 겨울부터 이듬해 봄까지 집중되었다. 해안선에서 5km 이상의 중산간 지역에 대한 소위 '초토화 작전' 5~6개월 동안이었다. 무장대에게 협조했다는 죄목을 씌워 수백 명의 주민을 총살하기도 했고, 그 전과 후로도 중산간 등지에 남았다가 끌려온 수많은 주민들이 일상적으로 이곳에서 즉결 처형되곤 하였다. 이후 6·25전쟁 발발 직후인 1950년 8~9월 들어 또다시 대량 학살이 재현되었다. 공산군에게 협조할 가능성이 있다는 혐의를 받은 '예비검속' 대상자들이 그 희생자들이었다. 수차례에 걸쳐 정뜨르비행장으로 이송되어 처형되곤 암매장되었다.

　6·25전쟁이 끝나고 모든 상황은 종결됐지만 정뜨르비행장에 얽힌 무서운 이야기들은 누구의 입에도 오르내리지 않았다. 대부분의 사람들은 구체적 실상을 알지 못했다. 어렴풋이 짐작만 하는 이들은 꽤 있었지만 모두가 두려움 속에 숨죽여 쉬쉬해야만 했다. 1950년대 후반 들어 민간 공항으로의 개발이 시작되고, 이후 80년대까지 몇 차례 더 활주로 공사가 이뤄지면서, 암매장 터 일대도 수차례 파이고 뒤집히고 그리고 다져졌다.

❶ 도두항　❷ 도두봉에서 바라보는 제주공항

공항 일대에는 통틀어 800여 구의 4·3사건 관련 유해가 묻혔을 것으로 추정되고 있다. 이들 중 절반 가까이가 2007년부터 시작된 1차 유해 발굴 기간에 발굴이 되었다. 천추의 한을 품고 아스팔트 밑에서 서로 얽혀 봉인 됐던 원혼들이 반백 년 세월이 지나서야 비로소 봉인 해제된 것이다. 나머지 절반의 유해를 대상으로 2018년부터 2차 발굴이 재개되었다.

올레 17코스는 제주공항 활주로와 나란히 하여 제주시 원도심으로 들어가는 루트이다. 광령을 출발하여 코스 절반을 걷고 나면 고즈넉한 도두항에 이른다. 야트막한 도두봉에 올라 드넓은 바다와 수평선을 등지고 서면 한라산과 섬의 산북 전체가 시원스레 한눈에 들어온다. 특히 발아래로 시원스레 펼쳐진 제주공항 활주로 정경에 한참 넋을 놓게 된다. 수시로 오르고 내리는 다국적 비행기들 모습도 형형색색 역동적이기 그지없다.

이런 전경을 마주하며 70여 년 전 이 활주로 벌판에서 있었던 아픈 역사의 일들을 구태여 떠올릴 필요까지는 없을 것이다. 현명한 우리 세대가 옛 상처들을 찾아내어 헤아려 보듬어 가며 다시는 그런 일이 반복되지 않도록 지혜를 모으고 있기 때문이다.

원도심과 제주 역사

올레 17코스 중간 지점인 도두봉 너머부터 용연구름다리까지 4.4km는 휠체어 구간이다. 불가피하게 휠체어를 탄 이들도 올레를 경험할 수 있도록 배려한 구간들 중 하나다. 그만큼 편안하고 풍광도 좋으면서 고즈넉하다. 공항에 인접한 길이기에 좀 시끄럽긴 하지만 2~3분에 하나씩 뜨고 내리는 각양각색의 다국적 비행기 모습을 아주 가까이에서 관찰할 수 있다는 것도 꽤나 흥미로운 일이다.

어영소공원부터 용담포구까지는 카페거리와 함께 멋진 해안선이 운치를 더해 준다. 용두암을 지나 용연구름다리를 건너면 용담동이 끝나고 삼도2동으로 들어선다. 지금은 신제주에 밀려 퇴락해 가고 있다지만 여전히 제주의 심장인 구제주 원도심으로 발을 들이는 것이다. 오래전 탐라 시절엔 고성(古城)으로 둘러싸였던 무근성(묵은성) 거리를 걷다가 제주목 관아지(牧官衙址) 관덕정 앞에 이른다. 제주 섬의 행정 중심이자 역사 문화적 중추였던 곳이다. 설문대할망이 섬을 빚은 이래 무구한 세월의 제주 역사가 이곳 무근성과 관덕정 일대의 구제주 원도심에 녹아 있다.

● 제주 원도심으로 들어가는 용연 전경

탐라국, 탐라군, 탐라현 그리고 제주

제주 섬에 나타난 최초의 인간은 고양부 3씨 성을 가진 삼신인이었다. 우리가 모르는 망망대해 어딘가에서 표류해 왔을 수도 있고, 섬이 아닌 대륙의 일부였을 때 이주해 왔거나, 제주 신화에서처럼 삼성혈 땅 속에서 솟아 나왔을지도 모른다. 팔팔한 장정 셋만으론 섬 생활이 다소 외로워질 즈음 바다 멀리 벽랑국에서 공주 셋이 건너왔다. 혼인지에서 세 쌍의 선남선녀가 혼인을 맺으며 섬에도 드디어 가족이 탄생했다. 설문대할망이 치마폭으로 흙을 날라 섬을 빚은 지 수백만 년이 지난 후였다.

총각 셋일 때야 소유의 개념이 없는 공동생활이 편했을 것이다. 그러나 이젠 가족이 생겼다. 뭔가가 달라져야 했다. 바로 각자의 소유 범위를 나누고 재산을 명확히 해야 하는 것 말이다. 이에 고을나, 양을나, 부을나 3인은 활을 쏘아 각자가 살아갈 터전을 정하기로 했다. 화살이 닿는 곳 기준으로 사이좋게 땅을 나누기로 한 것이다. 셋은 한라산 중턱의 봉개동 살손장오리에 올라, 물 좋고 기름진 땅이라고 생각하는 곳을 향하여 저마다 활을 쏘았다.

● 삼성혈 입구

● 동문시장

　10여 km 이상을 날아간 화살 3개가 서로 다른 곳에 떨어져 꽂히며 드디어 3개 구역이 나눠졌다. 제일도(第一徒), 제이도(第二徒), 제삼도(第三徒)라고 이름까지 정했다. 이 이름은 오늘날의 제주시 원도심 행정구역상에 일도동, 이도동, 삼도동이라는 지명으로 존재하며, 여전히 주요 상권을 이루고 있다. 80년대 초반부터 신제주가 개발되기 전까지만 해도 제주의 중심은 이들 세 지역이었다. 삼신인이 솟아났다는 삼성혈은 현재의 제주시 이도1동에 속하고, 관덕정은 삼도2동 구역이다.
　삼신인이 살손장오리에서 쏜 3개의 화살이 떨어져 박힌 바위가 어찌어찌 2개 발견되어 한곳에 모아져 있다. 올레 18코스 중간인 화북포구에서 내륙으로 1km 들어간 지점이다. 이들 바위 2개의 이름은 삼사석으로 불리며, 이들이 보존되고 있는 화북1동 1380-1번지 일주도로변 또한 삼사석지(三射石址)란 지명으로 불린다.

아무튼 새로이 자신들의 영역을 나눈 고양부 3씨 부부는 섬에서 행복한 생활을 이어 갔다. 바다와 들과 초원과 숲으로 이뤄진 대자연 속엔 온갖 동식물 등 먹거리가 넘쳐났다. 풍족한 환경 속에서 자손들도 대를 이어 가며 기하급수로 늘어났고 또한 번창했다. 씨족과 부족 사회를 벗어나 하나의 '나라'로서의 조직 틀을 갖춰 나갈 즈음, 이제는 외부로부터의 침입이나 공격에 대비하여 섬 전체의 안녕을 도모하는 일이 매우 중요해졌다. 바다 건너 육지에는 자신들보다 더 강력한 힘과 세를 가진 집단이 존재함을 알았기 때문이다.

그들에 대한 호기심 반 두려움 반의 심경으로 배를 몰아 육지로 나가 봤다. 배가 닿은 곳은 '백제'라는 나라였다. 왕 앞으로 나아가 무조건 머리를 조아렸다. 이후 매년 조공을 바치면서 백제 왕의 환심을 샀다. 그로부터 200여 년이 지나자 정국이 바뀌었다. 신라라는 나라가 백제를 포함한 육지 전체를 통일해 버렸다. 이번에는 두려움에 떨며 신라의 왕 앞으로 나아가 머리를 조아렸다. 강국의 왕답게 너그러움을 보이며 섬을 보호해 주겠다고 했다. 신라왕은 '탐라'라는 나라 이름까지 하사해 줬다. 독립 국가로서의 탐라국(耽羅國)이 역사책에 등장하는 시점이다.

다시 500여 년이 지나면서 신라가 망하고 고려가 새 왕조를 열었다. 역시 왕 앞으로 나아가 머리를 조아렸지만 예전과는 달랐다. 백제, 신라와는 형제의 관계였지만 고려는 탐라를 신하의 땅으로 복속시켰다. 오랜 세월 독립된 나라였던 탐라국은 이렇게 해서 1105년 탐라군으로 격하되며 고려의 일개 지방으로 편입되었다. 이어서 50년 후인 1153년에는 다시 탐라현으로 격하되면서 고려 조정에서 지방관이 파견되기에 이른다. 바다 건너 온 외지인들로부터 착취와 수탈에 시달리는 제주의 역사가 이때부터 시작

● 제주 원도심 물줄기 산지천 하류

되는 것이다.

　제주라는 지명은 무신 정권 최충헌의 세도정치가 극에 달하던 고려 고종(1214년) 때부터 사용되었다고 한다. '큰 물을 건너다'라는 의미의 '제(濟)'에 광주, 진주, 경주, 나주처럼 '큰 고을'을 뜻하는 '주(州)'가 합쳐진 지명이다. 비록 고려에 복속은 됐을지라도 '탐라'라는 원래의 이름은 잃지 않았었는데, 이때부터는 그저 '먼 바다 건너의 한 군데 행정구역'일 뿐인 평범한 이름 '제주'로 불리게 되었다. 이후에는 몽골인들이 제주 섬을 지배하기 위한 명분으로 '탐라총관부'라는 이름을 한동안 사용했던 때를 제외하고는 제주라는 지명엔 변화가 없었다.

　오늘날에도 제주의 여러 문화 행사 등에서 자주 쓰이는 '탐라'라는 옛 지명에는 '우리끼리 평안'이나 '독립' 또는 '자급자족' 같은 분위기가 느껴진다. 반면에 '제주'라는 지명에는 왠지 모를 '애환'이 서려 있는 듯하다. 육지 사람 또는 '육지 것들'에게 이리저리 채이고 수탈당하며 어려운 세월을 살았던 이 섬의 선조들을 떠올리게 한다. 물론 고향이 제주도인 사람들에게 국한된 느낌일 것이다.

4·3의 시작과 끝, 관덕정

올레 17코스 종반부에 위치한 관덕정 앞은 섬사람들의 민의가 모이는 중심 현장이었다. 지금으로 치면 서울시청 앞이나 광화문광장과 비슷한 기능을 하는 곳이다. 뭔가 하소연하거나 울분을 표하고 싶을 때 섬사람들은 이곳 관덕정광장으로 모여들곤 하였다. 4·3사건 또한 비슷한 맥락이었다. 이 광장에서 시작되었고 이 광장에서 일단락되었다.

1947년 3월 1일 지금의 제주북초등학교로 모여드는 섬사람들 심정은 비장했다. 해방 1년 반을 보냈지만 생활은 나아진 게 없었다. 일제에 빌붙어 악랄하게 굴던 친일분자들은 다시 경찰이나 관료로 미군정에 등용되어 변함없이 위세를 부리고 있었다. 미군정의 공출도 일제강점기 때 못지않게 심했다. 25만 명 이하였던 제주 인구는 해방과 함께 30만 가까이로 폭증하는 중이었다. 작년에 몰아친 전국적 대흉년 여파는 도민들 삶을 극도로 피폐하게 만들고 있었다.

학교 운동장에서 3·1절 행사를 마친 사람들은 관덕정 앞 거리로 쏟아져 나왔다. 무엇이든 붙들고 어디에라도 하소연하고 싶었던 것이다. 그런데 시위 행렬 인근을 지나던 기마경찰의 말발굽에 어린아이 한 명이 치이며 쓰러졌다. 어쩐 일인지 그 기마경찰은 아무런 조치도 취하지 않은 채 인근

● 관덕정

● 제주북초등학교

경찰서 쪽으로 가 버렸다. 격분한 시위대 사람들은 경찰을 쫓아가 항의하며 돌멩이를 던졌다.

한동안 소란이 일던 어느 순간 여러 발의 총소리가 울려 퍼졌다. 곧이어 광장은 아수라장으로 변했다. 이날 경찰의 발포로, 젖먹이를 안고 있던 여성과 초등학생 1명을 포함해 모두 6명이 사망한다.

이날의 이 돌발 사건이 그렇게 오랜 시간 제주 섬을 피로 물들이는 불씨가 될지는 당시 누구도 상상하지 못했다. 일제강점기 동안에도 경찰 발포로 제주도민이 사망한 일은 없었다. 그만큼 섬사람들에겐 경악할 사건이었지만, 책임자 사과와 관련자 처벌로 꺼질 수 있었던 불씨였다. 하지만 당국자들의 독선과 강압과 무책임이 불씨를 키웠다. 그리고 다음해 그 불씨는 대형 폭약으로 점화되어 버렸다.

1948년 4월 3일 새벽 중산간 오름들 위에서 일제히 횃불이 일었던 것이다. 이후 수백 명의 무장대와 수천 명의 군경 사이에서 수만 명의 민간인들이 이리저리 휘둘리며 영문도 모른 채 죽어가기 시작했다. 서북청년단이니 민보단이니 산사람이니 폭도니, 해안선 5km 밖이니 초토화 작전이니, 학살 또 학살, 제주도 역사상 가장 무참했고 가장 길었던 1년이 그렇게 지나갔다.

그러곤 1949년 6월 어느 날 수많은 사람이 운집한 관덕정광장에 시신 한 구가 내걸렸다. 몇 달을 입고 있었는지 다 헤어진 카키색 군복에 편안

● 관덕정에 걸린 이덕구 시신(출처 : 4·3평화공원에서 촬영)

히 잠든 젊은이의 시체였다. 두 팔을 벌리고 한쪽으로 고개가 기울어진 채 높은 십자가 틀에 묶여 있었다. 광장의 사람들은 십자가 시신과 그 옆 '이덕구의 말로를 보라'고 쓰인 문구를 침묵 속에 바라보고 있었다. 본보기 삼아 학생들도 보라고 동원한 건지 교복을 입은 아이들도 많았다.

그는 2년 전만 해도 시골 중학교에서 아이들을 가르치던 교사였다. 교복을 입은 아이들 중에는 '우리 선생님' 하며 혼자 중얼거리던 제자도 있었다. 사람들은 말이 없었다. 긴 한숨 소리들만 신음처럼 여기저기서 들릴 뿐이었다. 이제 우리는 살았다는 안도감, 뭔가 모를 슬픔과 분노, 왠지 모를 미안함 등이 교차된 한숨이었다.

무참한 세월 7년 7개월

'폭도 우두머리' 혹은 '산사람들 대장'으로 불렸던 무장대 사령관 이덕구가 그렇게 죽음으로써 제주 섬에는 슬픈 평화가 찾아왔다. 이듬해엔 온 동네 전체 혹은 한 동네 여러 집들이 같은 날 저녁 제사상 앞에 절하는 풍경이 섬 곳곳에서 이어졌다. 그나마 고인의 사망 날짜라도 아는 가족의 집들이었다. 언제 어디서 어떻게 죽었는지 혹은 어느 날 불쑥 살아 돌아올지 알 수 없는 이들의 가족들은 오히려 제삿집이 부러웠다.

그렇게 1년 이상을 숨죽여 지내던 어느 날 '북괴가 38선을 넘었다'는 소식이 전해졌다. 멀리 육지에서 일어난 일이겠거니 무심해 하는 동안 낙동강까지 밀고 내려왔다고 난리들이다. '그래도 설마 제주까지야' 하던 어느 날 '사람들이 붙잡혀 간다'는 소문이 돌기 시작했다. 소문은 급속도로 퍼졌고 모두 사실로 확인되었다. 한여름의 제주는 다시 얼어붙었다. 1년 전의 그 무시무시했던 악몽이 되살아난 것이다. 소위 '예비 검속'의 광풍이었다.

6·25전쟁이 끝나고 마지막 토벌 작전이 있은 후인 1954년 9월 한라산 금족령이 해제되면서 비로소 제주 4·3사건은 끝이 났다. 7년 7개월의 긴 세월이었다. 설문대할망이 한라산을 만들고 고양부 3씨가 자손을 이어 간 제주 섬에 여태껏 이렇게 무참한 세월은 없었다.

〈제주목 관아지〉 탐라국 이래 조선시대에 이르기까지 제주 행정의 중추 역할을 해 왔던 제주목 관아지를 1991년부터 1998년까지 4차례 발굴 조사한 결과 문헌상에 나타나는 중심 건물인 홍화각(弘化閣), 연희각(延羲閣), 우연당(友蓮堂), 귤림당(橘林堂), 영주협당(瀛洲協堂) 등 30여 채 건물의 흔적이 확인되었고, 지난 1993년 3월 30일과 2003년 7월 6일 2회에 걸쳐 주변 토지가 국가 사적 제380호로 지정되었다. 위치는 제주시 관덕로 25(출처 : 비짓제주).

〈관덕정〉 제주 사람들에게는 가장 익숙하고 친근한 국가 지정 보물 제322호. 제주에 현존하는 건물 중 가장 오래된 건물이다. 관덕(觀德)이란 '사자소이관성덕야(射者所以觀盛德也)' 즉, '활을 쏘는 것은 높고 훌륭한 덕을 보는 것이다'라는 『예기』의 글귀에서 유래했다. 이름 그대로 이곳은 군사들의 활쏘기 장소였고 과거 시험, 각종 진상을 위한 봉진 행사 등이 이루어졌으며, 매년 입춘에는 춘경이 치러져 문화 축제의 장이 되기도 했다. 대들보에는 십장생도, 적벽대첩도, 대수렵도 등의 격조 높은 벽화가 그려져 있고, 편액은 안평대군의 친필로 전해 오고 있다.

지금은 도시 발전으로 제주시가 크게 확장돼 각종 행정, 사법기관들이 다른 곳으로 옮겨졌지만, 관덕정과 그 주변은 조선시대 때부터 일제강점기를 거쳐 현대에 이르기까지 주요 행정 관청이 모여 있어 제주의 정치, 행정, 문화의 중심지 역할을 해 왔다. 제주에서 큰 행사와 각종 기념식, 집회와 역사적인 사건 모두 이곳, 관덕정광장에서 일어났다. 위치는 제주시 관덕로 19(출처 : 비짓제주).

옛 제주읍성과 원도심 트레일

오늘날 '제주시'라고 하면 제주도의 절반인 한라산 북쪽 전체를 일컫는다. 나머지 절반은 한라산 이남인 '서귀포시'이다. 그러나 제주 사람들이 "제주시에서 만나자"라고 말할 때는 대개는 '구제주시'를 말한다. 보다 정확하게는 제주시 일도1동, 일도2동, 이도1동, 이도2동, 삼도1동, 삼도2동을 한데 아우르는 구제주 도심권을 일컫는다. 가로세로 3~4km 정도의 직사각형 범위 안에 이들 6개 동이 맞물려 있다.

그 옛날 고씨 양씨 부씨 3인이 활을 쏘아 각자의 영역을 나눴던 일도, 이도, 삼도가 현대로 오면서 주변 지역으로 더 넓어지며 6개 동으로 분할되었다. 이 안에서도 해안 가까이 저지대에 직경 1km가 못 되는 둥그런 원형 지역이 구제주 원도심에 해당된다. 1970년대 후반부터 개발된 '신제주'에 밀리면서 지금은 도시로서의 활력을 많이 잃었고 상대적으로 퇴락해 가고 있지만, 고양부 이래 탐라시대를 거치며 현대에 이르기까지 제주도의 변함없는 심장 역할을 해 온 건 사실이다.

제주시 구도심 지역은 원래는 견고한 성으로 둘러쳐져 있었기에 옛날엔 '성안(邑城 內)'으로 불렸다. '성(城)의 안쪽'이라는 뜻이다. 어느 역사에서든

● 제주읍성 복원 성지

중요 거점 지역은 단단한 울타리를 쌓아 외적의 침입을 막으려 했다. 나라의 중심엔 종묘와 왕궁을 둘러싼 도성(都城)이 있었고, 관아(官衙)가 있는 지방의 읍치(邑治) 고을들은 읍성(邑城)이 둘러싸고 있었다. 지방 제주의 관아가 있었던 지금의 구도심 지역도 예외는 아니었다. 둘레 3km가 조금 넘는 제주읍성은 일제강점기 때 거의 허물어졌지만, 해방 이후 1970년대까지도 제주 사람들은 제주시를 '성안'이라고 불렀던 것이다.

 **축성의 역사**

제주도는 한라산 중턱에서 발원한 물줄기들이 방사형으로 퍼지며 수십 개의 하천을 이루는데, 해안까지 뻗어 내려온 경우는 동서쪽보다 남북 방향이 훨씬 많다. 완만하고 긴 동서쪽에 비해 남북으로는 상대적으로 경사가 더 급하기 때문이다.

한라산 북쪽으로 내려가는 물줄기 중에는 병문천과 산지천이 약 1km 간격을 두고 제주시 앞바다로 흘러든다. 세계 어느 역사에서나 성곽 주변엔

적의 침입을 어렵게 할 목적의 자연 또는 인공 해자(垓子)가 존재했다. 제주읍성은 병문천과 산지천 사이에 둥그런 타원 형태로 쌓았던 성곽이다. 두 하천을 자연 해자로 활용한 것이다. 역사학자 홍기표 박사의 말을 들어 보자.

"기록상으로 등장하는 최초의 제주성은 조선 태종 8년인 1408년입니다. 당시 홍수가 나서 제주성이 범람하여 관아와 민가가 물에 잠겼다는 사실이 전해지죠. 따라서 조선 건국 이전부터 제주성이 축조되어 있었다는 사실을 짐작할 수 있고, 이미 탐라국시대부터 탐라 고성(古城)이 축조되어 있었던 것으로 생각됩니다."

이후 조선시대로 들어와 명종 20년인 1565년에는 산지천까지 성안에 들어오도록 동쪽으로 300m 가량을 더 넓혀 증축했다. 빈번해지는 왜구들의 침입에 효과적으로 대응하고, 성안에 우물 등 급수원이 모자랐던 애로점을 해소하는 일거양득의 목적에서였다.

이후, 성곽이나 성문 위에 공신정(拱辰亭), 제이각(制夷閣), 북수각(北水閣) 등 정자와 누각들을 추가하면서 견고한 성곽을 유지해 왔으나 구한말로 접어들면서 읍성의 운명이 바뀌기 시작한다. 한일합방 직전인 1907년, 일제가 이완용을 허수아비로 내세운 내각령 1호로 성벽 처리 위원회를 구성하면서 한양도성 등 조선의 모든 성곽들을 헐어 없애는 작업에 착수한 것이다. 도성이나 읍성들은 조선 역사의 얼과 문화를 담고 있었기에 이들을 말살해 버리기 위함이었고, 또한 의병 활동을 저지하기 위한 목적도 있었다.

읍성을 없앤 자리에는 '신작로'와 공공건물과 일반 시설들이 들어서기 시작했다. 제주읍성 또한 이러한 과정을 거친다. 1913년부터 시작하여 성문과 성벽과 정자와 누각들이 매년 단계적으로 헐려 나갔다. 1926년부터는 산지항 방파제 공사가 대대적으로 진행되면서 엄청난 양의 암석들이 필요해졌다. 읍성을 헐어 낸 돌들은 모조리 여기로 운반되어 바다 매립과 축항 공사에 쓰이게 된다. 제주읍성의 성벽을 구성했던 그 많은 돌들이 거

● 제주읍성 제이각

의 대부분 지금의 제주항 주변 바닷속이나 방파제 그리고 항만 건물 등에 묻혀 있는 것이다.

지금의 구제주 시가지에서 읍성의 흔적을 찾아내기란 쉽지 않다. 그러나 책상머리에 앉아 지도상으로 성곽 루트를 따라가 보는 건 어렵지 않다. 제주읍성에는 해안인 북쪽을 제외한 동, 서, 남 3개 방향으로 3개의 성문이 있었고, 읍성을 관통하는 산지천 남쪽과 북쪽으로 2개의 수문이 있었다. 이들 5개 거점을 남문-서문-북수구-동문-남수구-남문 순으로 이으면 지도상에 성곽 한 바퀴가 그려진다.

맨 먼저, 제주KAL호텔 아래쪽에 있는 남문사거리 아래쪽이 남문이 있던 자리이다. 그 다음은 북서쪽으로 700m 이동하면 서문사거리, 즉 서문이 있던 자리이고, 북쪽으로 제주북초등학교를 돌아 동쪽으로 산지천 하류까지 이어 가면 북쪽 수문인 북수구가 있던 자리에 지금은 북수구광장이 조성돼 있다. 산지천을 끼고 남쪽으로 조금 이동하면 나오는 동문로터리 주변이 읍성 확장 전의 동문이 있었던 자리이고, 다시 남서쪽으로 이동

● 제주 원도심 산지천

하면 산지천 남쪽 수문인 남수구터에 이어 남문터와 남문사거리로 회귀하는 것이다.

제주읍성을 실물로 확인하기에는 남수구와 남문 터 사이에 복원된 170m 성벽이 유일하다. 남문사거리 아래 남문 터와 산지천 하류인 북수구 인근에 약간의 성벽 흔적이 실물로 남아 있긴 하다. 나머지는 성문 터와 정자와 누각 등이 있었던 요소요소 자리에 팻말 등으로 표기만 해 놓았다.

옛 정취와 함께 하는 '제주 원도심 트레일' 걷기 코스

제주 출신 현기영 작가의 소설 『변방에 우짖는 새』는 제주읍성 안에서 수백 명의 천주교도들이 희생됐던 '이재수의 난'을 소재로 하고 있다. 소설 초반에 한양에서 온 유배객들의 한가로운 일상을 묘사하는 글귀에서 1901년 구한말 당시의 제주읍성 분위기를 살짝 엿볼 수가 있다.

"날 좋은 날이면 북성 위 공신정 정자에 올라 질편한 제주 바다 바라보기를 했다. 낮 바다에는 떼를 지어 물질하는 잠녀들과 뗏목배들이 한가롭고, 해가 빠지는 저녁 바다는 온통 붉은 낙조에 물들어 간담 서늘한 장관을 이루곤 했

● 제주읍성 오현단

다. 밤바다 또한 볼만했으니, 온 바다가 명경같이 밝아지는 달밤은 물론이려니와, 어두운 밤에도 멀리 갈치밭에 수십 척 떠 있는 주낙배의 어화 불빛이 아물아물 고왔다. 서문 밖 경치 좋은 용연에서 배 띄워 놀기도 하고, 남문 밖 삼성혈 노송 숲에서 좁쌀로 빚은 토주를 마시기도 했다." 현기영 『변방에 우짖는 새』, 창비

'원도심' 여행에 대한 관심들이 날로 커지고 있다. 제주뿐만이 아니다. 밝고 화려한 도시 여행이나 아름답고 멋진 풍경을 찾아가는 여행에 질려 가는 이들이, 퇴락해 가는 도시를 찾아 그 속에서 풍기는 은은한 옛 정취를 느껴 보고 싶어 하기 때문이리라.

이런 면에서 제주 원도심은 외지인 여행자들의 관심을 끌 만한 매력적인 요소들을 아주 많이 품고 있다. 제주올레를 걷다가 하루나 이틀 원도심에 머무는 것만으로 제주도의 오래된 역사와 문화를 접하며 휴식과 마음 치유까지 겸할 수 있는 것이다. 외지인 여행자들에게 추천할 만한 '제주 원도심 트레일'을 필자 나름대로 구성하여 소개한다.

제주읍성을 골격으로 인근 상권들과 도심 올레 코스를 결합하여, 외지인 여행자의 입장에서 가장 선호할 만한 여러 장소를 하나의 코스로 엮어 보았다. 제주의 심장인 관덕정에서 출발하여 시계 반대 방향으로 남문통—

● 제주읍성 내 간세라운지(17, 18코스 분기점)

동문로-산지천-탑로-무근성을 거쳐 관덕정으로 회귀하는 6.5km 트레일이다.

 읍성의 흔적을 따라가며 옛 제주의 정취를 맛보게 하면서도, 동문시장, 흑돼지거리, 서부두횟집거리, 칠성로쇼핑거리 등 여행자들이 공통적으로 관심을 가질 만한 상권 지역들도 함께 조합했다. 여행지에서 즐기고픈 볼거리-먹거리-느낄 거리, 3박자를 다 아우르면서 문화적 만족감까지 얻을 수 있는 효율적인 동선이라고 생각한다.

〈제주 원도심 트레일〉   * 표지 뒷부분의 원도심 트레일 지도 참조

총거리 6.5km - 관덕정 -2km→ 제주성지 -2.5km→ 서부두방파제 -2km→ 관덕정

코스 상세 내역
관덕정 - 성내교회 - 이승훈 유배지 - 북두칠성 제이도(에메랄드호텔) - 향사당 - 삼도2동주민센터 - 메가박스 - 중앙성당 - 간세라운지 - 중앙로 정류장 - 광해군 유배지 - 남문 터 - 남문사거리 - 귤림서원 - 오현단 - 제주성지 - 제이각 - 오현교 - 동문시장 8번 게이트 - 동문시장 1번 게이트 - 동문로터리 - 공신정 터 - 건입동 포제단 터 - 금산수원지 - 김만덕기념관 - 용진교 - 산짓물공원 - 고씨주택(제주사랑방) - 북수구광장 - 칠성로 - 한옥 카페 마음에온 - 블랙야크 - 흑돼지거리 - 서부두횟집거리 - 서부두방파제 - 탑동광장 - 아라리오뮤지엄 - 영주관 터 - 제주북초교 - 제주스테이호텔 - 카페 리듬앤브루스 - 제주목 관아지 - 관덕정

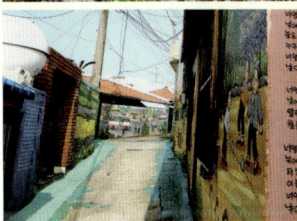
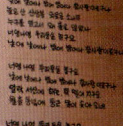
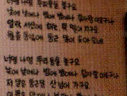

제주읍성
남수각
벽화거리

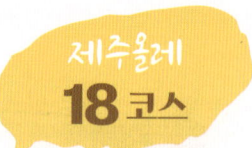

제주 원도심 - 조천

- 총 거리 19.8km
- 소요 시간 6~7시간
- 최고 해발 147m(사라봉 정상)
- 최저 해발 0m(화북포구)

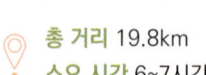

경유지 & 구간 거리
간세라운지-3.7km→사라봉 정상-1.6km→별도봉 산책길-2.2km→화북포구-3km→삼양해수욕장-4km→닭모루-4km→연북정-1.3km→조천만세동산

알아 두면 좋은 점

- 중앙로와 동문시장과 산지천 등 제주 원도심의 주요 지역들을 거치는 코스이다.
- 사라봉 정상에 오르면 원도심 전체와 제주항 전경을 파노라마로 감상할 수 있다.
- 조선시대 제주의 관문이었던 화북포구와 조천포구를 연이어 거친다.

제주 의인 김만덕

　조선시대 500년간 제주 사람들에게 섬은 감옥과 같았다. 관료와 토호들의 수탈과 횡포가 여름밤 모기떼처럼 극성을 부렸고, 바위투성이 척박한 밭을 죽을 둥 살 둥 일궈 보아야 반복되는 흉년에 기근은 피할 수 없는 숙명이었다. 왜구들 노략질이 기승을 부려도 관아는 멀었고, 전복이니 귤이니 '나랏님이 요구하신다'는 진상품 양은 한도 끝도 없었다. 이판사판 심정으로 섬을 탈출하는 이들이 늘어났다. 거친 바다로 나가 남해안 일대를 떠돌며 유랑민의 삶을 이어 가는 것이다.

　유민이 늘어나며 인구가 크게 줄어들자 섬의 공동화를 우려한 조선 정부는 1629년 특단의 조치를 발동한다. 바로, 제주인들은 특별한 목적이 없는 한 '바다 건너 육지로 나가선 안 된다'고 하는 '출륙금지령(出陸禁止令)'을 내린 것이다. 그야말로 통치의 편의만을 위해 섬을 감옥으로 만드는 조치였다.

　1823년까지 200여 년 지속된 이 조치로 제주 섬은 경제적으로 완전히 정체될 수밖에 없었고, 섬사람들은 사회 문화적으로 고립된 삶을 살았다. 이 시기의 제주인들에게 육지 땅은 그야말로 꿈에서나 밟아 볼 수 있는 별세계나 다름없었다. 더군다나 제주의 여성들에겐 특히 '육지로 시집갈 수

● 김만덕객주

도, 바다를 건널 수도 없다'는 '월해금법(越海禁法)'이란 법령까지 적용되고 있었다.

　이런 야만의 시대에 섬을 벗어나 한양을 거쳐 금강산까지 유유히 여행을 다녀온 제주인이 있었다. 그것도 여성, 노년의 독신 여성이다. 그녀가 거쳐 가는 전국의 관할 관아엔 '모든 편의를 모자람 없이 제공하라'는 어명까지 내려졌다. 제주 여인 김만덕이 그 주인공이었다. 그는 환갑에 이른 나이에 임금의 특별한 배려를 받으며 최고급의 육지 여행길에 오를 수 있었다.

 노블레스 오블리주의 표상

　김만덕은 젊을 때 한동안 기녀였다. 원래는 양갓집 막내딸로 태어났으나 12살 때 부모를 잃고 고아가 되면서 기생집 몸종으로 맡겨졌다. 늙은 기녀의 눈에 들어 그녀의 수양딸이 되었고 처녀로 성장한 다음엔 자연스레 기녀 명부에 이름을 올린다. 어린 나이에 밑바닥 인생을 경험하며 세상의 이치에 일찍 눈을 뜬 만덕은 20대 중반 나이가 되자 평생을 천민인 기녀로 살아갈 자신의 미래에 대해 회의를 느끼기 시작한다.

당차게 관아를 찾아간 만덕은 기적(妓籍)에서 이름을 빼 달라고 끈질기게 매달린 덕에 원래의 양인 신분을 되찾았다. 그간 아껴 모은 돈으로 포구 인근에 객줏집을 차렸고 초반부터 성황을 이룬다. 십수 년 기방 안팎에서 보고 익히며 터득한 자세와 마음가짐이 장사에 큰 밑천이 된 듯하다. 음식과 숙박을 기본으로 위탁판매와 매매, 중개 등 교역과 유통 쪽으로 다각화하며 사업은 번창해 갔다. 제주 특산물들을 고가에 육지로 내다 팔고, 쌀 등 육지에서 나는 생필품들은 값싸게 대량으로 섬에 들여오는 유통 방식이 주효했던 것이다. 세월이 흐르며 만덕은 제주와 남해 일대를 주름잡는 거상(巨商)으로 변모해 있었다.

김만덕이 50대 중반을 넘어설 즈음 제주엔 4년 연속 흉년이 이어지고 있었다. 기근에 시달리며 굶어 죽는 이가 수만 명에 이르자 조정에선 화급하게 구호 곡물을 마련해 실어 보냈는데 이마저 바다에서 풍랑을 만나 침몰해 버리고 만다. 이때 김만덕은 일생일대의 결단을 내리고 나선다. 평생 모은 전 재산을 즉각 처분하여 육지에서 쌀을 사들여 오곤 관아에 내놓은 것이다. 도민 전체가 아사로 내몰리던 제주 섬은 만덕의 진휼미 덕택에 절체절명의 위기를 넘길 수 있었다.

이 사실은 바다 건너 한양에까지 알려졌고 이를 가상히 여긴 정조 임금은 제주목사를 통하여 만덕에게 소원을 물었다. 부귀나 영화를 원하는 것도 아닌, 그저 육지에 올라가서 한양 구경을 하고 금강산을 유람하는 게 소원이라고 만덕은 답했다. 평생 섬 밖으로 나갈 수 없는 제주 여인 신분으로선 육지 여행은 절실한 꿈이었을 터이지만, 임금 눈에는 이런 소박한 요청이 갸륵하게 비쳐졌는가 보다.

곧 여행에 필요한 모든 편의를 모자람 없이 제공하라는 어명이 곳곳에 하달되었고, 김만덕은 제주 여인 최초로 임금의 은덕을 입은 최고급 육지 여행길에 오르게 된다. 임금을 알현할 수 없는 그녀의 법적 신분을 해소해 주려고 정조가 그녀에게 내의원 의녀반수(醫女班首)라는 벼슬까지 내려 줌으로써 김만덕은 정조를 알현할 수 있었다. 오늘날 같으면 청와대 의료팀 수간호사 정도의 직책일 텐데 당시로선 여성이 오를 수 있는 최고위직이었다고 한다.

김만덕의 덕행도 덕행이었지만 그녀의 2가지 소원이라는 것이 장안에 큰 화젯거리가 되었고 여기에 임금이 내린 여러 조치까지 화제가 되면서 김만덕은 일약 전국적 스타로 떠올랐다. 이때가 정조 21년(1797년)이다. 59세의 그녀는 한양 도성의 공경대부와 선비들의 칭송을 받으며 금강산 여행까지 마쳤고, 이어 고향으로 돌아가 노후 15년간 제주 사람들의 사랑을 듬뿍 받으며 살다가 74세에 눈을 감는다.

 올레길에서 만나는 의인의 흔적

올레 18코스 시작점인 간세라운지를 출발하면 천천히 20분 정도는 예나 지금이나 제주를 대표하는 상업 지역을 거닐게 된다. 제주의 원도심 중심 도로인 중앙로에서 동문시장까지, 그리고 원도심 중심 물길인 산지천

● 김만덕기념관

● 김만덕기념관 내부

을 따라 서부두 앞까지 이어지는 1.5km 구간이다. 옛날에는 '성안'이라 불리는 중심권이었고, 지금은 신제주에 밀려 퇴락하긴 했어도 여전히 여행자들이 많이 찾는 명소로 꼽힌다.

제주 의인(義人) 김만덕의 삶을 다양하게 만나 볼 수 있다는 것도 18코스의 특별한 점이기도 하다. 동문로터리에서 맑디맑은 산지천 물길을 따라 잠시 내려오면 호젓한 산짓물공원 맞은편에서 우람한 현대식 건물을 만난다. 김만덕기념관이다.

김만덕기념관은 척박한 환경에서 어렵게 일궈 낸 평생의 성취를 이웃이 어려울 때 아낌없이 나눴던 만덕 정신을 오늘에 되살린다는 모토로 2015년 개관했다. 3층의 상설 및 기획 전시실부터 2층 체험관과 자료실 그리고 1층 나눔장터와 카페까지 다양한 공간으로 구성돼 있다. 올레길 걷던 걸음을 잠시 멈추고 1시간 정도 둘러본다면 2~3백 년 전에 살았던 특별한 제주인의 예사롭지 않았던 삶과 마주하는 기회가 될 것이다.

김만덕기념관을 나오면 올레 코스 따라 도보 3분 거리에 김만덕객주가 자리 잡고 있다. 옛날엔 아담한 포구였을 제주항 서부두를 코앞에 둔 위치다. 옛 객주 터 자리에 깔끔한 초가 8채를 고증을 통해 복원했는데 흡사

● 김만덕객주

작은 민속촌을 연상시킨다. 초가 4채는 관람용으로 옛 분위기를 재현하고 있고, 나머지 4채는 주막으로 제주 전통음식과 막걸리 등을 팔고 있다. 옛 분위기인 외관에 비해 내부는 너무 현대식인 게 흠이긴 하지만, 그 옛날 배에서 내렸거나 배를 기다리는 조선시대 육지 상인들이 큰 봇짐 내려놓고 흥겹게 막걸리 사발을 들이켜는 정경을 충분히 그려 볼 수 있게 한다.

그 시절 이곳은 '김만덕종합상사'의 본사 건물에 해당하면서 육지와 제주 간 무역 거래소 정도의 위상이었다. 오늘날로 치면 인터넷 종합 플랫폼처럼 각양각색 사람들이 드나들며 다양한 상품과 정보가 모여드는 집합소였던 셈이다.

객주를 나오면 올레길은 사라봉으로 향한다. 건입동 주택가를 1.5km 지난 후 사라봉 입구 앞 주차장에 도착하는데, 올레 코스는 사라봉 정상으로 향하는 왼쪽 산길이지만, 포장도로를 따라 350m만 직진하면 김만덕 사당이 있는 모충사를 둘러볼 수 있다. 넓은 숲속 정원에 의인의 유해가 안치된 흰색 묘탑이 우뚝 서 있고 그 옆에서 '행수내의녀(行首內醫女) 김만덕 지묘'라고 쓰인 원묘(原廟)의 묘비를 만날 수 있다.

● 사라봉에서 내려다보는 제주 시내

묘비 뒷면엔 수십 자의 비문이 또렷하게 남아 있다. 어려운 한자들이지만 출신과 성장 그리고 재산 형성과 금강산 유람 등의 일대기를 담았음을 유추할 수 있다. 비문에는 '일흔의 나이임에도 용모가 선녀나 부처를 닮았고, 눈동자 2개가 빛나고 맑았다'는 내용이 포함되어 있다.

⟨김만덕기념관⟩ "재물을 잘 쓰는 자는 밥 한 그릇으로도 굶주린 사람의 인명을 구할 수 있지만, 그렇지 않으면 썩은 흙과 같다". 노블레스 오블리주를 실천한 거상이자 조선 최초의 여성 CEO, 나눔과 봉사의 표상으로 유명한 의인 김만덕의 삶과 그 정신을 기리고 본받기 위해 설립된 기념관이다. 입장료는 무료이다. 위치는 제주시 산지로 7(홈페이지 : http://mandukmuseum.or.kr)(출처 : 비짓제주).

⟨김만덕객주⟩ 제주시 구도심에 있는 미니 민속촌으로 초가 8채로 구성되어 있다. 관람동과 체험동으로 구분하여 체험동에서는 김만덕 주막을 운영하며, 해물파전과 국밥, 몸국 등 제주 토속 음식을 저렴한 가격으로 맛볼 수 있다. 위치는 제주시 임항로 68(출처 : 비짓제주).

잃어버린 마을 곤을동

30년 전 개봉했던 「미션(The Mission)」이란 영화가 있다. '선교'라는 제목이 종교적 색채를 풍기긴 하지만, 종교와 무관하게 많은 이들에게 감동을 준 명작이다. 거대한 폭포를 배경으로 펼쳐지는 아름다운 영상도 워낙 좋았지만, '넬라 판타지아'나 '가브리엘 오보에'로 알려진 엔니오 모리꼬네의 주옥 같은 영화 음악들까지도 여전히 많은 사랑을 받고 있다.

이 영화는 18세기 중엽의 유럽 선교사와 남미 원주민들의 삶과 죽음에 관한 이야기다. 중남미 대륙이 에스파냐와 포르투갈 두 강대국의 땅따먹기 각축장이던 시대가 영화의 배경이다. 에스파냐 선교사 3명이 선교를 위해 이과수폭포 위 오지로 들어갔고, 거기서 과라니족 원주민들을 만나 서로 사랑하고 신뢰하며 함께 살아가게 된다. 그들이 일궈 가는 밀림 속 공동체 촌락은 선교사와 원주민들 모두에게 사랑과 행복이 넘쳐나는 낙원이었다.

어느 날, 그 일대가 포르투갈 영토로 바뀌었으니 촌락을 비우고 모두 떠나라는 통보가 내려진다. 과라니족에겐 조상 대대로 뼈를 묻어 온 삶의 터전인데 침입자들이 들어와 땅 주인이 바뀌었다고 나가라는 것이다.

영화 종반부, 일부 강경파들은 활과 칼로 무장을 하여 항거하고 온건파

● 곤을동 표지석

들은 평화적 시위 방법을 택하지만, 그들 모두는 포르투갈군의 막강한 총포 앞에서 반나절 만에 몰살당한다. 집들은 불태워지고 마을은 잿더미로 변한다. 그리고 얼마 후, 살아남은 과라니족 아이들 몇몇이 폐허 속을 둘러보다가 어디론가 조각배를 몰아 떠나는 것으로 영화는 끝난다. 마지막 장면에서 떠나는 아이들 뒤로 올라오는 엔딩 자막 두 줄이 깊은 여운을 남긴다.

> 어둠 속에 한줄기 빛이 있다.
> 어둠은 결코 빛을 이길 수 없다.
> The light shines in the darkness.
> And the darkness has not overcome it.

올레 14-1코스 인근 동광리 마을 터는 70여 년 전까진 200여 가구 수백 명 주민들이 살았던 촌락이다. 영화 「지슬」의 마지막 장면에서 큰넓궤 동굴을 빠져나와 눈 덮인 산으로 올라가던 그 사람들이 살았던 곳이다. 영화 속 그들은 결국은 붙잡혀 한날한시에 정방폭포로 끌려가 사살되어 모두 바다에 던져졌다. 무등이왓, 조수궤, 사장밧, 간장리, 삼밧구석의 다섯 촌락은 그때의 학살과 방화로 폐허가 되었고, 지금은 '잃어버린 마을' 또는 '사라진 마을'로 불린다. 현재의 동광리는 당시 다섯 촌락 중 간장리를 중심으로 복원 공사를 거쳐 오늘에 이른 것이다.

두 영화 「미션」과 「지슬」 속의 사라진 두 마을은 남미의 밀림 오지와 지구 반대편 제주 섬 중산간이라는 시공간의 차이만 있을 뿐, 대학살 후 '잃어버린 마을'이 되었다는 공통점이 있다.

해안 마을에 닥친 이틀간의 비극

18코스 초반의 원도심 구간을 벗어나면 올레길은 사라봉으로 향한다. 오랜만에 만나는 급경사 오르막에 온몸이 땀에 차지만 해발 147m 사라봉 팔각정에 오르면 왠지 모를 에너지로 온몸이 다시 충전됨을 느낀다. 길고 푸른 수평선과 발아래 넓게 펼쳐진 제주항 정경, 왼쪽으로 오밀조밀한 구 제주시, 뒤돌아보면 한라산과 그 앞에 펼쳐진 오름과 들과 중산간 마을들…….

● 사라봉에서 별도봉 가는 길

사라봉 정상에서 별도봉을 거쳐 해안 가까이 중턱으로 내려오면 또다시 제주 4·3사건의 아픈 흔적과 만난다. 화북의 '잃어버린 마을 곤을동' 터를 지나는 것이다. 초토화 작전이 한창 진행되던 1949년 1월 초, 일단의 군인들이 곤을동마을로 들이닥쳤다. 67가구의 주민들은 집 속에서 그저 오들오들 떨고만 있었다. 군홧발에 채이며 주민들은 집 밖으로 끌려나가고 그중 젊은이 10여 명은 따로 끌려가 바닷가에서 즉결 처형되었다. 군인들이 집 안으로 기름병을 던졌고 초가집들은 연이어 불타기 시작했다. 벌겋게 불타오르는 마을을 뒤로 하고 주민들은 모두 화북초등학교로 끌려와 갇혔다.

이튿날 아침이 되자 갇혔던 주민들 중 젊은이 10여 명이 추가로 끌려나가 총살되었다. 다시 마을로 간 군인들은 아직 타지 않은 집들을 마저 불태워 버렸다. 당시 이틀간의 일로 마을 주민 30여 명이 희생되었고, 67가구 집은 남김없이 불태워졌다. 그러곤 폐허의 잿더미 상태 그대로 오늘날까지 왔다.

곤을동 터를 지나 내려오는 구간은 제주의 여느 야산에서나 볼 수 있는 흔한 정경이다. 농사를 짓지 않을 것 같은 밭들이 촘촘한 돌담으로 구획이

● 별도봉에서 내려다보는 제주항

● 곤을동마을 터

나뉘어 각각 누군가의 소유 영역임을 표시하는 듯 보인다. 조금만 주의를 기울여 보면 그 옛날 이곳이 사람이 살았던 마을이었음을 바로 알아볼 수 있다. 큰 방앗돌이 남아 있는 곳은 동네 여인들이 수다를 풀어 놨을 방앗간이었을 것이다. 집터로 보이는 곳들 여기저기에는 아궁이 흔적들도 남아 있다. 얼핏 밭담이라 생각했던 돌담들은 모두가 개별 집들과 올레길을 구분하는 울타리였다.

폐허로 변하고 10여 년 후인 60년대 곤을동 사진을 지금과 비교해 보면 뚜렷이 알아볼 수 있다. 지금의 돌담들 울타리 안은 불타버린 초가집과 마당터였고, 돌담과 돌담 사이는 동네 골목길인 오리지널 '올레'였던 것이다.

이윽고 '잃어버린 마을 터'가 끝나고 화북천 하류로 내려선다. 서쪽으로 제주항 방파제와 여객터미널 정경이 제주 바다와 함께 멋진 조화를 이룬다.

여행TIP

〈사라봉〉 제주에서 가장 아름다운 10곳을 선정한 영주십경 중 사봉낙조에 해당하는 오름이다. 사봉낙조는 사라봉에서 지는 붉은 노을을 의미하며, 사라봉 정상에 올라 노을로 붉게 물든 바다를 보면 절로 감탄사가 나온다. 정상에 오르면 북쪽으로는 파란 바다, 남쪽으로는 웅장한 한라산을 볼 수 있고 발아래로 제주 시내의 모습이 보여 일몰뿐 아니라 막힘없이 펼쳐진 평소의 풍경도 아름답다.

오름의 형태는 북서쪽으로 벌어진 말굽형 화구로서 붉은 송이로 구성된 기생화산이며 전체적으로 해송이 가득하다. 사라봉 남쪽에는 모충사가 있고 동쪽에는 별도봉이 연봉을 이루고 있으며, 산 일대는 공원으로 지정되어 있다. 공원 내에는 팔각정과 의병항쟁기념탑이 있고 체력단련 시설과 음수대, 화장실 등의 편의시설이 잘 갖추어져 있어 관광객뿐 아니라 도민들도 자주 방문하는 곳이다(출처 : 비짓제주).

〈별도봉〉 화산 쇄설성 퇴적암과 용암으로 구성되어 있으며, 정상봉에는 북측 사면의 등성이가 바다 쪽으로 뻗은 벼랑이 있다. 벼랑 밑 해안단에는 고래굴과 애기업은돌이라 불리는 기암이 있다. 아름다운 산책로를 가지고 있으며 별도봉을 감아 도는 해발 136m의 해안 절벽을 끼고 단장해 놓은 산책로를 장수로라 하는데, 이곳에서 높은 봉우리와 제주항 입출항 선박 및 푸른 바다 등 해안 절경 조망이 가능하다. 연인 혹은 가족끼리 산책할 수 있는 아름다운 장소이다(출처 : 비짓제주).

화북, 조천비석거리

잃어버린 마을 곤을동 터를 내려오면 이전 시대의 또 다른 제주 역사와 만난다. 원두교를 건너 화북천 하구 쪽으로 150m 내려간 화북비석거리에 서다. 물론 올레 18코스 노선상에 위치한다. 제주에는 비석거리란 지명이 꽤 여러 곳 있는데, 저마다 사연과 연유가 담긴 비석들이 한두 개 이상씩 모여 있다 보니 그렇게 불려 온 듯하다. 화북비석거리도 그들 중 하나지만 다른 곳들에 비해 비석 수가 특히 많다는 게 특징이다.

● 화북비석거리

● 조천비석거리

'거리'라고 하기엔 짧은 수십 미터 울타리 안에 13개의 오래된 비석들이 가지런히 열 세워져 있다. 3개는 좀 더 우람하면서 머릿돌까지 올려진 상태이고 나머지 10개는 단순한 직사각형 비석들이다. 오랜 세월 풍파를 겪은 탓에 일반인들이 비문만으로 개개 비석의 의미를 알기는 쉽지가 않다. 인터넷 도움을 받으면 어렵지 않게 알 수 있다.

이곳 비석들은 1800년대 후반에 제주목에 파견됐던 목사(牧使) 9명을 포함하여 13명의 지방관들의 선정을 기리는 공덕비들이다. 어려운 처지의 백성들을 구제했다는 '휼민(恤民)', 청렴하고 고결한 덕행을 의미하는 '청덕(清德)', 사람이 떠나간 다음에 그리워한다는 '거사(去思)' 등의 단어가 지방관 이름과 직책 앞뒤로 비문을 한껏 꾸미고 있다.

비석거리를 벗어나 화북포구와 군데군데 환해장성, 그리고 삼양검은모래해변과 신촌을 거쳐 조천에 도착하면 또 다른 비석거리에 이른다. 이 역시 올레길 노선상이고 18코스 종착지인 조천만세동산까지는 코스 경로 기준 1.5km를 남겨 둔 지점이다. 이곳 조천비석거리는 '거리'라기보다는 광장에 가깝다. 제주도의 남쪽 반대편인 남원포구에서 중산간을 넘어 북쪽으로 곧장 달려오는 지방도 1118번(남조로)을 포함하여 여섯 갈래의 길들이 이 광장으로 모여든다.

광장 한편 건물 옆에 말끔하고 선명한 비석 9개가 서 있는데, 우리 세대에 만들어진 듯 역사적 의미는 별로 담겨 있지 않아 보인다. 그 맞은편이 중요하다. 커다란 폭낭(팽나무) 뒤로 13개의 비석들이 나란히 줄지어 서 있다. 일반인의 시각으로는 구분이 어려우나 관련 자료에 따르면 이들 중 오른쪽 6개 말끔한 비석들은 일반인의 것들이고, 머릿돌이 씌워진 왼쪽 7개가 역사적 의미가 담긴 비석들이라고 한다.

이들 7개 비석의 비문 역시 화북비석거리에서 보았던 것처럼 지방관의 이름과 직책 옆에 휼민, 청덕, 거사 등의 한자들을 포함하고 있다. 모두가 제주 백성들에게 청렴과 덕행으로 선정을 베풀었음을 과시하고 있다.

육지로 향하는 두 관문

조천비석거리에서 18코스 노선을 따라 400m 나아가면 조천항이 나온다. 조선시대 때 조천포로 불리던 조그마한 자연 포구였던 것이 일제강점기 때 육지와의 개항지로써 방파제가 축조됐고, 이후 개발 시대를 거치며 지금의 모습으로 변모했다. 지금이야 육지에서 오는 모든 선박들이 인근 제주항으로 모이지만 과거엔 이곳 조천포와 화북포가 육지로 나가고 들어오는 배들의 관문이었다.

지도를 펼쳐 보면 이 일대가 육지와의 직선거리가 제일 짧음을 알 수 있다. 오늘날과 달리 오로지 사공들의 노 젓기에만 의존하는 돛단배로 거센 풍랑을 헤쳐 나가야 했던 시절이다. 최단 거리 바닷길을 찾는 건 포구 선정에 무엇보다도 중요한 요소였다.

그 옛날 제주는 먹고 살기 힘든 척박한 환경에다가 탐관오리들의 수탈과 횡포가 만연하다 보니, 나룻배를 타고 이판사판으로 섬을 떠나는 이들

● 연복정

이 많다. 이에 조정에서는 섬 인구가 줄어드는 걸 막기 위해 출륙금지령이란 법령을 내렸다. 제주의 일반 백성들이 섬을 나가는 걸 금지시킨 것이다. 육지로 나갈 특별한 이유가 있다고 허가받은 이들만 이곳 조천포를 통해서 엄격한 심사 후에 배에 오를 수 있었다. 따라서 조천포는 인근 화북포와 함께 제주도를 오가는 모든 이들이 거쳐야 하는 관문이었던 것이다.

주로 조정에서 부임해 오거나 이임해 떠나는 목사나 판관 등 지방 관리들이나 사신들 및 유배객들이 배를 타고 내리며 들락거렸다. 포구 인근에는 이들이 하루 이틀 머무는 숙소인 조천관(朝天館)이 있었다. 풍랑이 거센 날이면 이곳에 머물며 바람이 잠잠해지기를 기다려야 했다. 오늘날의 제주야 여행자들의 천국이지만 100여 년 이전까지는 누구든 발을 들이고 싶지 않고, 왔더라도 어서 빨리 벗어나고 싶었던 오지 중의 오지였다.

그러기에 날씨가 나빠 전날 떠나지 못한 이들은 다음날 아침(朝) 눈을 뜨면 제일 먼저 하늘(天)을 쳐다보며 날씨를 살폈을 것이다. 그래서 이곳이 '조천'으로 불리게 됐다는 말도 있다. 다른 유래로는 '조천(朝天)'의 사전적 의미 그대로 '조정에 들어가 천자를 알현한다'라는 뜻이 담긴 곳이라는 설이 있다. 이곳 조천은 섬에 파견 온 지방관들이 하루속히 왕이 있는 한양으로의 복귀를 갈망했던 곳이기도 하다. 비석거리와 조천항 사이 18코스 노선상에 있는 연북정(戀北亭)이 이를 상징적으로 말해 준다.

연북정은 '북쪽의 연인을 그리워'하는 게 아니라 '북쪽에 계신 임금을 그리워하는 정자'이다. 임금에 대한 충정을 과시하기 위한 관료적 욕망과 이기심이 엿보이는 지명이다. 양반 본인들로서는 유배 생활이나 다름없었을 제주에서의 임기가 어서 빨리 끝나기만 바랐을 것이다. 이곳 높은 정자에 앉아 술잔 앞에 놓고 바다 너머 북쪽을 바라보며 한양으로부터의 반가운 소식만을 기다렸을 그 시절의 관료들이나 유배객 선비들 모습이 연북정에서 그려진다.

한양만을 바라봤던 외지인들의 흔적

제주를 거쳐 간 지방관들의 그런 이미지를 떠올리면, '청렴과 고결로 백성들에게 덕행과 선정을 베풀었음'을 내포하는 비석거리 비문들이 과연 어디까지가 진실일지 회의가 든다. 이 비석들이 주로 세워진 시기는 19세기 중후반이라고 한다. 조정의 통제력은 약해졌고 나라는 망해 가던 조선 말기다. 지방 관리들의 착취와 수탈이 극에 달하며 제주에선 수많은 민란이 일어났던 당시 역사를 떠올리면, 그 시절의 이런 공덕비나 선정비의 의도가 순수하게 느껴지지 않는 것이다.

이영권 작가의 『제주 역사 기행』에서 조천비석거리의 단면을 설명해 주는 내용이 있어 눈길을 끈다.

"제주 여러 마을의 비석거리 중 특히 조천의 비석거리는 더욱 주목을 받았다. 제주의 관문이었기 때문이다. 서울서 내려오는 관공리의 눈에 띌 확률이 그

만큼 높다. 자신이 제주도를 떠난 후에라도 후임자나 암행어사에 의해 비석에 새겨진 자신의 선정(善政)이 조정에 전해진다면 얼마나 좋겠는가. 이는 곧바로 자신의 진급과 연결될 수도 있었다. 때문에 기를 쓰고 선정비를 세우려고 했다."

이영권 『제주 역사 기행』, 한겨레신문사

몇 페이지 뒤에 이어지는 화북비석거리 설명글 또한 읽는 이의 고개가 저절로 끄덕여지게 한다.

"조천 비석거리와 마찬가지로 이곳에도 지방관의 선정비들이 세워져 있다. 제주의 가장 중요한 관문이었음을 상징하기에 충분하다. 마치 좋은 목을 노리는 상인들처럼 지방관들도 다투어 이곳에 자기의 비석을 세워놓으려 했던 모양이다. 비석의 수가 조천보다 두 배나 많다. 물론 이곳의 비석 역시 대부분 19세기의 것이다. 일제 강점기를 바로 코앞에 둔 시점의 지방관들이 무슨 선정(善政)은 그리도 많이 베풀었는지 궁금하다.

화북 비석거리에 있는 비석들의 공통된 특징은 비문의 성씨(姓氏) 부분이

뭉개져 있다는 점이다. '비석치기'다. 민중이 보여준 최소한의 분노 표시다. 별다른 저항 수단을 갖지 못했던 민중의 자위 행위다. 탐관오리의 비석에 대고 침을 뱉거나 돌멩이로 까버리면서 그렇게 스스로를 위로했던 것이다."

이영권 『제주 역사 기행』, 한겨레신문사

이런저런 이면을 모르고 지났으면 좋았을지도 모른다. 비석거리에 열 지어 서 있는 오래된 비석들 앞에서 우리 조상들의 덕행과 치적을 느끼며 여행자의 마음이 한결 따스해졌을 수도 있다. 바로 이어지는 연북정에선 멀리 떠나온 옛 관리들의 임금에 대한 충정의 마음을 느끼며 감동을 받고 지나갈 수도 있었다. 하지만 이런 씁쓸한 이면 또한 우리가 알아야 할 역사적 사실 아니겠는가.

〈조천만세동산〉 제주의 3대 항일운동 중 하나인 조천만세운동이 전개되었던 곳이다. 조국의 자주독립을 위해 목숨을 바친 분들을 추모하고 평화를 염원하는 '애국선열추모탑'과, 만세운동의 뜻을 기억하고 기리기 위해 세워진 '3·1독립운동기념탑'이 있다. 특히 애국선열추모탑은 제주 고유의 문인 '정낭'을 닮은 모양을 하고 있다. 그 옆에 있는 항일기념관에는 독립운동 관련한 다양한 사료가 전시되어 있다. 위치는 제주시 조천읍 신북로 303(출처 : 비짓제주).

장두 이덕구

4·3 광풍은 무장대 사령관 이덕구의 죽음으로 1차 종지부를 찍는다. 그의 시신이 십자가에 걸려 관덕정광장에 전시되던 그날의 모습을 현기영 작가는 『지상에 숟가락 하나』에서 다음과 같이 묘사하고 있다.

"그의 주검은 카키색 허름한 일군복 차림의 초라한 모습이었다. 그런데 집행인의 실수였는지 장난이었는지 그 시신이 예수 수난의 상징인 십자가에 높이 올려져 있었다. 그 때문에 더욱 그랬던지 구경하는 어른들의 표정은 만감이 교차하는 듯 심란해 보였다. 두 팔을 벌린 채 옆으로 기울어진 얼굴, 한쪽 입귀에서 흘러내리다 만 핏물 줄기가 엉겨 있었지만 표정은 잠자는 듯 평온했다. 그리고 집행인이 앞가슴 주머니에 일부러 꽂아놓은 숟가락 하나, 그 숟가락이 시신을 조롱하고 있었으나 그것을 보고 웃는 사람은 없었다.

그리하여 그날의 십자가와 함께 순교의 마지막 잔영만을 남긴 채 신화는 끝이 났다. 민중 속에서 장두가 태어나고 장두를 앞세워 관권의 불의에 저항하던 섬 공동체의 오랜 전통, 그 신화의 세계는 그날로 영영 막을 내리고 말았다."

현기영 『지상에 숟가락 하나』, 창비

올레 18코스가 거의 끝나갈 즈음 이덕구의 고향을 지난다. 조천읍 신촌

● 관덕정 이덕구 시신(출처 : 제주의소리 2013. 11. 11 기사 캡처)과 제주시 중산간 이덕구 산전

이다. 4·3사건과 그를 모르는 올레꾼들에겐 그냥 지나쳐가는 해안 마을일 뿐이다. 70여 년 전 20대 후반이었던 그는 고향 후배들에겐 마음씨 좋고 대하기 편한 중학교 선생님이었다. 시대를 잘못 만난 게 그의 불운이었다. 가르치던 아이들에게 '오랫동안 서로 못 볼지 모른다'는 말을 남기고 사라졌고, 2년도 안 되어 관덕정광장에 주검으로 돌아왔다.

그는 신촌 지역 유지의 아들 삼형제 중 막내로 태어났다. 어린 이덕구에겐 부족함 없는 환경이었다. 초등학교 때 큰형이 있는 오사카로 유학 보내졌기에 이후 청년으로 성장할 때까지 내내 양질의 고등 교육을 받을 수 있었다. 일본 육군에 입대한 건 태평양전쟁 중반기인 1943년이었다. 교토에 있는 리츠메이칸(立命館)대학 경제학과 4학년에 재학 중일 때다.

이후 만주 관동군에서 복무하다가 일본 패망과 함께 소위로 제대하여 고향에 돌아왔다. 해방 이듬해인 1946년 3월, 큰형 이호구가 고향에 조천중학원을 설립한다. 선진 엘리트였던 이덕구는 형의 학교에서 교편을 잡게 된다. 200여 명 학생들을 가르치는 7~8인 교사 중 한 명이었다.

그리고 1년 후인 1947년 3월 1일, 제주 읍내 관덕정에서 큰 사건이 발생했다. 3·1절 행사 후 경찰 발포로 주민 6명이 사망한 것이다. 조천에서 15km 떨어진 이 행사장에는 조천중학원 교직원과 학생들도 다수 참여하고 있었다. 그리고 1년 동안 제주에선 앞으로 닥칠 비극을 잉태하는 많은 일들이 벌어졌다. 이덕구의 제자였던 조천중학원 2학년 김용철 군이 경찰 고문으로 사망하는 등 비슷한 사건들이 수없이 터져 나왔다.

도민들의 분노가 비등점을 넘어가던 1948년 4월 3일, 마침내 남로당 무장대 수백 명이 봉기하기에 이르렀다. 그즈음 조천중학원 이덕구 선생은 이미 산으로 들어가 무장대와 합류한 상태였다. 일본군 장교 출신에 고급 두뇌의 소유자였던 그는 단시일 내에 무장대의 리더급으로 부상했다.

그해 8월 무장대 사령관 김달삼이 북조선 인민대표자회의 참석차 월북하면서 이덕구는 2대 사령관으로 무장대를 이끌게 된다. 그러곤 10개월, 뛰어난 지도력을 발휘하며 종횡무진하였으나 종말은 이미 예견되어 있었다. 군경 토벌대의 초토화 작전에 맞서 소위 '폭도들' 수백 명을 지휘하며 한라산과 중산간 일대를 누비다 1949년 6월 경찰과의 교전에서 최후를 맞았다. 당시 그의 나이 29세였다.

 한 많은 이들의 가족묘

18코스 종반의 조천비석거리에서 남쪽으로 300m 벗어나면 이덕구가 재직했던 옛 조천중학원 터가 나온다. 조천파출소 맞은편이다. 지금은 조천보건소 건물이 들어서 있다. 3·1절 발포 사건 이후 조천중학원은 사실상 수업이 어려워졌다. 시위 주동 혐의로 교사와 학생들이 다수 잡혀 가는 등 탄압을 받았기 때문이다.

이듬해 4·3사건 발발 후 5·10총선거를 거치면서 교사와 학생들 대부분은 친척 집으로 피신하거나 산으로 들어가 무장대에 합류했다. 이후 조천중

● 이덕구 가족묘

학원은 '빨갱이 학교'로 낙인찍혔고, 당연히 폐교 조치되었다. 그리고 얼마 후 이곳에서 2km 떨어진 신촌리에 '조천중학교'가 새로이 설립되어 오늘에 이르렀다.

이덕구 집안도 당연히 풍비박산이 났다. 극소수가 일본으로 밀항하거나 북송된 걸 제외하곤 이덕구의 아내와 어린 두 남매를 포함하여 일족 수십 명 대부분이 이덕구의 죽음을 전후하여 피살되거나 처형되었다.

2007년에는 겨우 살아남은 후손 몇몇에 의해 이덕구 일가의 가족묘가 중산간 마을인 제주시 회천동 673번지에 조성되었다. 동회천마을복지회관에서 와흘리 쪽으로 400m쯤 가다가 삼거리에서 오른쪽 길로 하천을 따라 300m 지점의 오른쪽 밭 안이다. 여러 곳에 흩어져 있던 묘들을 한곳에 모은 건데, 14개의 비석에 20여 명 일가의 영혼들이 모셔져 있다.

이덕구의 시신은 화장되어 시냇물에 쓸려가 버렸기에 유해는 수습되지 못했고 비석만 세워져 있을 뿐이다. 아내와 자식의 추모비도 세워져 있고, 토벌대에 의해 상단 절반이 파손된 이덕구 할머니 강씨(姜氏)의 묘비도 원래 있던 곳에서 여기로 옮겨져 왔다. 묘비들 앞 시비에 써진 이승익 시인의 비문이 눈길을 끈다.

● 이덕구 학창 시절 사진
(출처 : 제주의소리 2013. 11. 11 기사 캡처)

"진드르 껴안은 신촌리엔 선지자 네 분 계셨다. 진달래꽃 흐드러지게 피어 한라산 골짜기마다 산새 지저귀고 물오른 나무 이파리 프르름 가득하여 평화와 희망을 목청껏 노래하던 그 해 무자년 사월 초승, 제주 온 섬 아수라장. 누가 우리 부모 형제를 범하는가. 누가 우리 친구 이웃을 범하는가. 이건 아니야! 친구여, 형제여, 이웃이여, 당하고만 있을 쏜가. 분연히 일어나 불쌍한 백성 함께하자. 59년 전 산에서 들에서 골짜기에서 제주 백성에게 외치던 그들의 함성 들립니다. 온몸을 불사른 신촌마을 네 분 선지자. 이호구 선생, 이좌구 선생, 이덕구 선생, 이순우 선생, 이제는 구천에서 고이 내려오소서. 맺힌 원혼을 푸소서. 살아 있는 우리가 앞에 나서 저 산새들 울음 멈추게 하리오."

학생 시절의 이덕구 사진을 보노라면 왠지 찐한 느낌이 든다. 까까머리에 둥근 안경을 썼다. 목둘레에 하얀 '칼라'를 살짝 드러낸 검정색 교복을 입었다. 우리 70년대 중고등학생 모습 그대로이면서 쑥스러움인지 여유인지 모를 옅은 미소를 짓고 있다. 관덕정광장에서 고개를 옆으로 젖힌 채 십자가에 묶여 있던 주검의 모습과 오버랩된다. 시대를 잘 만났더라면 어떤 삶을 살았을까.

〈이덕구 가족묘〉 위치는 제주시 회천동 673번지. 동회천(새미마을)에서 동(와흘)쪽으로 마을을 막 벗어나면 커다란 마을 표석이 있고 그 맞은편(남쪽)으로 내창을 따라서 새로 난 길로 300여 m쯤 가면 길 오른쪽 밭 안에 있다. 2007년 10월 12일에 조성되었다. 가족묘지에는 전주 이씨 계성군파 李樞(이덕구의 고조)부터 증조, 할아버지, 아버지 형제, 형제, 사촌형제, 조카, 아들의 묘비가 세워져 있다. 옛 비석들은 뒤편에 세워 두었다. 할머니(姜氏)의 묘비는 토벌대에 의해 두 동강 난 아랫부분이 그대로 세워져 있다(출처 : 고영철의 역사교실 jejuhistory.co.kr).

추자도올레

- 총 거리 18km
- 소요 시간 6~8시간
- 최고 해발 164m(돈대산 정상)
- 최저 해발 0m(상추자항)

난이도 ★★★

경유지 & 구간 거리
상추자항-0.4km→최영장군사당-1.2km→봉글레산 정상-1.5km→추자등대-2.8km→묵리수퍼-2.3km→신양항-5km→돈대산 정상-3.4km→영흥쉼터-1.4km→상추자항

알아 두면 좋은 점

- 오르막 내리막이 일곱 번 정도 반복되기 때문에 코스 난이도가 높은 편이다.
- 출발점인 추자항을 지나면 묵리수퍼나 신양항 주변 외에는 식당이나 수퍼 찾기가 어렵다.
- 아침부터 하루에 종주도 가능하지만 이틀에 나눠서 느긋이 하는 게 좋다.
- 신양항이나 예초리포구에서 1시간에 한 번씩 다니는 버스를 이용할 수 있다.

추자도 황경한의 묘

"경헌¹아, 눈을 뜨지 않아도 알 것이다. 네가 살아가게 될 땅이다. 죽어서는 아니 된다. 악착같이 살아남아 언젠가는 꼭 만나자꾸나. 그러니 잘 봐두거라. 저 마을을, 이 포구를, 그리고…… 어미의 타는 가슴을. 너를 버리는 것이 아니다. 너를 지키는 것이다. 나와 함께 제주로 가게 되면 너는 일평생 천한 노비로 살아갈 뿐 아니라 이 어미의 욕된 꼴을 함께 보아야 할 것이다. (중략) 나는 네가 황사영, 정난주의 아들이 아닌 경헌 네 자신으로 살아가기를 바란다. 양반도 천출도 아닌 이 땅을 살아가는 보통의 양민이 되어, 때론 주리고 고통받겠으나 강인함으로 살아남아 끝끝내 또 다른 생명을 일구어가는 그러한 사내로 말이다. 아무것에도 얽매이지 말거라. 태생에도, 사상에도, 신앙에도……. (중략) 천 일 만 일을 하루같이 그리워하고 애태우며 아끼고 사랑할 것이다……, 아들아……." 김소윤 『난주』, 은행나무

다산 정약용의 조카 정난주 여인의 일대기를 그린 김소윤 작가의 소설 『난주』의 한 대목이다. 초기 천주교인들이 다수 처형되고 유배됐던 1801년

---

1 『난주』에서의 황경헌과 본문에서의 황경한은 같은 사람이다. 소설에선 보명(譜名)인 경헌(敬憲)을 썼다. 본문에서는 지명 '황경한의 묘' 등을 고려하여 아명인 황경한으로 표기했다.

신유박해 때, 제주도로 유배 끌려가던 29세 여인 정난주가 추자도 바닷가에 서서 읊조리는 장면이다. 그녀는 품속 2살 난 아들에게 그가 홀로 남겨질 추자도의 풍경을 미리 보여 주고 싶었고, 이승에선 마지막이 될지 모를 어미의 말을 아가에게 한마디 한마디 남겨 주고 있었다.

남편 황사영은 '백서 사건'으로 붙잡혀 무참하게 처형된 후였고, 거제도로 유배 가는 시어머니와는 이틀 전 갈림길에서 헤어진 뒤였다. 거센 파도로 잠시 멈춘 추자도에 아기를 몰래 버려 두고 떠난 여인은 제주로 끌려가 37년간 관노비로 살다 죽었다.

섬 갯바위에 홀로 남겨진 아기는 어미의 바람대로 누군가에게 구해져 죽지 않고 살아남았다. 좋은 양부모 손에 키워진 아이는 성인이 되면서 제주 섬에 있다는 친모의 존재를 알게 되었고, 제주의 정난주 여인 또한 먼 훗날이지만 아들 경한이 성인이 되어 추자에서 잘 살고 있음을 알게 되었다. 그러나 모자는 각자의 섬을 벗어나 보지 못한 채 서로 그리워만 하다가 생을 마쳤다.

모친과 아들이 떨어져 살았던 거리를 보면 100km에 지나지 않는다. 지금의 제주도 서귀포시 대정읍 동일리에서 한라산 중산간을 넘어 제주항까지 육로 45km에 다시 추자도까지 뱃길 55km가 더해질 뿐이다. 오늘날 같으면 배로 1시간 만에 갈 수 있는 이 바닷길이 200년 전 조선의 하층민들에겐 달나라로 가는 우주 항로나 다름없었다.

아기자기한 추자올레 한 바퀴

추자도는 상추자와 하추자가 다리 하나로 이어진 2개의 본섬에, 횡간도와 추포도 등 주변 40개 작은 섬들이 합쳐져 이뤄진 섬군(群)이다. 조선시대까지는 육지인 호남에 속해 있다가 1910년 한일합방 직후의 행정구역 개편 때 제주로 편입되었다.

● 상추자항 풍경

　추자도 올레길인 18-1코스는 2010년 6월에 열렸다. 올레 1코스가 개장된 지 3년 만이고, 제주시 구도심을 관통하는 17코스까지 올레길이 이어져 오던 때이다. 이로써 제주에는 우도와 가파도에 이어 배를 타고 가야 하는 올레 코스가 3개로 늘어났고 지금까지도 변함이 없다.

　추자올레는 총거리 18km에 상추자와 하추자 2개의 섬을 한 바퀴 돌아오는 순환 루트이다. 올레 전체 코스 중에선 상대적으로 긴 편에 속하고 난이도 또한 높은 편이다. 최고 해발은 164m에 불과하나 업-다운 굴곡이 심한 게 난이도를 높이는 원인이다. 고도차 100여 m를 여섯 번이나 오르내려야 한다.

　올레 시작점이자 종착지인 상추자항 대합실을 출발하여 파출소 우측 골목으로 들어서면 잠시 후 최영장군사당과 만난다. 고려 말 제주의 몽골인

● 상추자항

잔당인 목호들의 난을 평정하기 위해 출정할 때 장군이 잠깐 추자에 들른 인연이 있다고 한다.

　상추자항 뒷동산격인 해발 86m의 봉글레산은 추자도 전체를 처음으로 조망하게 해 주는 위치다. 다시 추자항으로 내려왔다가 영흥리 벽화골목을 지나며 오르막이 이어진다. 박씨 추자처사각과 추자등대 그리고 나바론 절벽을 거치거나 가까이 하다 보면 바람케쉼터에 이른다. 북동쪽으로 흑검도와 추포도 등 작은 섬들이 즐비하고 남서쪽으론 푸른 바다와 청명한 하늘 사이에 수평선 한 줄만 그어진 정경 앞에서 잠시 숨고르기를 한다.

　쉼터를 내려와 200m 길이의 추자대교를 건너면서 하추자 묵리고갯길

로 들어선다. 산 중턱 숲으로 이어진 옛길을 한참 걷다 보면 정겨운 묵리 마을로 내려선다. 빨강, 파랑, 연두 등 각양각색의 지붕들이 옹기종기 모여 앉은 섬마을 골목길을 누빈다. 억새풀이 우거진 사잇길을 따라 신양2리에서 신양1리 신양항으로 넘어온다. 하추자도의 대표 항구이지만 상추자항에 비해선 훨씬 조용하고 고즈넉한 분위기다.

신양항에 이어진 자동차 도로를 잠시 지나면 모진이해변 앞에 이른다. 200m 길이의 짧은 해안가에 몽글몽글 소담스런 몽돌들이 정갈스럽게 깔려 있는 모습이 내려다보인다. 해변 너머 가까운 바다엔 우뚝 솟은 수덕도가 도드라지고 그 왼쪽으론 멀리 제주 섬까지 아득하게 눈에 들어온다.

❶
❷

❶ 봉글레산에서 내려다 본 추자도 전경 ❷ 황경한의 묘

망망대해 수평선을 따라 하얀 구름들이 길게 깔려 있는 그 위로 한라산 봉우리가 희미하게 얹혀 떠 있는 모습이다. 물론 흐린 날에는 만날 수 없는 정경이다.

모진이해변 위로 나 있는 좁은 숲길을 따라 10분 정도 걷다 보면 해안가 언덕 위에 넓게 깔린 잔디밭 묘지에 이른다. '순교자 황사영 신앙의 증인 정난주의 아들 황경한의 묘'라는 비문이 눈에 들어온다. 묘비는 고인의 모친이 묻혀 있는 남쪽 바다 제주 섬을 향하고 있다. 천주교 111번째 성지라지만 별다른 장식이나 꾸밈은 없는 수수한 묘역이다. 뒤편 정자 옆으로 주차 공간도 넓고 묘 주변엔 꽃다발 등이 여럿 놓여 있다. 생전과는 달리 외롭지 않게 방문객들도 많고 묘 관리도 정성스레 되고 있음을 알 수 있다.

어미의 눈물, 눈물의 십자가

그 옛날 인근 갯바위에 홀로 버려진 두 살배기 아기는 어미가 떠나며 시킨 대로 열심히 울어 댔고, 어미가 간절히 소망했던 대로 누군가에게 발견되었다. 옆 마을 예초리 오씨 부부가 소에게 풀 먹이러 가다가 희미한 아기 울음소리를 들은 것이다. 젖내 나는 저고리 옷깃에 아기 이름과 생년월일을 적어 놓은 어미의 마음은 그대로 오씨 부부의 마음으로 전달되었다. 좋은 양부모를 만난 아기는 친자식처럼 소중히 키워지되 이름은 물론 성까지도 바뀌지 않았다. 자신의 성이 아버지 성과 다른 연유에 대해선 성인이 된 후 당연히 양부모에게 들어 알았을 것이다.

살아생전 모자간에는 대여섯 번 서신이 오갔다고 한다. 황경한의 나이 서른 즈음엔 제주의 정난주도 단순한 노비가 아니라 덕망과 기품이 뛰어난 한양 할머니로 주변의 존경을 받으며 늙어 가던 터였다. 내색은 않지만 추자도 아들 소식을 가장 궁금해할 것임을 잘 아는 몇몇 주변인이 추자와 제주를 오가며 모자간 가교 역할을 해 줬다. 아들로선 모친 살아생전에 기어코 제주를 다녀가고 싶었겠지만, 아들의 장래를 염려한 모친이 모질게 이를 막았다.

황경한의 묘는 18-1코스의 중간 지점이자 반환점이다. 이곳까지 섬의 남쪽을 서에서 동으로 횡단한 셈이고 이어서 북쪽 신대산으로 오른 후에 섬의 북쪽을 동에서 서로 횡단하는 여정이 남아 있다. 신대산까지 이어지는 1km 구간은 꽤 가파른 숲길이다.

신대산 정상 전망대에 오르면 탁 트인 바다를 배경 삼아 '아기 황경한과 눈물의 십자가'란 제목의 커다란 안내문이 세워진 걸 볼 수 있다. 황사영-정난주-황경한 세 가족의 아픈 이야기를 담고 있는 내용이다.

전망대 밑으로 난 나무 계단을 따라 200m 정도 내려가면 '물생이 끝'

이란 이름의 갯바위 위에 대형 십자가가 세워져 있고, 그 밑에 놓인 아기 황경한의 조형물을 만날 수 있다. 십자가 디자인은 어머니 정난주의 눈물이 십자가에 맺혀 하늘로 오르는 모습을 표현했다고 한다. 두 살 아기는 묵주를 손에 쥐고 누워 지그시 하늘을 바라보는 형상을 하고 있다.

아기를 이 섬에 몰래 남겨 두고 떠가기로 결심한 전날 밤 정난주는 품에 꼭 껴안은 아가에게 이렇게 말해 주고 있다. 소설『난주』의 한 대목이다.

"좋은 날도 나쁜 날도 종국에는 흘러간다. 그늘도 음지도 해가 들면 다시 꽃을 피운다. 지금 우리가 이러하다고 본래 이렇고 훗날 이렇겠느냐. 어미와 떨어지거든 하늘이 찢어지도록 울어라. 울어서 네가 살아 있음을 알려야 한다. 그래야만 네가 산다. 그 울음을 주께서 들을 것이고 사람의 귀가 들을 것이고 종국에는 인정이 움직일 것이다. 어미는 잊기도 잊으려니와 그리워도 말거라. 사무치는 그리움은 너를 상하게 하니 차라리 그리움을 모르는 것이 나으리라. 극통한 아픔은 이 어미의 가슴에 묻고 피눈물도 어미가 흘릴 것이다. 너는 그저 울고 떼쓰며 입고 먹으며 숱한 세월을 한날같이 아이로 자라거라." 김소윤 『난주』, 은행나무

| ⟨추자도⟩ | 한반도 남서부와 제주도의 중간 지점에 위치하며, 상추자도, 하추자도를 묶어 추자도라고 부른다. 상추자도와 하추자도를 연결하는 추자대교가 가설되어 있다. 연륙 교통으로는 제주-목포, 제주-완도 간의 정기 여객선이 매일 기항한다. 행정구역상 제주특별자치도에 속하나, 생활은 호남 풍습이 많이 남아 있으며, 언어도 전라도 사투리를 많이 쓴다(출처 : 두산백과). |

● 추자올레 아기 황경한 조형물과 눈물의 십자가

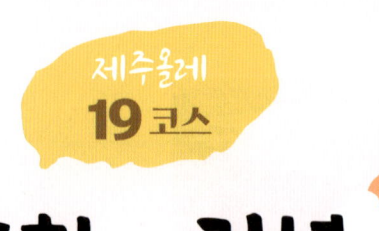

제주올레 19코스
조천 - 김녕

 총 거리 19.4km 최고 해발 80m(동복리마을운동장과 김녕농로 사이)
  소요 시간 6~7시간 최저 해발 0m(김녕서포구)

난이도 ★★☆

경유지 & 구간 거리

조천만세동산-3.4km→신흥리백사장-2.9km→함덕해수욕장-2.8km→너븐숭이 4·3기념관-4.4km→동복리마을운동장-2.8km→김녕농로-3.1km→김녕서포구

알아 두면 좋은 점

- 코스 출발점인 조천만세동산은 제주 항일운동의 주요 현장이다.
- 4·3사건 당시 가장 큰 피해 지역인 북촌리의 참상 자료들이 너븐숭이 4·3기념관에 전시되어 있다.

순이 삼촌 너븐숭이

여인은 늘 외톨이였다. 외딴 집에 홀로 살았다. 마을 사람들과 말을 섞는 일도 거의 없었다. 여인은 오랜 세월 신경쇠약 환자였다. 마을에선 공인된 사실이었지만 정작 본인은 자신이 환자임을 알지 못했다. 언젠가는 평소 사이가 안 좋았던 이웃과 싸움이 붙었다. 그 집 멍석에 널어놓은 메주콩 두 말이 없어졌는데 콩 주인이 외톨이 여인을 범인으로 지목한 것이다.

억울한 여인은 펄쩍 뛰며 소리소리 질러 아니라고 항변했다. 콩 주인과의 말싸움은 살벌하게 평행선을 긋다가 어느 순간 여인의 완패로 끝났다. '그러면 경찰서 가서 따지자'며 콩 주인이 팔을 끌자 여인이 벼락치듯 뿌리치곤 그대로 털썩 주저앉아 버린 것이다. 그러곤 아무 말도 못하고 사시나무 떨듯 파르르 떨고만 있었다. 모여든 구경꾼들 눈에는 누가 봐도 '도둑 제 발 저린' 꼴이었다.

경찰이란 말만 들어도 오금이 저리고, 멀리서 군인 모습만 보아도 얼른 몸을 숨기며 오랜 세월을 그렇게 살아왔던 그 여인은 어느 날 자기 밭에서 시체로 발견되었다. 주변에 남겨진 알약들로 보아 자살이었고, 사망한 지는 한 달 가까이 된 듯 보였다. 평지보다 푹 파인 그 옴팡밭은 30년 전 마을 사람 수백 명이 한날한시에 군인들에게 총살된 4개의 밭 중 하나였다.

● 19코스 종착점 김녕서포구

　공포에 질린 아수라장 속에서 총살 직전 혼절해 쓰러진 덕택에 총알은 그 여인만 피해 갔나 보다. 군인들이 철수하고 한밤중에 정신이 돌아온 여인은 자기 위에 겹겹이 쌓인 시체 더미를 헤치고 혼자만 기적처럼 살아 돌아왔다. 함께 끌려왔던 어린 자식 둘도 주변 시체 더미 속 어딘가에 분명 있을 터였다. 허나 완전히 넋이 나간 여인이 그날 밤 혼자 할 수 있는 일이라곤 아무것도 없었다. '순이'라는 이름의 20대 이 여인은 이후 어떤 삶을 살 수 있었을까?

　시신으로 채워진 그 옴팡밭엔 한동안 수백 마리 까마귀 떼가 몰려와 밭 전체를 시커멓게 뒤덮었다. 거의 뼈만 남은 시신들은 석 달 후에야 동네 사람들 손에 수습되었다. 그럼에도 불구하고 여인에겐 그 밭에서의 농사가 생명줄이었다. 송장 거름을 먹어 비옥해진 옴팡밭에선 이듬해 고구마 농사가 대풍작이었다. 그 옴팡밭을 혼자 일구며 한 해 한 해 살아낸 세월이 30년, 결국 그녀는 그 옛날 자신이 한 번 죽었던 그 옴팡밭에 누워 스스로 생을 마쳤다.

제주 출신 현기영 작가의 소설『순이 삼촌』의 줄거리다. 제주에서는 먼 친척 어른을 칭할 때 남녀와 촌수 구별 없이 그저 '삼촌'이라고 부른다. 어릴 적 고향에서 겪었던 작가의 무서운 경험과 30년 후 현재 시점에서 바라본 친척 아주머니의 비운의 삶을 이야기하고 있다.

『순이 삼촌』은 제주 4·3사건을 주제로 한 문학 작품 중에선 단연 대표작이다. 소설은 4·3사건 전체를 통틀어 가장 처참했던 '북촌리 사건'을 배경으로 하고 있다. 제주도의 동북 지역은 조천읍과 구좌읍, 두 지역으로 구성되는데 북촌리는 조천읍의 맨 동쪽 마을이다. 해수욕장이 유명한 함덕리와 해녀촌으로 많이 알려진 동복리 사이에 위치한다. 이 마을 330여 가구 1,500여 명 인구 중 1/3이 4·3사건 당시 희생되었다.

특히 1949년 1월 17일 한날한시에 무고한 주민 300여 명 이상이 학살된 '북촌리 사건'은 마을 단위 피해로는 최대 규모인 것으로 기록되었다. 근무 중인 군인 2명이 마을 청년들에게 피살된 것이 보복 학살의 이유였다.

옴팡밭 속에서의 30년

올레 19코스는 조천읍 초입에서 구좌읍 초입까지 이어진다. 코스 중간쯤에는 북촌리 '너븐숭이 4·3기념관'이 서 있다. 바로 인근 북촌초등학교부터 기념관 주변 들과 밭 일대가 학살이 일어났던 '너븐숭이' 지역이다. 제주어로 '너븐'은 '넓은'을, '숭이'는 '자갈과 돌이 많은 거친 땅'을 일컫는다. 따라서 너븐숭이는 일반명사이지만 근래 들어선 북촌리 학살 터 지역의 고유명사로 변모하는 듯 보인다.

기념관 실내와 인근 주변에서 당시의 처참했던 상황들을 보여 주는 다양한 자료와 여러 현장을 만날 수 있다. 소설을 읽은 이라면 무엇보다도 '순이 삼촌 문학비'가 있는 '옴팡밭'에 한동안 발이 묶일 것이다. 약을 먹고

● 너븐숭이 4·3기념관

누운 순이 삼촌이 아담한 돌의 형상으로, 다른 시신들은 비석의 형상으로 여기저기 널브러져 있다.

어린 두 자식은 총탄에 잃고 자신만 살아남은 '비정한' 여인이, 자식 죽은 바로 그 옴팡밭에 묶여 30년을 김 메고 농사지으며 살았다. 두 아이를 잃고도 공포로 오관이 완전히 봉쇄되어 울음이 나오지 않았던 그 여인이 어찌 온전한 의식으로 살아갈 수 있었겠는가. 옴팡밭 바로 인근엔 '아기무덤'들도 있다. 학살 사건 때 어른들 시신은 다른 곳에 안장을 했으나 어린아이들 시신은 그때 임시 매장한 상태 그대로 지금까지 남아 있는 것이다. 소설 속

● 너븐숭이 옴팡밭

순이 삼촌의 두 아이 주검도 자그마한 그 무덤들 틈에 있을 것이다.

옴팡밭 여기저기 널브러진 비석들에는 소설 속 여러 문구들이 새겨져 있다.

"삼십 년이라면 그럭저럭 잊고 지낼 만한 세월이건만 순이 삼촌은 그렇지를 못했다."

"오누이가 묻혀 있는 그 옴팡밭은 당신의 숙명이었다. 깊은 소(沼) 물귀신에게 채여가듯 당신은 머리끄덩이를 잡혀 다시 그 밭으로 끌리어갔다."

"그 죽음은 한 달 전의 죽음이 아니라 이미 삼십 년 전의 해묵은 죽음이었다. 당신은 그때 이미 죽은 사람이었다. 다만 삼십 년 전 그 옴팡밭에서 구구식 총구에서 나간 총알이 삼십 년의 우여곡절한 유예(猶豫)를 보내고 오늘에야 당신의 가슴 한복판을 꿰뚫었을 뿐이었다." 현기영 『순이 삼촌』, 창비

문구들의 공통점은 30년이라는 세월이 유독 아프게 다가온다는 것이다. 학살이 있던 그날의 아픔 이후 여인의 삶이 과연 어떤 것이었는가를 짐작케 해 주는 문구들이다.

● 너븐숭이 옴팡밭 순이 삼촌 석상과 문학비

 상처를 덧나게 했던 역사

    4·3사건의 상처는 2가지 측면에서 비롯된다. 물론 당시의 2~3만 명의 직접 희생이 가장 큰 상처이지만, 희생자 가족과 생존자들이 이후 수십 년간 겪었던 고통도 똑같이 큰 상처이다. 요즘 우리 사회에 많이 회자되는 소위 '2차 피해'의 문제인 것이다.

    국가 기관의 엄연한 불법 폭력이었는데도 하소연조차 허용되지 않았고 숨죽여 살아야 했다. 알려져 봐야 오히려 더 큰 피해를 볼 수 있다는 두려움에 쉬쉬하며 숨겨야 했다. '빨갱이'요 죄인의 가족이라는 누명은 일상생활의 모든 부문에 또 다른 상처들을 만들어 냈다.

    학살에 책임 있는 세력들이 자신들의 보신을 위하여 국가 권력을 이용하고 반세기 가까이 그런 상황을 만들며 조장해 온 결과다. 소설『순이 삼촌』도 그런 점을 일깨우고 있다. 여인에겐 자식 둘을 잃은 상처와 자신만 살아남았다는 죄책감, 그리고 시체 더미를 헤치고 나오던 그날의 공포가 평생의 트라우마로 굳어졌다. 그런 내상에 덧붙여 세상 사람들이 죄인시하는 눈초리와 보이지 않은 공포가 외상으로 계속 얹혔다.

국가 기관의 사과나 배상 따위 차치하고, '안심하라. 이젠 경찰이나 군인이 당신을 잡아가거나 죽일 일은 절대 없을 것이다'라는 메시지나 믿음만이라도 줬더라면 여인의 내상은 시간과 함께 일부라도 치유됐을 터이다. 그랬더라면 소설 속 주인공처럼 30년 중증 신경쇠약 환자의 삶이 아니라 일부 상처라도 치유가 되면서 천수를 누렸을지도 모른다.

〈너븐숭이 4·3기념관〉 1949년 1월 17일, 4·3사건 당시 단일 사건으로는 가장 많은 인명의 희생을 가져온 북촌리 학살 사건이 북촌국민학교를 중심으로 한 동서쪽 들과 밭에서 자행되었다. 학살에서 살아남은 부녀자 등 일부 주민들이 시신을 수습하기에도 오랜 시간이 필요했다. 당시 어린아이와 무연고자 등은 임시 매장한 상태로 지금까지 그대로 남아 있다. 그곳이 지금의 너븐숭이 소공원이다. 이곳의 모든 무덤들이 4·3사건 희생자의 무덤은 아니지만 당시 상태로 보존되어 있다. 또한 잔디나 변변한 장식도 없이 초라하게 자리하고 있어서 당시의 참혹하고 무모한 학살을 알려 주기에는 더 없이 소중한 공간이다. 위치는 제주시 조천읍 북촌3길 3(출처 : 비짓제주).

김녕 - 하도

📍 총 거리 17.6km
소요 시간 5~6시간

최고 해발 15m(구좌농공단지)
최저 해발 0m(김녕서포구)

난이도 ★★☆

 경유지 & 구간 거리

김녕서포구-2.1km→성세기태역길-2.5km→제주밭담 테마공원-2.3km→월정해수욕장-1.4km→행원포구 광해군기착비-3.9km→한동해안도로-2.3km→평대해수욕장-3.1km→제주해녀박물관

알아 두면 좋은 점

- 출발 초반 고래고래게스트하우스 주변부터 이어지는 골목길에 금속공예 벽화들이 특이하다.
- 월정리해변은 유럽의 여느 해안 소도시처럼 여행객들로 붐빈다.
- 종착지인 해녀박물관에선 제주 해녀에 관한 모든 자료들을 접할 수 있다.

제주밭담, 제주 돌담

　제주 섬을 동서남북으로 4등분해 보자. 서귀포와 중문과 모슬포를 잇는 남서쪽 올레에 사람들이 가장 많이 몰리는 것 같다. 그 다음이 성산일출봉과 남원을 잇는 남동 지역인 듯하다. 한라산 이북을 일컫는 산북 지역은 산남 대비 걷기이건 관광이건 상대적으로 열세인 것이다. 그러나 산남 못지않게 올레꾼이건 관광객이건 꽤 모이는 구간이 올레 20코스다.

　구좌읍 김녕에서 세화까지 이어지는 20코스는 1/3이 해안길에 나머지 구간은 해안에 인접한 내륙길이다. 시골집 사이사이 골목길이나 밭과 밭 사이 돌담길을 번갈아 걷는다. 운 좋게 날짜가 맞으면 세화오일장에서 제주 전통 재래시장 향취를 만끽할 수도 있다. 그러나 역시 20코스는 김녕에서 월정리로 이어지는 해안길이 하이라이트다. 아름다운 금모래와 해안선의 조화가 찬란하다. 특히 월정리카페거리를 지날 때는 유럽의 지중해 어느 휴양지를 걷는 착각에 빠질 수도 있다.

　한라산 이북의 올레 코스 중에는 여행자들이 가장 붐비는 명소가 두 군데 있는데, 15-B코스의 한담해안 주변 애월카페거리와 20코스의 월정리카페거리다. 올레를 걷는 이들보다는 차를 주차해 두고 사진 찍고 커피 마시며 여유를 즐기는 이들로 늘 붐빈다.

● 월정리해변(사진 제공 : 제주관광공사)

　올레 20코스에 속한 월정리카페거리에 차 몰고 들른 외지 여행자들은 아까운 걸 놓치고 있다. 여기까지 온 김에 조금만 더 움직이면 제주 문화의 중요한 요소 중 하나인 '밭담'에 대하여 좀 더 친숙해질 수 있는데 말이다. 월정리해안에서 서쪽으로 2km 지점에 있는 '제주밭담 테마공원'이 그곳이다. 김녕리를 벗어나 월정리로 막 들어선 올레 20코스 노선상에 위치하기에 올레꾼들이야 당연히 거쳐 간다.

　이곳은 제주밭담이 2013년에 국가농업유산으로 지정되면서 조성된 7,600㎡ 면적의 아담한 소공원이다. 제주 섬 어디서나 볼 수 있는 각양각색의 돌담들을 유형별로 전시해 놓았다. 밭과 밭 사이 소유 경계를 구분 짓는 밭담은 물론 자그마한 돌들로 맹지에 길 용도로 촘촘하게 쌓아 두른 '잣담', 무덤 훼손을 막기 위해 주위에 돌을 쌓은 '산담' 등을 실물 규모로 만날 수 있다.

　해녀들이 옷을 갈아입거나 물질을 하고 나와서 불을 쬐며 언 몸을 녹이고 소통의 장소로 쓰였던 '불턱'이나 돼지우리와 화장실을 겸했던 '통시'를

● 제주밭담(사진 제공 : 제주연구원) 고승찬 作 「삼색밭담」

둘러볼 때는 옛 제주인들의 일상이 머릿속에 자연스럽게 그려진다. 대단한 볼거리가 있는 건 아니지만 제주 돌 문화에 약간의 관심을 가지고 들른다면 유익하고 의미 있는 시간이 될 수 있다.

이곳에는 테마공원을 출발하여 아담한 정자인 진빌레정을 지나 한 바퀴 돌아오는 '진빌레 밭담길'도 조성되어 있다. 2.5km 거리에 40분 정도 소요되는 편안한 산책길이다. 반환점인 진빌레정은 밭과 밭담과 풍력 발전기들이 멀리 푸른 바다와 어울려 멋진 풍광을 선사하는 전망대 구실도 해 준다. 진빌레의 '진'은 '길다'의 형용사, '빌레'는 '넓고 평평한 거대한 바위로 이뤄진 땅'을 뜻하는 제주 방언이다.

화산 폭발로 한라산이 솟아나던 시절의 섬 표면은 용암이 굳어진 화산암과 화산재로 온통 뒤덮였다. 이후 수백만 년 세월이 흐르며 지표면 화산암들은 풍화작용이란 자연의 힘에 의해 크고 작은 바위들로 쪼개졌을 것이다. 그리고 언제부턴가 섬에 나타난 인간들이 꾸준히 땅 위의 돌덩이들을 들어내고, 그 자리에 구조물을 짓거나 먹거리를 심거나 하면서 오늘날 제주 섬 모습이 만들어졌다. 월정리의 진빌레는 이를테면 수백만 년 세월을 그 자리에 버텨오면서 자연의 힘도, 인간의 힘도 어쩌지 못한 거대한 바윗덩이인 것이다.

쓸모없던 돌덩이들이 일석삼조 효과를

돌, 바람, 여자가 많다 해서 삼다의 섬이다. 3가지가 많은 이유도 자명하고 셋 사이엔 어떤 연결 고리도 있어 보인다. 돌이 많은 이유야 위에서 보듯 월정리 진빌레 밭담길이 설명해 준다. 태풍의 길목에 자리 잡으면서 망망대해에 있는 외딴 섬이다 보니, 바람과 함께 살아가야 하는 건 제주 사람들의 운명일 수밖에 없었다.

돌덩이 천지다 보니 농사지을 밭을 개간하는 일이 보통 힘든 게 아니다. 애써 일군 땅에 뭔가를 심어도 거센 바람을 이겨 내지 못하는 경우가 다반사다. 이렇게 척박한 땅이다 보니 어쩔 수 없이 바다로 나가서 모자란 먹거리를 구해 와야만 했다. 노 젓고 바다로 나가는 건 남자의 몫. 조그만 나룻배가 제주 바다의 거센 바람을 이겨내긴 쉽지 않았을 터라, 무수한 남자들이 희생될 수밖에 없었다.

오랜 옛날 제주 섬을 뒤덮었던 화산암은 이렇게 훗날 섬에 들어와 살기 시작한 인간들에게 커다란 난관이 되었다. 땅을 덮고 있는 돌덩이들을 치워 내야만 그 자리에 뭔가 먹거리를 심든지 비바람을 막아 줄 움막이라도 지을 수 있었다. 밭을 개간하는 일은 곧 돌과의 싸움이었다. 이렇게 걷어낸 돌덩이들은 처음엔 그저 한쪽 구석에 몰아서 내팽개쳐졌고, 이 구석은 오늘날의 쓰레기 하치장처럼 쓸모없는 땅이 되어 갔다.

세월이 흐르면서 이 쓸모없는 돌덩이들을 쓸모 있게 활용하는 선구자가 나타났다. 누군가 열심히 개간한 밭 주위에 이 돌덩이들을 옮기다가 울타리를 쌓아 본 것이다. 높은 돌담을 길게 한 줄로 쌓다 보니 원래 돌더미(머들)들이 무질서하게 쌓여 있던 자리도 비워졌다. 그만큼 땅의 가용 면적도 늘어났다. 더 기뻤던 건 울타리 안쪽은 명확한 내 땅임을 남들 모두에게 알리고 증명하게 된 것이다.

이를 본 이웃들이 하나둘 따라 하기 시작했다. 내 땅, 내 구역을 만들어 내기 위해 돌과의 싸움에 뛰어든 것이다. 이렇게 하면서 섬에는 경작 가능한 밭 면적이 점차 늘어났고 그에 비례하여 밭담의 길이도 함께 늘어났다. 땅의 소유권을 분명히 해 주는 것 외에도 밭담의 효과는 더 있었다. 제주의 거센 바람은 토양의 수분을 쉽게 증발시켜 버리거나 농작물을 쓰러뜨리며 한해 농사를 망치는 요인이 되었지만 길게 둘러쳐진 밭담은 농작물을 강한 바람으로부터 어느 정도 보호해 주며 토양 유실 방지에도 역할을 해 줬다. 이 외에 소와 말이 함부로 돌아다니며 농작물을 망치는 걸 막아 주는 등 밭담의 효과는 참으로 컸다. 이와 같은 다양한 가치를 인정받아 제주밭담은 2014년 FAO 세계중요농업유산 GIAHS 으로 등재되기에 이르렀다. 제주도의 중요한 인문유산으로 자리매김한 것이다.

제주밭담을 FAO 세계중요농업유산 GIAHS 등재로 이끌었던 강승진 제주농어업유산위원장의 말을 들어 보자.

"제주밭담에는 제주 사람들의 삶과 지혜와 정신이 녹아 있습니다. 제주인의 상징이나 다름없죠. 척박한 땅에 농사를 짓기 위해 돌밭이라는 열악한 환경을 극복해 낸 겁니다. 지천에 깔려 있어서 가끔은 애물단지로 느껴지기도 했던 밭담이 FAO 세계중요농업유산으로 등재되면서 그 중요성과 가치가 비로소 재평가되고 있습니다. 밭담은 제주 농업·농촌에 제주다움을 부여해 주는 핵심 포인트입니다. 지속 가능한 제주 환경의 지킴이 역할을 해 주는 원동력이기도 하구요. 후손들에게 미래 유산으로 남겨 주어야 할 귀중한 자원이자 보물인 것이죠."

● 제주밭담(사진 제공 : 제주연구원) 고순환 作 「우도에서」

지구 반 바퀴만큼의 제주밭담

올레 20코스를 걸을 땐 총 17.6km 중에서 2~3km쯤은 올레 노선을 벗어나 바로 인근의 밭담길을 걸어 보는 것도 유익할 것이다. 월정리 밭담 테마공원부터는 올레 노선과 진빌레 밭담길이 100여 m 간격을 두고 나란히 나아간다. 때문에 진빌레 밭담길을 1.5km 걷다 보면 자연스럽게 올레 코스와 다시 만나며 월정리카페거리로 이어진다.

20코스 종반부에선 또 다른 밭담길을 만날 수 있다. 평대리해수욕장 앞에서부터 '감수굴 밭담길'이 이어지는데, 역시 올레길과 100여 m 간격을 두고 나란히 나아가다가 중간에서 250m 구간이 겹친다. 조금만 신경 쓰면 호젓한 밭담길을 1km 정도 걷다가 자연스럽게 올레 코스와 다시 만날 수 있는 것이다.

이곳 20코스의 2개 말고도 제주에는 성산, 한림, 애월에 6개의 밭담길이 더 조성되어 있다. 성산의 난미 밭담길, 어멍아방 밭담길, 한림의 수류촌 밭담길, 영등할망 밭담길, 애월의 물메 밭담길, 공세미 밭담길인데 정겹고 토속적인 이름도 갖고 있다. 제주도 어디서나 흔하고 흔한 게 밭담이지만 상태나 주변 경관 등을 고려하여 특별히 여덟 군데 밭담길을 지정한 것이다. 올레길에서는 3-A코스에서 난미 밭담길, 16코스에서 물메 밭담길을 만날 수 있고, 나머지 밭담길들은 올레 노선상에서 멀리 떨어져 있다.

누군가가 제주밭담의 전체 거리를 재어 보니 22,000km가 조금 넘었다고 한다. 지구 한 바퀴(4만 km)의 절반 이상이며, 만리장성(6,400㎞)보다 3~4배 길고, 제주도 해안 둘레(270㎞)와 비교하면 100배가 조금 안 된다. '올레'의 원래 의미는 시골 마을의 큰길과 이어진, 집담과 집담 사이의 좁은 골목길을 말한다. 제주에서의 밭담과 돌담의 역사와 그 의미를 알고 걸으면 올레길 위에서의 제주에 대한 시야가 조금은 더 넓고 깊어질 것이다.

〈제주 8대 밭담길〉

1. 구좌읍 월정리 '진빌레 밭담길'(2.5km)
2. 구좌읍 평대리 '감수굴 밭담길'(1.5km)
3. 성산읍 신풍리 '어멍아방 밭담길'(3.2km)
4. 성산읍 난산리 '난미 밭담길'(2.8km)
5. 애월읍 수산리 '물메 밭담길'(3.3km)
6. 애월읍 어음1리 '공세미 밭담길'(3.7km)
7. 한림읍 동명리 '수류촌 밭담길'(3.3km)
8. 한림읍 귀덕1리 '영등할망 밭담길'(4km)

제주밭담 테마공원의 위치는 제주시 구좌읍 월정리 1400-14이다.
(출처 : 제주밭담 홈페이지 www.jejubatdam.com)

광해군의 말년

"여기가… 어디인고?"

"……."

"답답하구나. 여기가 어디더냐?"

"예, 제주 땅 어등포라 하옵니다."

"뭣이라? 제주?"

청천벽력이었다. 호송 책임자인 별장(別將)이 옆에서 뭐라고 설명을 하는 듯 했지만 전혀 귀에 들어오지 않았다.

'결국은 여기까지 오고야 말았구나.'

망연자실한 왕은 혼자 뇌까린다.

열 몇 시간여 험난한 뱃길, 속이 완전히 뒤집어지며 죽는 줄 알았다. 강화 교동도를 출발할 때만 해도 전에 갔던 태안으로 다시 보내지는 줄 알았다. 그러나 그게 아니었다. 시간이 많이 길어지는 것으로 보아 멀리, 아주 멀리 남해의 어디 자그마한 섬으로 보내지는가 싶어 깊이 절망했었다. 남해는 아득히 멀다. 한양에서 멀어질수록 왕좌 복귀의 꿈도 멀어지는 것이다.

머리엔 두건을 씌웠고, 주변에 휘장까지 쳤으니 배에 탄 동안 왕의 눈에 들어온 바깥 풍경은 일절 없었다. 이번의 이배(移配)는 단단히 비밀에 붙여진 모양이라 생각하며 드디어 도착해 내린 곳, 말로만 들었던 제주라는 것이다.

"내가 어찌 여기 왔느냐. 어찌 여기까지 왔느냐."

혼자 읊조린 말이었는데 마중 나와 엎드려 있는 제주목사는 쓸데없는 대답을 뱉어 낸다.

"임금이 덕으로 다스리지 아니하면 구중궁궐이 적(敵)들 소굴이 된다는 사기(史記)의 옛말을 모르셨는지요."

비수와 같았다. 왕의 눈에서 눈물이 흐르기 시작했다. 지나온 세월들이 가슴을 치는 회한으로 스쳐 지난다. 부친인 선조 임금의 견제와 미움을 받긴 했지만 기어코 왕의 자리에 오를 때만 해도 만백성을 위한 정치를 하리라는 순결한 열정으로 충만했었다.

어디서부터 잘못된 것일까. 친형인 임해군의 죽음, 이복동생 정원군과 조카의 죽음, 거기에 고작 8살이던 이복동생 영창대군의 죽음이 스쳐갔다. 영창대군의 모친인 인목대비의 원한, 원수를 죽여 그의 목살을 씹어 먹겠다고 저주했다는 대비의 섬뜩한 눈빛이 왕을 노려보는 듯했다. 그리고 운명의 그 날, 사방에서 들려오던 무서운 함성들…….

세 번째 유배지인 제주에서의 첫 밤을 보낼 숙소로 향하는 말 위에서 광해군은 몸을 떨었다. 유배지에서 땅굴을 파고 탈출하다 발각되어 사약을 받고 죽은 폐세자 아들이 등 뒤에 바싹 붙어 업힌 느낌이었다. 목매달아 자결한 며늘아이의 창백한 얼굴이 떠올랐다. 아들과 며느리의 죽음에 시름시름 앓다가 속절없이 눈을 감은 아내 유씨 생각에 말 위의 왕은 다시금 눈물을 쏟았다.

사랑하는 이들 모두를 떠나보낸 뒤 혼자만 남아 질긴 목숨을 이어왔다. 어느덧 15년째였다. 언젠가 다시 복귀하여 기필코 원수를 갚으리라는 한 줄기 기대와 희망이 있었기에 버텨 온 세월이었다. 그러나 이젠 모든 게 끝난 듯했다. 왕은 쓸쓸히 뇌까렸다.

"나 이제 살아서 이 섬을 벗어나진 못하리라, 환갑 넘은 나이에 천형의 땅까지 흘러왔으니……."

 행원포구, 유배 임금의 기착지

제주 섬의 동부 끝단은 북쪽이 구좌읍이고 남쪽이 성산읍이다. 구좌읍은 12개 마을로 이뤄지는데, 올레 20코스는 이들 중 김녕리-월정리-행원리-한동리-평대리-세화리, 6개 마을을 거친다. 20코스 한가운데쯤에 광해군이 제주에 첫발을 디뎠다는 행원리 행원포구가 위치한다. 여행객들로 붐비던 월정리카페거리를 막 지난 다음이라 포구는 한결 더 적막하고 쓸

● 행원포구 광해군 기착비

쓸하게 느껴진다.

'광해군의 유배, 첫 기착지'라고 써진 표지석 글들을 읽으며 잠시 서 있노라면, 한때는 조선의 군왕이었던 60대 노인이 400여 년 전 이곳에 내렸을 당시의 당혹과 회한의 심경을 어렵지 않게 상상해 볼 수 있다.

광해군은 임진왜란 피난길에 황급하게 세자로 책봉됐다. 친형인 임해군이 워낙 무식하고 난폭한 것으로 악명이 높았기에 조정 신료들의 뜻이 차남 광해군으로 모아진 것이다. 그러나 즉위까지는 험난한 세월을 거쳤다. 속 좁은 부친 선조의 견제와 시샘 또는 불신 때문이었다. 임진왜란과 정유재란을 거치며 광해군은 세자로서, 분조(分朝 조정을 나누어 왕과 세자가 일을 분담함)의 책임자로서 민심을 수습하고 군세를 모으는 등 상당한 공로를 세웠다.

백성과 신하들 모두의 눈에도 세자의 이런 모습은 무기력한 선조와는 너무나 대비되었다. 선조 자신은 이를 잘 알았기에 언제부턴가 아들인 세자를 견제하기에 이르렀다. 더욱이 그렇게 고대했던 늦둥이 영창대군이 태어나자 선조는 어떻게든 세자를 바꾸고 싶었다. 그러나 아무리 적자(嫡子)라 한들 갓난아기가 이미 탄탄한 기반 위에 서 버린 30대 세자를 대체할 수는 없는 것이었다. 이후 2년도 안 된 1608년에 선조는 눈을 감았고, 광해군은 대망의 왕좌에 올라앉는다.

광해군은 기존의 명나라와 신생 강자 후금 사이에서 줄타기 실용 외교를 펼치거나 일부 지역 대동법 시행 등 과감한 개혁 정치를 폈다. 그러나 궁궐 복원과 신축 등 무리한 토목 공사를 강행하다 보니 백성들의 원성이 잦아지며 민심이 이반되기 시작했다. 특히 왕권 안정과 강화를 목적으로 집요하게 반복한 숙청 사건들이 왕의 발목을 잡기에 이르렀다.

17년간 위태롭게 세자의 자리를 지켜 냈으니, 아버지 선조와 유착했던 세력들에 대한 불신과 불안이 크기도 했을 것이다. 친형 임해군과 이복동생 영창대군을 포함하여 반대 세력 중 수많은 이들이 여러 옥사를 거치며 차례차례 희생당했다. 선조의 두 번째 정실이자 영창대군 친모인 인목대비가 폐비, 유폐된 사건은 반대파들의 봉기에 결정적 명분을 제공했다.

결국 광해군은 1623년 인조반정으로 폐위되면서 강화 교동도로 유배되고 만다. 그리고 15년 뒤인 1637년, 병자호란이 일어나면서 유배지는 황급하게 제주로 옮겨졌다. 당시 명나라에 대한 사대와 의리를 중시하던 인조 임금으로선, 중원의 새로운 강자로 떠오른 청나라가 쳐들어왔으니 그들이 우호적으로 여기는 광해군이 꺼림직했을 것이다. 그 때문에 서둘러 유배지를 머나먼 제주 섬으로 바꿔 버린 것이다.

제주에 내린 광해군은 4년 뒤 67세 나이로 세상을 떠났다. 유배 생활 19년 만이다. 세자였던 아들 이질(李佺)은 26세에 사약을 받아 죽었고, 세자빈이었던 며느리도 남편 소식에 목매달아 죽었다. 아내인 폐비 유씨 또한 아들과 며느리의 죽음이라는 충격 앞에서 눈도 못 감은 채 죽었다. 이 모든 게 오래전 강화 유배 초기의 일이었다. 긴긴 세월 홀로 목숨만 부지해 온 왕이 제주까지 밀려와 맞은 생의 말년은 그 얼마나 비참했을까?

유일한 제주 유배 왕의 흔적들

제주로 유배 왔던 200여 명의 역사 인물들 중 왕의 신분으로는 광해군이 유일하다. 유배가 아니더라도 근대 이전 왕조 시대의 군주 또는 군주였던 인물이 제주 땅에 발을 디딘 경우는 광해군이 유일무이했다. 그런 특별함에 비하면 지금의 제주가 간직한 광해군의 흔적은 너무나 초라해 보인다. 조선의 임금 한 분이 제주에서 4년간 살다가 생을 마쳤다는 사실 자체가 많이 알려지지도 않은 것 같다.

일반인들에게 광해군의 제주 유배를 알게 해 주는 흔적은 세 군데 정도

● 제주시 중앙로 광해군 적거지 표지석　　● 광해문 적소 터 안내글

다. 올레 20코스 중간인 이곳 구좌읍 행원포구의 '광해 임금의 유배, 첫 기착지' 표지석이 하나요, 올레 18코스 초입인 제주시 중앙로 82번지 KB국민은행 앞에 있는 '광해군 적소 터' 표지석이 둘, 그리고 국민은행 뒤편 한짓골 중앙로 상점가 주차장 앞에 큼지막하게 걸려 있는 광해군 유배 관련 안내 현판 3개가 마지막 세 번째다. 이들 세 군데 중에 마지막 세 번째가 가장 눈에 띌 만한 규모이다. 그러나 호젓하고 인파가 많지 않은 좁은 도로에서 광해군 관련 현판들은 좀 외로워 보인다.

　표지석과 안내 현판을 세워 놓긴 했지만 광해군이 머문 곳은 실제로는 여기가 아니라는 의견이 학계에는 많은 모양이다. 역사학자 홍기표 박사는 이에 대해 다음과 같이 이야기를 하고 있다.

　"광해군 유배지에 대해서 학계에서는 지금의 서문 안 남쪽 YMCA와 성내교회 일대로 보는 것이 다수 의견입니다. 이형상 목사의 『남환박물(南宦博物)』에 언급된 기록에 근거한 거죠."

　어쨌든 조선의 왕이었던 유배인이 4년간 머물다 생을 마감했다는 사연에 비한다면, 제주에 남아 있는 광해군의 흔적은 너무나 미미하다. 대정에 있

● 코스 종점 해녀박물관

는 추사관이나 정난주 마리아 성지 등의 분위기와 비교하면 이해할 수 없을 만큼 하늘과 땅의 차이다.

광해군은 우리가 오랜 세월 학교에서 배워 온 것처럼 연산군과 동급의 폭군은 아닌 것이 분명해 보인다. 왕권 강화를 위한 정적 숙청이라면 조선 초기 몇몇 왕들의 행태와도 객관적 비교가 되어야 한다. 임진왜란에서의 업적과 재위 동안의 실리 자주 외교 등 여러 면에서 광해군의 업적은 현대 관점에 맞게 오늘날 재평가되고 있는 것이 사실이다.

광해군이 눈을 감은 1641년 7월 1일을 전후해 제주에는 많은 비가 내렸고, 그 이후로도 이 즈음에 내리는 비를 일컬어 사람들은 '광해우(光海雨)'라고 불렀다 한다. 당시의 제주 사람들이 품었던 광해군에 대한 연민의 일단을 알 수 있다. 하지만 오늘날의 제주 사람들에겐 대수롭지 않은 역사의 단편일 뿐으로 치부되는 듯하다. 아쉽고 안타깝다.

국민은행 뒤편 중앙로 상점가 주차장 앞에 세워진 현판 3개 중 하나의 내용은 광해군의 '칠언시(七言詩)'이다. 유배지가 강화에서 제주로 바뀔 때 지었다고 한다. 유배 15년을 넘기던 광해군의 외로움과 고단함이 절절하게 묻어난다.

風吹飛雨過城頭 바람 불고 비 뿌리는 성문 옆을 지나치는데
瘴氣薰陰百尺樓 습하고 역한 공기 높은 누각에 가득하구나
滄海怒濤來薄暮 너른 바다 성난 파도에 저녁 어스름이 내리고
碧山愁色帶淸秋 푸른 산 슬픈 기운이 맑은 가을을 둘러싸는구나
歸心厭見王孫草 돌아가고 싶은 마음에 왕손의 풀을 또 보나니
客夢頻驚帝子洲 나그네 꿈속엔 임금의 도시가 어른거리누나
故國存亡消息斷 고국의 존망이 어떠한지 소식 끊긴 지 오래고
烟波江上臥孤舟 안개 자욱한 강 위에 외딴 배만 누워 있구나

| 〈제주해녀박물관〉 | 구좌읍 세화리 백사장이 보이는 어촌 마을에 위치한 제주해녀박물관이다. 기원전부터의 역사를 가진 제주의 해녀 문화를 중심으로 해양, 어촌, 민속, 어업 등에 관한 자료를 전시하고 있다. 박물관 안팎의 전시물들은 모두 해녀들이 기부한 것들이다. 전시관 안에는 실제 해녀의 집도 기부받아 옮겨 와 있으며, 음식 문화와 양육, 반어반농, 영등굿 문화 등이 자세히 전시되어 있다. 7분여의 영상은 꼭 볼만하다. 박물관 앞의 정원은 해녀항일운동이자 국내 최대 규모의 여성항일운동인 1932년 1월 시위에 참여한 해녀들의 2차 집결지였다. 그곳에 해녀항일운동 정신을 기리고자 제주해녀항일운동비가 세워져 있다. 위치는 제주시 구좌읍 해녀박물관길 26(출처 : 비짓제주). |

제주올레 21 코스

하도 - 종달

- 총 거리 11.3km
- 소요 시간 3~4시간
- 최고 해발 165m(지미봉 정상)
- 최저 해발 0m(종달바당)

난이도 ★☆☆

경유지 & 구간 거리
제주해녀박물관-1.2km→낯물밭길-1.8km→별방진-1km→석다원-1.2km→토끼섬-1.5km→하도해수욕장-2.3km→지미봉 정상-2.3km→종달바당

알아 두면 좋은 점

- 마을과 밭길 1/3, 해안길 1/3, 오름길 1/3 등 제주 동부의 자연을 고르게 체험하는 코스이다.
- '땅의 꼬리'라는 뜻의 지미봉 정상에선 제주 동부 전경을 360도 파노라마로 만날 수 있다.
- 성산일출봉 쪽 해안은 물론 용눈이오름과 다랑쉬오름 등 내륙 전경도 광대하게 펼쳐진다.

별방진과 3성 9진

20코스 종점인 하도리 제주해녀박물관에서 21코스를 출발하면 연대동산을 지나 면수동마을이 이어진다. 고즈넉한 밭길을 느릿느릿 걷다 보면 출발한 지 1시간도 안 되어 한개창포구에 이른다. '개창'은 바닷물이 드나드는 가장자리란 뜻의 제주어이다. '한개창'이라면 '큰 포구'란 의미다. '한길'이 올레(=좁은 골목길)와 대비되는 '큰 길'인 것과 같은 맥락이다. 섬 둘레 어디에나 있는 흔한 포구지만 이곳 한개창이 유독 더 시원하고 운치 있어 보이는 건 별방진 위에 올라서서 바라보기 때문이다.

'별방진(別防鎭)'은 외적 침입이 많았던 제주 섬의 여러 방어 유적 중 하나다. 인근 해안에 자주 출몰하는 왜선들이 우도를 근거지로 삼아 바로 코

● 별방진

앞인 이곳으로 상륙해 쳐들어올 가능성이 많아지자, 조선 중종 때인 1510년에 축조했다고 한다. 원래는 인근 김녕해안에 있던 방호소를 이곳으로 옮겨 와 구축했기에 '별도의 방어진지'라는 의미에서 '별방진'으로 명명되었다고 전해진다.

당시에는 둘레 1km 정도의 기다란 타원형 돌담 성곽이었다. 일제강점기 때의 전국 성곽 해체 과정과 이곳 포구 공사에 성 돌이 대거 활용되면서 대부분 훼손됐으나, 1994~2006년 동안의 보수 복원 과정을 거쳐 오늘에 이르렀다. 높이 2~3m의 성곽에 오르면 한개창포구 너머 해안선 전체가 시원하게 조망된다. 그 옛날 동쪽 멀리 규슈에서 넘어오는 왜선들이 임시 정박을 위해 우도 쪽으로 들고 나는 움직임이 한눈에 들어오는 듯하다.

 고려와 조선의 근심거리, 왜구

왜구는 고려 때부터 임진왜란 이전까지 한반도 남해와 동중국해를 넘나들며 약탈을 일삼던 일본인 해적을 총칭하는 말이다. 가마쿠라 막부와 남북조시대를 거치며 중앙 정치권에서 밀려난 변방 규슈 지역의 무사와 농민들이 먹고 살기 힘들어지자, 배를 타고 바다를 떠돌며 이웃 나라 육지를 급습, 약탈을 일삼은 것이다.

고려가 몽골의 침략을 받던 초기인 1223년에 경남 김해에 침입한 걸 시작으로 이후부터 남해안에 종종 출몰했으나 큰 피해는 없었다. 그러나 중국 대륙에서 몽골 원나라 세력이 약화되던 고려 말 1350년경부터는 양상이 달라진다. 왜구 침입으로 인한 피해는 고려 멸망의 여러 원인들 중 하나로 꼽힐 정도였다.

1392년 고려가 멸망하고 조선이 건국된 이후에도 왜구의 득세는 변함이 없었다. 오죽하면 태조 이성계가 '국가의 근심거리 중 왜적보다 더한 것이 없다'고 말할 정도였다. 이후 세종의 대마도 정벌(1419년) 등 단호한 조치도 있었지만 한동안 수그러들 뿐 시간이 지나면 왜구로 인한 피해는 반복되었다.

1510년 삼포왜란과 1544년 사량진왜변이 있었고, 1555년에 발생한 을묘왜변은 조선 건국 후 규모가 가장 큰 왜구 침입 사건이었다. 이전부터 지속적으로 요청해 온 무역 확대를 조선 정부가 들어주지 않자 이에 반발한 일본인들이 일으킨 변란이었다. 선박 70여 척을 이끌고 해남 앞바다로 쳐들어온 왜인들은 일거에 강진, 장흥 등 전남 일대를 장악하여 약탈을 자행했다. 얼마 후 관군에 밀리며 상황이 불리해지자 철수한 그들은 뱃머리를 남쪽 바다 멀리 제주로 향했다.

물론 왜구들의 제주 침입과 약탈은 이때가 처음은 아니었다. 고려시대 때부터 이어져 왔고 조선시대로 들어선 이후에도 20여 차례나 반복되었다. 그러나 이번엔 약탈만이 목적이 아니었다. 제주 섬 전체를 완전 장악하여 자신들의 본거지로 삼기 위한 전략적 포석이 있었다. 해상권을 이용하여 한반도는 물론 중국 대륙과 동남아까지 진출을 꾀하던 당시의 왜구들에게 제주 섬은 더할 나위 없는 전략적 요충지였던 것이다.

● 제주목성 복원 성지

● 별방진과 같은 목적의 한림 명월진

　선박 수십 척에 나눠 탄 왜구들은 지금의 제주항 동편인 화북포로 상륙하여 제주성을 공격했으나 결국은 무위로 끝났다. 3일간 격렬한 전투가 벌어졌지만 제주 목사가 지휘하는 민관군의 죽기 살기 협공이 왜구들을 섬에서 격퇴시킨 것이다.

　이런 왜구들의 침입을 겪으면서 남해안 일대는 물론 제주 섬까지 중앙 정부 차원에서의 방위 체계를 더욱더 강화해 나갔다. 조선 초기만 하여도 3성 22봉수 정도였던 제주의 외적 방어 체계는 조선 후기로 들어서면서는 3성 9진 25봉수 38연대로 확대 및 재편된다.

　3성이라면 구제주 도심의 제주목성과 남제주 동쪽의 정의현성 그리고 남제주 서쪽의 대정현성을 일컫는다. 조선시대 어느 읍치에나 다 있던 읍성들이다. 제주목-정의현-대정현 3읍 체제였던 제주로선 기본적인 3개의 읍성인 것이다. 현재는 3성 모두 극히 일부만이 원형을 유지하고 있지만 중요 부분들 일부는 복원되어 있어서 옛 정취를 느껴 볼 수가 있다.

　3성(城)이 읍치의 주민을 보호하며 정치 및 행정 기능을 담당하던 구역이라면, 9진(鎭)은 외적들이 노리기 쉬운 변방 해안이나 지리적 요충지에

● 한림 명월진

구축한 전략 진지를 말한다. 이곳 올레 21코스의 하도리 별방진과 인근 수산진이 섬의 동쪽을 지키고, 모슬진, 차귀진, 서귀진이 섬의 서쪽과 남쪽을, 그리고 화북진, 조천진, 명월진, 애월진이 북제주 해안을 지키는 역할을 했다. 이들 중 모슬진과 차귀진은 지금은 멸실되었으나 나머지 7개 진은 이곳 별방진처럼 부분적으로 남아 있거나 일부 복원이 되어 있다.

3성 9진에는 포함되지 않지만 제주 해안선에 있는 10여 군데 환해장성과 애월 항파두리 토성 또한 제주 사람들의 피와 땀이 서린 방어 유적에 해당된다.

횃불과 연기를 이용한 통신체계

봉수와 연대는 이전 시대의 가장 중요한 통신수단이었다. 특히 중앙 정부와 너무나 멀리 떨어진 절해고도에서는 외적의 침입이나 동태를 사전에 감지해 모두에게 미리 알리는 게 무엇보다도 중요했다. 대비할 시간을 벌어 주기 때문에 생존과도 직결되는 문제였다.

● 하도리 한개창포구

　조선시대 제주에서는 섬 곳곳에 두루두루 설치된 25개 봉수대(烽燧臺)와 38개 연대(煙臺)가 군사적 통신체계의 근간이었다. 불을 이용한 햇불이나 연기가 오늘날의 전파와 같은 구실을 했다. 컴컴한 밤에 고지대 봉수대에서 들어 올리는 햇불은 아무리 먼 곳이라도 저지대 어디에서나 잘 보이기 마련이다. 밝은 대낮에 저지대 연대에서 피워 올리는 연기 또한 멀리 고지대까지 퍼져 올라가게 되어 있다.

　따라서 봉수대는 25개 모두 중산간 오름 정상에 위치해서 바다 멀리 수십 km까지를 감시하는 역할을 했고, 연대는 모두 해안 근처 언덕에 설치했다. 근접해 오는 배가 적선인지 아군선인지 식별해야 했고, 그 동태도 파악 및 감시해야 했기에 최대한 해안선에 가까워야 했던 것이다. 이들 38개 연대 중 23개는 제주도 기념물로 지정되어 있다. 올레길을 걸으며 조금만 관심을 가지면 이들 유적들과도 조우할 수 있다.

　'제주 방어체계 3성 9진 25봉수 38연대'에는 그 옛날 이곳 섬사람들 가슴 속에 늘 자리 잡고 있었을 일상적 긴장감이 서려 있다. 사방이 바다로 둘러싸인 절해고도의 변두리 초가집에서 밤마다 느꼈을, 언제 어디로 쳐들어올지 모르는 외적에 대한 두려움이 함께 느껴진다. 나와 가족을 지켜줄 이들이 주변에 아무도 없다는 불안이 일상을 지배했을 것이다.

하도리 이곳 별방진 성곽 위를 거닐며 옛사람들의 그런 심정을 떠올리면, 전망대처럼 멋지게만 보였던 주변 풍광엔 긴장감이 서려온다. 바로 코앞인 우도에서 출항한 수십 척의 왜선들이 점점 근접해 오고, 성곽 위와 아래에선 우리 관군 지휘관의 명령 소리와 병사들의 숨 가쁜 움직임이 고스란히 그려지는 것이다.

그러나 긴장감도 잠깐일 뿐이다. 그런 긴장감에 오래 머물러 빠져 있기엔, 이곳 하도리 별방진 위에서 바라보는 정경은 너무나 평온하다. 한개창 포구 방파제 위에 큼지막하게 자리한 'Hado' 입간판도 파란색 바다와 어울려 멋진 조화를 이룬다.

〈제주방어 3성 9진〉

3성 : 제주목성(제주시 이도1동), 정의현성(서귀포시 표선면 성읍리), 대정현성(서귀포시 대정읍 인성리, 안성리, 보성리 일대)
9진 : 화북진(제주시 화북1동 5761), 조천진(제주시 조천읍 조천리 2690), 별방진(제주시 구좌읍 하도리 성 3354), 애월진(제주시 애월읍 애월리 1736), 명월진(제주시 한림읍 동명리 성 2256), 수산진(서귀포시 성산읍 수산리 580), 서귀진(서귀포시 서귀동 717 일대), 모슬진(서귀포시 대정읍 하모리 770 일대), 차귀진(제주시 한경면 고산리)

(출처 : 제주특별자치도 홈페이지 www.jeju.go.kr)

산북과 산남 그리고 올레 시종점

　지금의 제주도는 행정구역상 2개의 행정시인 제주시와 서귀포시로 나뉜다. 옛날 사람들은 산북과 산남으로 불렀고, 해방 후에는 북제주군과 남제주군이었다가 몇 번의 재편을 거쳐 지금에 이르렀다. 한라산 북쪽에는 구좌-조천-제주-애월-한림-한경, 남쪽에는 성산-표선-남원-서귀포-안덕-대정, 이렇게 총 12개의 시읍면에 추자면과 우도면이 합쳐져서 지금의 제주특별자치도를 구성한다. 올레 1코스가 시작되는 시흥리는 남제주의 성산읍에 속하고, 21코스가 끝나는 종달리는 북제주의 구좌읍에 속한다. 둘 다 섬의 동쪽 끝 해안 마을이며 둘은 인접해 있다.

　조선시대 때 제주는 3읍 체제였다. 북제주인 산북은 제주목이라 하여 목사가 관장했고, 남제주인 산남은 동쪽 절반은 정의현, 서쪽 절반은 대정현으로 나눠서 현감 둘이 각각 다스리게 했다. 제주에 대한 행정력을 강화하기 위해 1416년에 태종 이방원이 취한 조치의 결과였다.
　당시의 제주목은 섬의 동쪽 꼬리인 종달리에서 서쪽 머리인 두모리까지, 지금의 6개 시읍면을 포함했고, 행정 중심인 읍치는 구제주 원도심의 관덕정 일대였다. 남제주의 동쪽 절반인 정의현은 지금의 성산-표선-남원 지역이고, 서쪽의 대정현은 서귀포-안덕-대정 지역이었다.

일제강점기가 끝나 해방이 되자 당연히 행정구역 재편이 있었고 제주에도 큰 변화가 왔다. 이전까지는 전라도의 일부였던 제주'도(島)'가 해방 후 1946년부터는 제주'도(道)'로 승격되며 독립한 것이다. 산북과 산남의 경계는 예전과 같으면서 행정구역 명칭만 북제주군과 남제주군 2개 군으로 바뀌었고, 군의 구성 단위는 여러 읍과 면이었다.

6·25전쟁이 끝나고 얼마 후인 1955년에는 북제주군에 속했던 제주읍이 시로 승격, 분리되면서 제주도는 1시 2군 체제가 되었다. 1981년엔 남제주군에 속했던 서귀읍과 중문면이 서귀포시로 통합, 분리되면서 제주도는 2시 2군 체제로 더 세분화되었다. 지금의 제주시와 서귀포시라는 2개 행정시로 확대 및 재편된 건 2006년 제주특별자치도로 승격되면서부터다. 그때 기존의 제주시와 북제주군이 제주시로, 서귀포시와 남제주군이 서귀포시로 통폐합된 것이다.

섬의 꼬리와 섬의 머리

올레 21코스에는 마을과 밭길과 해변과 숲길, 그리고 오름길들이 골고루 포진돼 있다. 코스의 하이라이트는 해발 165m의 지미봉인데, 봉우리 정상에 오르면 그동안 걸었던 길 전체가 아득하게 펼쳐진다. 지미봉(地尾峰)이란 지명에는 '땅(地)의 꼬리(尾)'란 의미가 담겨 있다. 그러면 땅의 '머리(頭)'인 곳은 어딜까? 지미봉에서 가장 멀리 떨어진 반대편 서쪽 해안의 한경면 두모리(頭毛里)이다. '머리 두(頭)' 자를 포함하는 지명이다.

지미봉을 내려오면 종달항을 거쳐 종달리 해변에서 21코스가 끝난다. 제주올레 한 바퀴가 '섬의 꼬리' 지미봉을 거쳐 비로소 이곳 해변에서 끝나는 것이다. '종달(終達)'이란 지명에는 '끝에 다다르다'라는 의미가 담겨 있다. 즉 '땅끝 마을'인 셈이다. 1코스 시작점이 시흥리(始興리)임을 떠올려

● 하도해변에서 바라보는 지미봉

보면, 올레길 시종점의 의미가 쉽게 이해된다. 시흥에서 시작(始)하여 종달에서 끝(終)나는 것이다.

이렇듯 마지막 21코스가 끝나고 1코스가 다시 시작되는 종달리와 시흥리, 두 지역은 지리적으로 중요한 의미를 갖는다. 동쪽 해안의 두 마을 경계선이 중산간 내륙과 한라산을 넘어 서쪽 해안까지 이어지며 산남과 산북을 가르기 때문이다. 이를테면 제주의 행정구역을 남과 북으로 가르는 동쪽 시발점인 것이다.

제주올레 마지막 이음길인 21코스는 1코스 시작점과 억지로 이어 붙이진 않았다. 종주하는 이들의 편의를 위하여 자연스럽게 틈새를 남겼다. 올레 21코스가 개장된 건 2012년 11월의 일이다. 2007년 9월 시흥초등학교에서 출발하는 1코스부터 올레길이 열린 지 5년 만이다. 이로써 제주도는 자동차 없이 오로지 두 발로 걸어서도 섬을 한 바퀴 돌 수 있도록, '올레'라는 하나의 길로 이어졌다. 제주 여행 패러다임에 대전환이 이뤄지면서 대한민국 걷기 열풍을 견인하는 계기가 되었다.

❶ 지미봉 정상에서 바라보는 성산 앞바다
❷ 하도해변에서 바라보는 지미봉

부록

한라산의 모든 것

1 성판악 코스 **2** 관음사 코스 **3** 어리목 코스
4 영실 코스 **5** 돈내코 코스

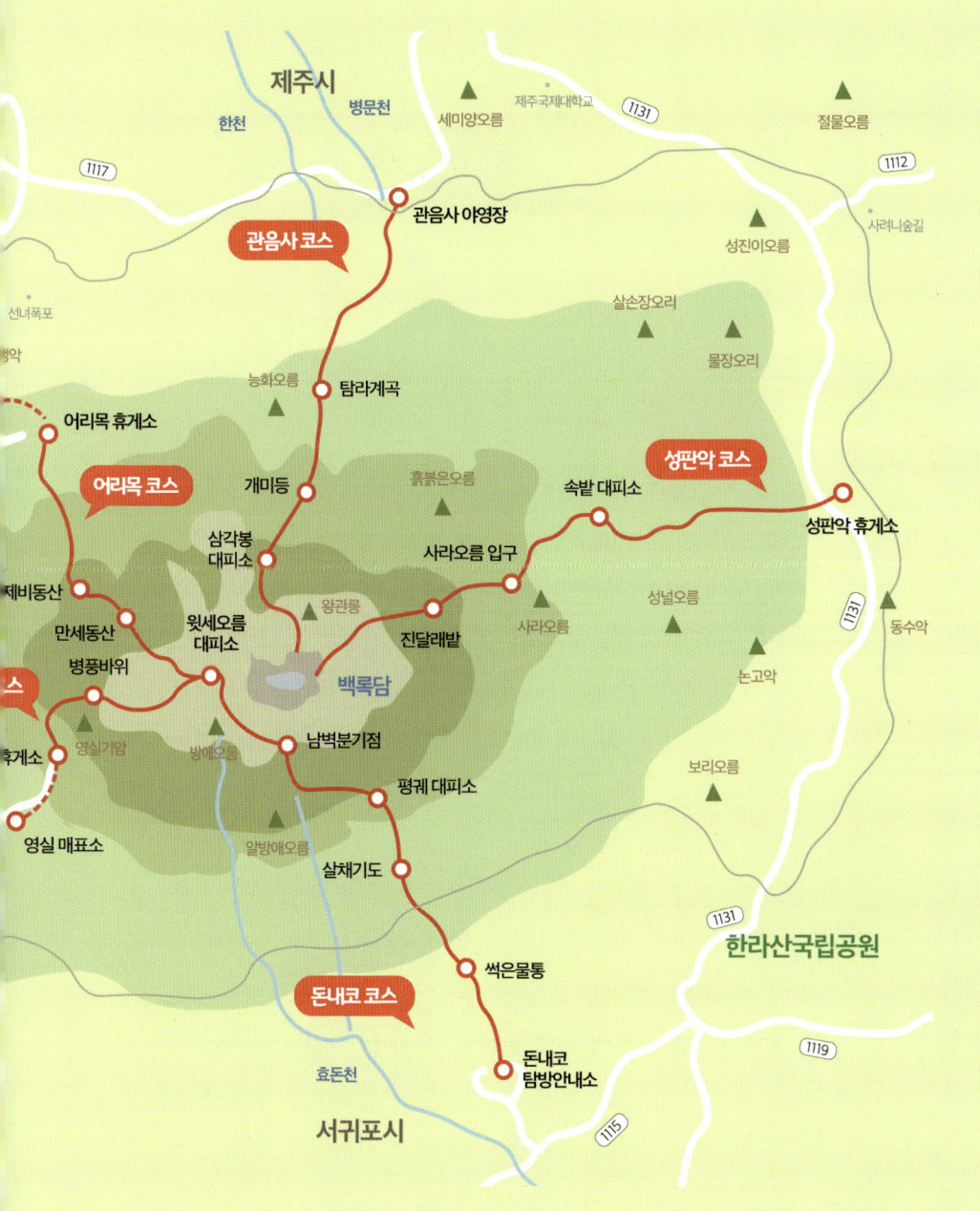

    제주도는 타원형의 화산섬이다. 인터넷 지도로 섬의 직선거리를 재 보면 동서로는 73km에 이르고, 남북으로는 그 절반도 안 되는 31km 거리이다. 수만 년 전에 화산 폭발과 함께 분출된 용암이 사방으로 부챗살처럼 흘러내리며 굳어져 오늘날의 이런 섬 모양을 만들었다. 동서로는 점성 낮은 용암이 빠르게 쏟아 내려가며 완만한 경사를 이뤘고, 남북으로는 점성 높은 용암이 끈적끈적 흘러내리며 가파른 지형을 만들었다. 백록담 분화구를 중심으로 360도 해안까지 경사가 이어졌으니 섬 전체가 한라산이요, 한라산이 곧 제주도나 다름없다.

    한자를 풀어보면 한라산(漢拏山)은 '은하수(漢)를 붙잡을(拏) 만한 산(山)'이다. 그만큼 높다는 뜻일 것이다. 해발 1,950m로 우리나라에서 가장 높은 산이다. 옛사람들 눈에는 별을 딸 수도 있을 정도로 높아 보였으리라.

    꼭대기인 백록담이 깊게 파여 있어서 '머리 없는 산'이란 뜻의 두무악(頭無岳) 또는 두모악이라고도 불렸고, 진시황이 불로초를 찾아 서복을 보냈던 기원전 200년 당시에는 영주산(瀛州山)으로 기록되어 있다.

한라산 백록담은 백두산 천지와 함께 산정(山頂) 화구호(火口湖)에 속한다. 화산 폭발 때 생겨난 분화구에 오랜 세월 빗물이 고이며 생겨난 호수를 말하는 것이다. 반지름 500m에 둘레가 2km에 가깝고 깊이는 100m가 넘지만, 말이 호수지 화구 바닥에 물이 고여 있는 면적은 집중호우 때가 아니면 그리 넓지가 않다. 비와 눈이 내려 고이는 속도만큼 증발 속도도 빠르기 때문이다. 백록(白鹿)은 '흰 사슴'을 뜻한다. 백록담이라는 이름에는 그 옛날 하늘에서 흰 사슴을 탄 신선이 선녀들을 대동하고 내려와 물을 떠 마시며 유유히 놀다 가는 정경이 담겨 있다.

　수만 년 전에 일어난 최초의 화산 폭발 이후 지금까지 한라산엔 100여 차례의 추가 분화가 있었다. 가장 최근에 일어난 건 고려 목종 때의 두 차례 분화(1002년, 1007년)와 조선시대 때의 두 차례 지진(1455년, 1670년)으로 옛 기록에 남아 있다.

현대의 우리에게 한라산은 화산 활동을 멈춘 휴화산으로 알려져 왔다. 그러나 2014년에 국내 연구진이 낸 조사 결과에 따르면 한라산은 먼 미래의 언젠가는 다시 폭발할 수도 있는 활화산일 가능성이 많아졌다. 이를 확인하려는 듯 2020년에는 제주도가 대학연구진과 함께 한라산의 화산 활동 여부와 마그마 존재를 확인하기 위한 조사 연구에 본격 돌입한다는 뉴스가 국내 주요 일간지에 게재됐다. 한라산 지하에 마그마의 존재가 설령 확인된다 하더라도 강한 폭발로 이어질 가능성은 거의 없다는 게 학계의 정설인 듯하니 괜한 걱정까지 미리 할 필요는 없겠다.

구글 검색창에 '유네스코 3관왕'을 치면 오로지 '제주도'와 '한라산'만 뜬다. 2002년에 제주도 전역이 유네스코 생물권 보전 지역으로 지정된 이후, 2007년엔 제주 화산섬과 용암동굴이 우리나라 최초의 유네스코 세계자연유산으로 등재되었고, 2010년에는 제주도 전역이 유네스코로부터 세계지질공원으로 인증받기까지 한 것이다. 국제연합교육과학문화기구 UNESCO인 유네스코로부터 자연환경과 관련하여 트리플 크라운을 받은 건 제주도가 유일하다. 그만큼 제주와 한라산은 환경 자산 측면에서 세계적인 보물섬임을 세계인이 인정했다는 뜻이겠다.

🌺 5개 등산 코스

한라산에는 5개의 정규 등산로가 있다. 출발지 이름을 앞에 붙여 성판악, 관음사, 어리목, 영실, 돈내코 코스로 불린다. 앞의 둘은 백록담 정상을 밟아 보고 내려오는 코스이고, 뒤의 셋은 정상보다 300m 정도 낮은 윗세오름이나 남벽분기점까지만 오를 수 있다. 남벽순환로와 백록담 사이 구간은 자연 훼손이 심해져서 1994년부터 폐쇄되었기 때문이다.

　백록담 정상을 밟는 2개 코스에 일반 등반객들이 가장 많이 몰리지만, 백록담 남벽 주변까지만 오르는 다른 3개 코스도 각각의 특징과 장점이 있어서 마니아들에겐 인기가 많다.

　거리로는 성판악 코스가 가장 길지만 그만큼 완만하다. 해발 고도차는 관음사 코스가 가장 크면서 난이도 또한 가장 높다. 일반적으로는, 수월한 성판악 코스로 오른 다음 가파른 관음사 코스로 내려오는 방식을 가장 선호하는 듯하다. 반면에 등반을 특히 즐기는 이들은 어려운 관음사 코스로 먼저 오른 후 편안한 성판악 코스로 내려오는 루트를 애용한다.

　꼭 백록담 정상에 오르는 게 목표가 아니라면, 그리고 편안한 마음으로 한라산 등반 자체를 즐기고 싶다면 어리목이나 영실 코스를 이용하는 게 좋다. 어리목 쪽은 제주시에서의 대중교통 편도 가장 수월하다. 특히 영실 코스는 5개 루트 중 가장 단거리이면서 등반 시작점이 자동차 도로가 이어진 해발 1,280m 지점이기 때문에 반나절이면 오르내릴 수 있다. 백록담까지는 오르진 못하지만 자연 경관만큼은 영실 코스가 가장 아름답고 웅장하다.

한라산 등산로 5개 코스　　　　　　　　　　　　　　* 소요 시간은 편도 기준

	거리	소요 시간	최저 해발	최고 해발	고도 차
1. 성판악 코스	9.6km	4.5시간	성판악 휴게소 750m	백록담 정상 1,950m	1,200m
2. 관음사 코스	8.7km	5시간	관음사 야영장 580m	백록담 정상 1,950m	1,370m
3. 어리목 코스	6.8km	3시간	어리목 휴게소 970m	윗세오름 대피소 1,700m	730m
4. 영실 코스	5.8km	2.5시간	영실 휴게소 1,280m	윗세오름 대피소 1,700m	420m
5. 돈내코 코스	7.0km	3.5시간	돈내코 안내소 500m	남벽분기점 1,600m	1,100m

성판악 코스

한라산 동쪽 코스. 가장 대중적이면서 가장 긴 코스다. 관음사 코스와 함께 백록담 정상에 오를 수 있는 2개 루트 중 하나다. 상대적으로 완만하기 때문에 외지인 여행자들은 이 구간을 가장 많이 이용한다. 백록담 정상 근처까지 대부분 편안한 숲길이라 주변 경관은 별 볼일이 없지만 산림욕으로는 최적인 코스이다. 취향에 따라선 다소 지루함을 느낄 수 있다.

긴 숲길이 끝나고 마침내 백록담 근처에 이르러 왼쪽으로 서귀포와 제주시 동부 일대 전경이 확 드러나는 순간이 상당히 극적이다. 일반인 등반객에게 가장 효율적인 방법은 성판악 코스로 올라서 관음사 코스로 내려가는 것이다. 오를 때 완만해서 덜 힘들고 하산할 때는 가파른 내리막이라 수월한 느낌이 든다.

관음사 코스로 하산할 때는 특히 무릎 관절이나 발목 보호에 신경을 써야 한다. 백록담까지 오르기가 힘겨울 때는 코스 중간에 있는 사라오름 전망대까지만 오르는 경우도 많다. 코스 중반 5.8km 지점에 있는 이정표를 따라 왼쪽 길로 들어서면 600m 전방에 산정호수와 전망대가 있다. 남쪽 서귀포 일대의 경관이 그윽한 파노라마로 펼쳐진다.

경로 안내

성판악 휴게소 (750m) →4.1km→ 속밭 대피소 (1,090m) →1.7km→ 사라오름 입구 (1,250m) →1.5km→ 진달래밭 (1,500m) →2.3km→ 백록담 정상 (1,950m)

교통편

제주시와 서귀포시를 한라산 동쪽으로 연결하는 1131번 도로(일명 5·16도로)를 이용한다. 제주시청이나 제주시외버스터미널에서 281번이나 181번 버스를 타면 성판악까지 30~40분 걸린다. 배차 간격이 10~15분이므로 접근성이 아주 좋은 편이다. 등산 시작점인 성판악 휴게소까지는 정류장에서 도보로 2분 거리이다.

관음사 코스

　한라산 북쪽 코스. 가장 가파르고 힘이 드는 코스다. 돈내코 코스를 제외한 4개 등반로 중 해발이 가장 낮은 곳에서 출발하고, 고도 차이 또한 가장 크기 때문이다. 백록담 정상에 오를 수 있는 루트이면서 계곡이 깊고 산세 역시 웅장하다. 단조로운 성판악 코스에 비하면 삼각봉, 용진각, 왕관릉, 병풍바위 등 볼거리가 풍부하다. 때문에 등산을 즐기는 이들은 이 코스로 정상에 오른 후 성판악 코스로 하산하는 경로를 선호한다. 가파른 루트를 역동적으로 오르고 완만한 하산길로 여유 있게 내려오는 것이다.

　근래에는 제로포인트 트레일(Zero Point Trail)이라는 새로운 루트가 엮어졌다. 구제주시 도심인 산지천(해발 0m)에서 출발하여 관음사 코스를 거쳐 백록담 정상에 오르고, 이어서 성판악 코스로 하산하는 경로이다. 하루 동안에 총거리 31km를 걸으며 해발 고도 차 1,950m를 넘는 만만치 않은 트레일이다.

경로 안내

관음사 야영장 (580m) → 3.2km → 탐라계곡 → 1.7km → 개미등 → 1.1km → 삼각봉 대피소 (1,500m) → 2.7km → 백록담 정상 (1,950m)

교통편

제주시청이나 제주시외버스터미널에서 281번 버스를 타고 서귀포 방면 1131번 도로(일명 5·16도로)를 따라 30여 분 이동한 후 산천단에서 내린다. 이어서 475번 버스로 갈아타면 1117번 도로를 따라 10여 분 이동 후 관음사 등산로 입구에 내린다.

어리목 코스

한라산 북쪽 코스이면서 성판악 코스와 함께 가장 대중적인 코스로 꼽힌다. 가장 큰 이유는 해발 고도 차이가 관음사 코스의 절반 수준으로 완만하기 때문이다. 제주공항에서 가장 가깝고 대중교통으로 가기에 가장 편하다는 접근 용이성 또한 이 코스가 대중적인 이유이다. 그러나 출발지인 어리목 휴게소에서 사제비동산까지 초기 1시간 동안은 고도차 430m를 가파르게 올라야 하기에 난코스로 악명이 높다. 초기 이 구간만 잘 넘기면 이후는 만세동산과 윗세오름 넘어 남벽분기점까지 아주 완만한 고산 평원이 이어진다. 때문에 백록담 남쪽의 깎아지른 화구벽 등 아름다운 한라산 정상 풍광을 여유롭게 즐기며 걸을 수 있다.

출발지인 어리목 휴게소에서 코스 반대편 북쪽으로는 왕복 1시간 거리인 어승생악도 아름다운 풍광으로 인기가 많다. 해발 1,169m의 중산간 오름이지만 '작은 한라산'이란 애칭으로 불리기도 하고, '가장 짧은 한라산 등산로'로 꼽히기도 한다. 짧은 시간에 가벼운 등산만으로 한라산을 맛보고 싶은 이들에게 적격이다.

* 사진 제공 : 제주관광공사

경로 안내

어리목 휴게소 (970m) →2.4km→ 사제비동산 (1,423m) →0.8km→ 만세동산 (1,606m) →1.5km→ 윗세오름 대피소 (1,700m) →2.1km→ 남벽분기점 (1,600m)

교통편

제주시와 서귀포시 중문동을 한라산 서쪽으로 연결하는 1139번 도로(일명 1100도로)를 이용한다. 제주시청이나 제주시외버스터미널에서 240번 버스를 타면 어리목 입구 정류장까지 30~40분이 걸린다. 배차 간격은 1시간 정도다. 등산로 입구인 어리목 휴게소까지는 정류장에서 1km 거리라서 도보로 15분 정도 걸린다.

영실 코스

한라산 서쪽 코스. 대개는 해발 1,000m인 영실 관리사무소에서 등산을 시작하지만, 등산로 입구인 영실 휴게소까지 2.4km 구간도 자동차 도로로 이어진다. 때문에 차량을 최대한 이용한다면 다섯 등산로 중 가장 높은 곳에서 등반을 시작할 수 있다. 해발 1,280m 영실 휴게소에서 출발하는 것이다. 윗세오름까지 고도 차 420m만 오르면 되기에 2시간 반 정도면 남벽분기점에 도달할 수 있다.

영주십경 중 하나인 영실기암은 물론 병풍바위와 선작지왓 등 사계절 내내 아름답고 역동적인 풍광을 빚어낸다. 백록담 정상에는 이르지 못하지만 한라산 등산로 중 가장 아름다운 코스로 꼽힌다. 목적지인 윗새오름 대피소에서는 같은 길로 하산하지 말고, 제주시 방향인 북쪽 어리목 코스 또는 서귀포시 방향인 남쪽 돈내코 코스를 이용하는 것도 좋다.

경로 안내

영실 휴게소 (1,280m) →1.5km→ 병풍바위 →2.2km→ 윗세오름 대피소 (1,700m) →2.1km→ 남벽분기점 (1,600m)

교통편

제주시외버스터미널에서 240번 버스를 타고 중문 방면 1139번 도로(일명 1100도로)를 따라 50분 이동 후 영실 매표소 정류장에서 내린다. 등산로 입구인 영실 휴게소까지는 정류장에서 도로를 따라 약 45분간 2.4km를 더 가야 한다.

돈내코 코스

한라산 남쪽 코스. 서귀포 방향에서 올라가는 유일한 코스이다. 돈내코는 '야생 맷돼지(豚, 돈)가 찾아와 물을 마시는 하천(川, 내) 입구(코)'라는 의미다. 원앙폭포로도 유명한 서귀포 명소 돈내코유원지에서 북쪽 2.5km 지점에 위치한 돈내코 안내소에서 등반을 시작한다. 썩은물통, 살채기도를 지나 평궤 대피소까지 완만하고 기다란 구간을 지나고 나면 백록담 화구벽의 웅장한 자태가 한눈에 들어온다.

남벽분기점 정상에 오른 후에는 윗세오름과 연결된 남벽순환로를 따라 한라산 반대편인 어리목이나 영실 코스로 하산하면 좋다. 15년 동안 자연 휴식년제로 출입이 통제되다가 2009년 12월에 다시 열렸다. 한라산 남쪽은 북쪽과 달리 용천수가 잘 안 나오기 때문에 식수를 충분히 준비해 가야 한다.

경로 안내

돈내코 탐방 안내소 (500m) →5.3km 평궤 대피소 (1,450m) →1.7km 남벽분기점 (1,600m)

교통편

제주시외버스터미널에서 간선 281번이나 급행 182번 버스를 타면 서귀포 방면 1131번 도로(일명 5·16도로)를 따라 급행 182번은 30분, 간선 281번은 50분 후 서귀포산업과학고등학교 앞에서 내린다. 이어 시내버스 611번이나 612번으로 환승하여 충혼묘지광장 정류소에 내리면 등산로 입구인 돈내코 탐방 안내소까지 1km 거리이다. 도보로 15분 정도 걸린다.

도움 주신 분들

① 사진 제공

강성일 – 여행작가 겸 안양 와인 카페 크리스펍 대표(❻코스 서귀포매일올레시장,
　　　　❽코스 중문해변, 주상절리)

강영환 – 제주관광공사 팀장(❺코스 위미항 2장, ⓫코스 4·3평화공원 전경 2장,
　　　　⓯-B코스 한담해안 산책로, ⓴코스 월정리해변, 부록 어리목 등반로)

고봉수 – 제주일보 기자(⓬코스 영실기암, ⓰코스 오라동 메밀밭)

고순환 – 작가(⓴코스 제주밭담 입선작「우도에서」)

고승찬 – 작가(⓴코스 제주밭담 입선작「삼색밭담」)

고희근 – 미국 샌디에이고 주재 과학자(❿코스 환태평양 평화소공원)

곽민 – 김만덕기념관 운영팀장(⓲코스 김만덕기념관 실내외 전경 4장)

김순일 – 추자도등대 주무관(⓲-1코스 추자올레 전경)

김영갑갤러리두모악 미술관 – ❸-A코스 미술관 전경과 소장 작품 10장)

남국성 – 프리랜서(⓫코스 황사평묘역, ⓮-1코스 저지곶자왈, 오설록 녹차밭)

문동주 – 전 대기고등학교 수석 교사(부록 한라산 전경 17장)

오경수 – 전 제주개발공사 사장(❺코스 큰엉, ❼-1코스 엉또폭포, 고근산 4장)

전은자 – 이중섭미술관 학예연구사(❻코스 섶섬 전경)

정용연 – 『목호의 난 : 1374 제주』저자(❹코스 만화책 삽화 2컷, ❼코스 만화책 삽화 2컷,
　　　　범선 전경 3장)

좌동철 – 제주일보 기자(⓫코스 문형순 서장 흉상, ⓱코스 제주북초등학교, ⓳코스 연북정)

한원택 – 세계자연유산 해설사(❶코스 일본군 갱도진지, 성산국민학교)

② 원고 감수 및 내용 자문

강광일 – 전 서울제주도민회 상근부회장

강승진 – 제주 농어업유산위원장

고성봉 – 전 서귀포시 한남리 이장

고성준 – 전 제주대학교 교수

김상훈 – 김만덕기념관 관장

김성돈 – 제주시 한림읍 신일농장 대표

김수용 – 제주시 대동기계 대표

김영갑갤러리두모악 미술관

김익균 – 전 한국생산성본부 본부장
김창학 – 제주국제협의회 사무총장
김철신 – 제주 추사관 문화해설사
남국성 – 프리랜서
문동주 – 전 대기고등학교 수석교사
양영철 – 연세대학교 원주캠퍼스 의과대학 교수
안은주 – (사)제주올레 상임이사
오경수 – 전 제주개발공사 사장
이규배 – 제주4·3연구소 이사장
이유근 – 제주아라요양병원 원장
전은자 – 이중섭미술관 학예연구사
정용연 – 『목호의 난 : 1374 제주』 저자
한원택 – 성산일출봉 세계자연유산 해설사
현군택 – 성산일출봉 인근 다이닝 & 펍 '바이브230' 대표
현길호 – 노무법인 산하 대표 공인노무사
현용행 – 전 성산일출봉농협 조합장
현창행 – 제주관광공사 본부장
홍기표 – 역사학자

인용 도서

- 『그 섬에 내가 있었네』, 김영갑 지음, 휴먼앤북스, 2013
- 『목호의 난 : 1374 제주』, 정용연 지음, 딸기책방, 2019
- 『지상에 숟가락 하나』, 현기영 지음, 창비, 2018
- 『이중섭 편지와 그림들 1916~1956』, 이중섭 글·그림, 박재삼 옮김, 다빈치, 2011
- 『난주』, 김소윤 지음, 은행나무, 2018
- 『제주기행』, 주강현 지음, 웅진지식하우스, 2011
- 『변방에 우짖는 새』, 현기영 지음, 창비, 2013
- 『제주 역사 기행』, 이영권 지음, 한겨레신문사, 2004
- 『순이 삼촌』, 현기영 지음, 창비, 2015

1 코스

- 종달리 옛 소금밭
- 종달1리 교차로
- 종달리 사무소
- 종달리 바당길 입구
- 종달리 삼거리
- 목화 휴게소
- 알오름 정상
- 시흥초교
- 시흥해녀의 집
- 말미오름
- 시흥리 정류장
- 제주올레 안내소
- 말미오름 입구
- 오소포연대
- 시흥리 마을회관
- (1132)
- 오조항
- 성산포항 종합여객터미널
- 오조해녀의 집
- 성산갑문 입구
- 성산국민체육센터
- 식산봉
- 성산일출봉
- 오조포구
- 우뭇개 해안
- 동부소방서
- 수마포
- 터진목 4·3유적지
- 일본군 진지동굴
- 광치기해변

1-1 코스

- 파평윤씨공원
- 주흥포구
- 방사탑
- 산물통 입구
- 오봉리사무소
- 하고수동해수욕장 범선집밥 앞
- 초원게스트하우스
- 조일리사무소
- 하우목동항
- 조일리 오거리
- 독생이코지
- 우도면사무소
- 우도초교
- 연자마
- 하나로마트
- 홍조단괴해빈
- 우도 119
- 망동산
- 우성수산식품
- 우도봉 입구
- 노닐다 게스트하우스
- 농로 사거리
- 공설묘지
- 검멀레해수욕장
- 천진항
- 우도등대

2 코스
식산봉
족지물
오조리마을회관
우뭇개해안
수마포
내수면
둑방길
돌담쉼팡
성산일출봉
터진목
일본군
진지동굴
성산하수
종말처리장
광치기해변
수산초교
제주동마트
폭낭쉼터
성산읍사무소
대수산봉 정상
소수산봉
1132
신양섭지
해수욕장
신양포구
붉은오름
(구) 말 방목장
섭지코지
휴리조트
혼인지
온평환해장성
연혼포
온평초교
온평환해장성
온평포구

3 코스
온평초교
1136
온평포구
A-B코스
갈림길
고정화 할망 숙소
용머리동산
보석암
통오름 정상
3-A
연디모루숲길
통오름 출구
1132
신산환해장성
독자봉
1136
독자봉 출구
3-B
신산초교
신산포구
달성사
신산리마을카페
김영갑갤러리
걸리오름
주어동포구
천미천
신풍사거리
A-B코스 이음길
신풍신천
바다목장
풍천초교
1132
신풍신천
바다목장 출구
제석오름
달산봉
신천리
복지회관
배고픈다리
3-A
표선고교
하천리쉼터
표선면
사무소
표선해수욕장

4 코스

- 당케포구
- 표선고고
- 표선해수욕장
- 표선 해녀 탈의장
- 갯늪
- 해양수산연구원
- 표선 해녀의 집
- 세화항
- 해병대길
- 매오름 도청오름
- 산열이통
- 가시천
- 세화리 마을회관
- 알토산고팡
- 토산초교
- 토산봉
- 가세오름
- 어위폭포
- 송천
- 제주 동백마을
- 신흥리포구
- 덕돌포구
- 태흥교회
- 태흥초교
- 남원하수처리장
- 태흥2리 체육공원
- 태흥1리 마을회관
- 벌포 연대
- 남원읍 사무소
- 남원포구
- 서중천
- 위귀천
- 한남리사무소 고려 정씨 열녀비
- (1118)
- (1132)
- (1136)

5 코스

- 남원읍사무소
- 남원포구
- 남원1리 마을회관
- 남원초교
- 큰엉 입구
- 큰엉 출구
- 제남도서관
- 신그물
- 제주동백수목원
- 국립수산 과학원
- 위미 동백나무 군락지
- 보리하우스
- 위미항
- 위미중교
- 위미1리 복지회관
- 야구장
- 넙빌레
- 카페 서연의 집
- 신례2리 복지회관
- 신례천
- 하례초교
- 망장포
- 예촌망
- 쇠소깍다리
- 하효쇠소깍
- (1132)
- (1136)

6 코스

- 쇠소깍다리
- 예촌망
- 하효쇠소깍
- 쇠소깍안내센터
- 소금막위 나무정자
- 쇠소깍오토파크
- 게우지코지
- 제지기오름 정상
- 제지기오름 입구
- 제지기오름 출구
- 보목천 하류
- 보목포구
- 보목천
- 보목 하수처리장
- 서귀포 칼호텔
- 국궁장
- 소천지
- 구두미포구
- 검은여쉼터
- 소라의 성
- 정방폭포 안내소
- 이중섭거리
- 서귀포 매일올레시장 입구
- 서귀진성
- 제주올레 여행자센터
- 연외천
- 천지연폭포
- 새연교
- 새섬공원
- 서귀포항
- 서귀포시청 제1청사
- 서귀포 의료원
- 1132
- 동홍천

7 코스

- 제주올레 여행자센터
- 칠십리시공원
- 삼매봉 오르는길
- 삼매봉 팔각정
- 솔빛바다
- 폭풍의 언덕
- 외돌개 전망대
- 돔베낭길 주차장
- 속골
- 수봉로
- 법환포구 (막숙)
- 배염줄이
- 두머니물
- 강정천
- 동심어린이집
- 올레요 7쉼터
- 월평포구
- 굿당 산책로
- 송이슈퍼
- 월평 아왜낭목쉼터
- 보롬이
- 석부작박물관
- 삼다체육공원 숨골공원
- 서귀포시청 제2청사
- 시외버스터미널
- 월드컵경기장
- 법환초교
- 도순천
- 악근천
- 연외천
- 새섬공원
- 범섬
- 1132

7-1 코스

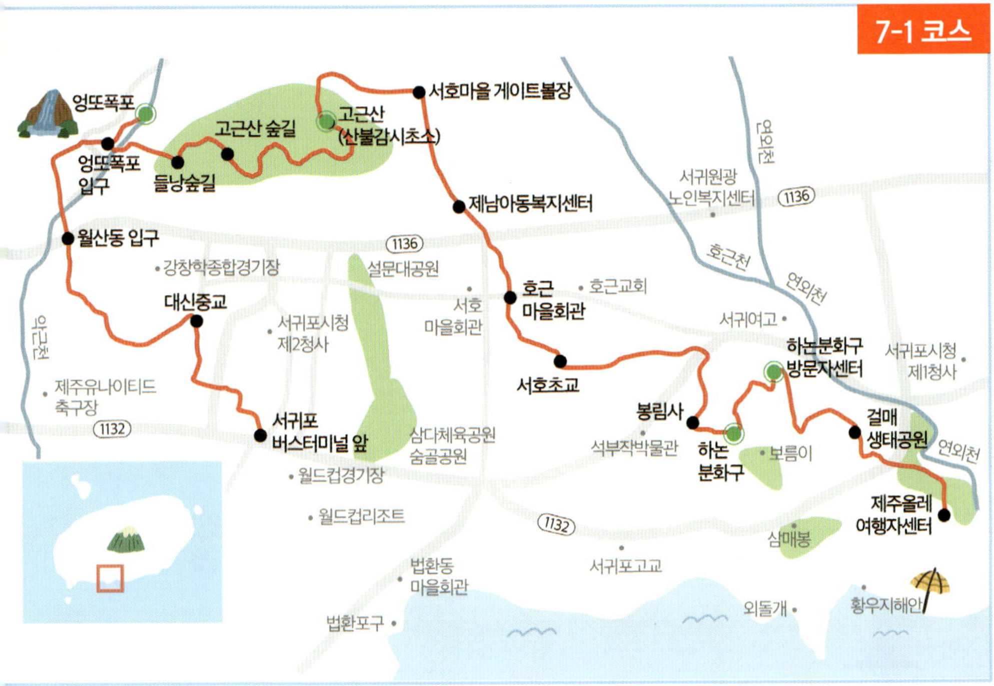

- 엉또폭포
- 엉또폭포 입구
- 들낭숲길
- 고근산 숲길
- 고근산 (산불감시초소)
- 서호마을 게이트볼장
- 월산동 입구
- 대신중교
- 강창학종합경기장
- 제주유나이티드 축구장
- 서귀포시청 제2청사
- 설문대공원
- 제남아동복지센터
- 서호 마을회관
- 호근 마을회관
- 호근교회
- 호근천
- 서귀원광 노인복지센터
- 서귀포시청 제1청사
- 서귀여고
- 서귀포 버스터미널 앞
- 삼다체육공원
- 숨골공원
- 서호초교
- 봉림사
- 석부작박물관
- 하논 분화구
- 하논분화구 방문자센터
- 걸매 생태공원
- 연외천
- 월드컵경기장
- 월드컵리조트
- 법환동 마을회관
- 법환포구
- 서귀포고교
- 보름이
- 삼매봉
- 제주올레 여행자센터
- 외돌개
- 황우지해안

(1136) (1132)

8 코스

- 군산
- 대평포구
- 난드르 삼거리마트
- 대평해녀 탈의실
- 하예 포구
- 등대 입구
- 논짓물
- 예래동 주민센터
- 예래초교
- 하예 마을회관
- 예래생태공원
- 예래동 입구
- 예래천
- 개다리폭포
- 들렁궤
- 중문GC
- 중문관광단지 안내소
- 색달동 마을회관
- 롯데호텔
- 신라호텔
- 중문색달 해수욕장
- 주상절리 관광안내소
- 베릿내오름 전망대
- 베릿내오름 입구
- 중문초교
- 중문동 주민센터
- 중문고교
- 야자수길
- 대포포구
- 대포연대
- 약천사
- 회수동 마을회관
- 회수천
- 굿산망
- 하원동 마을회관
- 하원초교
- 월평 아왜낭목 쉼터
- 송이 슈퍼
- 동흥천

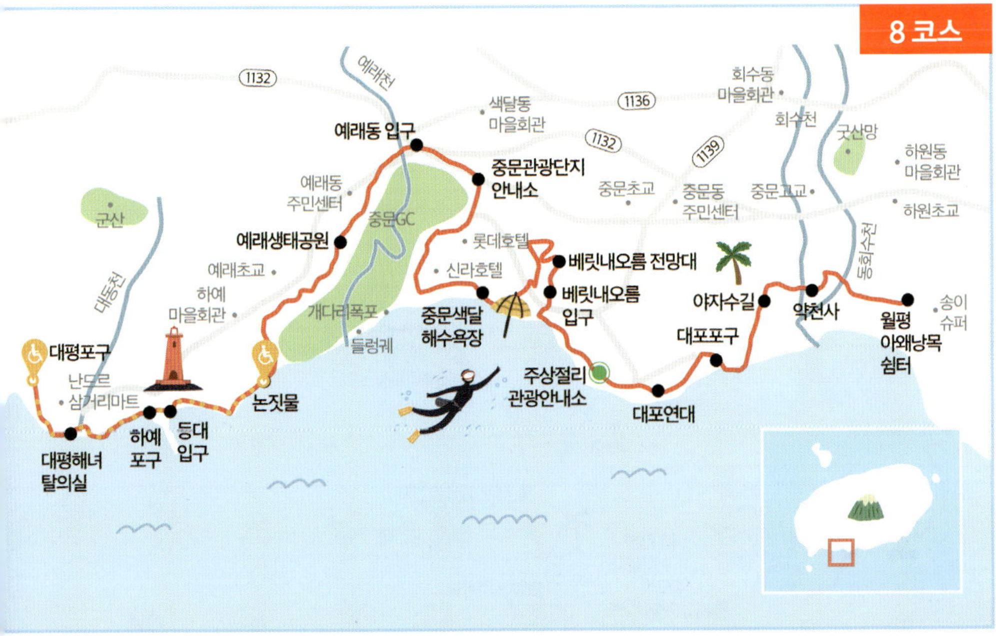

(1132) (1136) (1139)

9 코스
올랭이소 정상
진모루동산
창고천다리
월라봉 전망대쉼터
진지동굴
월라봉
화순금모래
해수욕장
안덕중교
안덕농협
화순리사무소
창고천
산방산
유람선
화순해경
파출소
화순항
박수기정
잔디밭
박수기정
몰질 입구
대평포구
난드르
삼거리마트

10 코스
추사유배지
대정삼의사비
덕수초교
제주조각공원
1132
안덕초교
대정농협
썩은다리전망대
화순금모래
해수욕장
단산(바굼지오름)
산방산
대정향교
모슬봉
1132
금산
산방연대
산방산
유람선
화순해경
파출소
대정고교
사계초교
대정여고
화순항
용머리
사계포구
대정초교
사계해양파출소
모슬포중앙시장
사계공동묘지
백조일손지묘
하모체육공원
사계 화석 발견지
모슬포항
알뜨르
비행장
지하벙커
하모
해수욕장
섯알오름
4·3 희생자
추모비
고사포
진지
운진항
송악산 주차장
알뜨르
비행장
송악산 진지동굴
해송길
환태평양
평화 소공원
송악산
송악산 전망대

10-1 코스
상동포구
상동할망당
개엄주리코지
큰왕돌
장태코정자
가파도
큰옹진물
가파
공동묘지
가파도 전화국
가파초교
가파마을 제단
가파
보건진료소
부근덕
가파치안센터
가파리
사무소
가파도 성결
교회
가파포구
냇골챙이 앞
올레청보리팬션

11 코스
고래머들
정개왓광장
곶자왈도립공원
인향동
마을회관
무릉외갓집
신평곶자왈
1136
신평사거리
대정문화
체육센터
1120
1135
추사유배지
제주조각공원
대정삼의사비
1132
정난주 마리아 성지
1132
성당묘지
가시오름
1132
모슬봉 출구
모슬봉 정상
산방산
대정여고
황우치
사계초교
대정청소년수련관
용머리
동일리포구
문형순
공덕비
산이물공원
하모체육공원

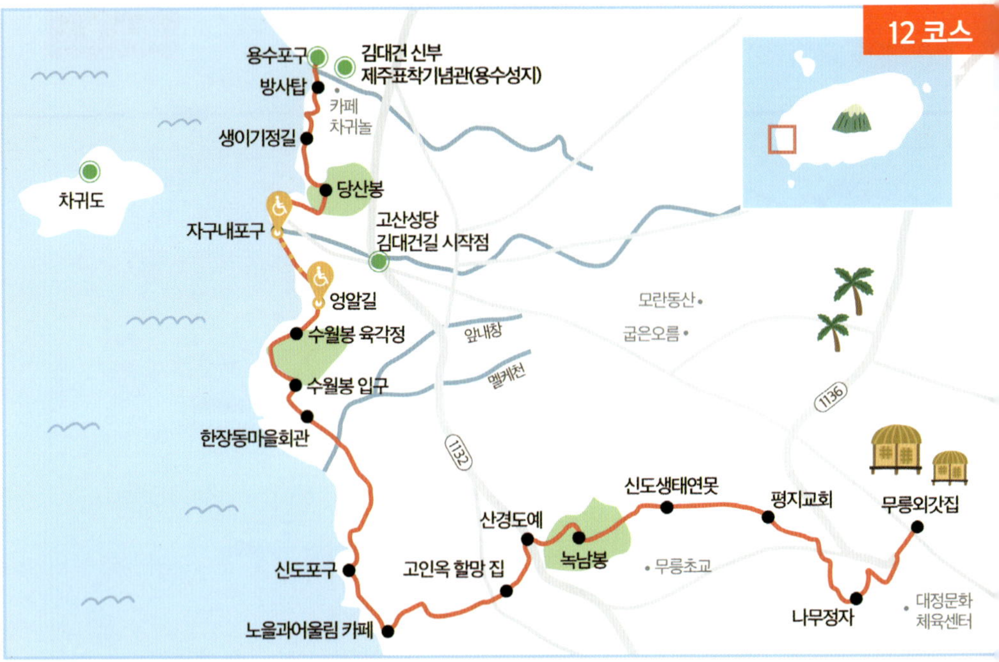
12 코스
용수포구
김대건 신부
제주표착기념관(용수성지)
방사탑
카페
차귀놀
생이기정길
당산봉
차귀도
자구내포구
고산성당
김대건길 시작점
엉알길
모란동산
굽은오름
수월봉 육각정
앞내창
멜케천
수월봉 입구
1136
한장동마을회관
1132
신도생태연못
평지교회
무릉외갓집
산경도예
녹남봉
무릉초교
신도포구
고인옥 할망 집
대정문화
체육센터
나무정자
노을과어울림 카페

13 코스
제주금능
농공단지
더마파크
한경면
사무소
1132
신창항
저지오름
입구
방림원
뒷동산아리랑길
저지예술
정보화마을
1115
풍낭
낙천
의자공원
고사리숲길
김대건 신부
제주표착기념관
(용수성지)
도용나무동산
낙천잣길
저지리
마을회관
저지오름
출구
용수포구
절부암
특전사숲길
생각하는
정원
용수교차로
용수저수지

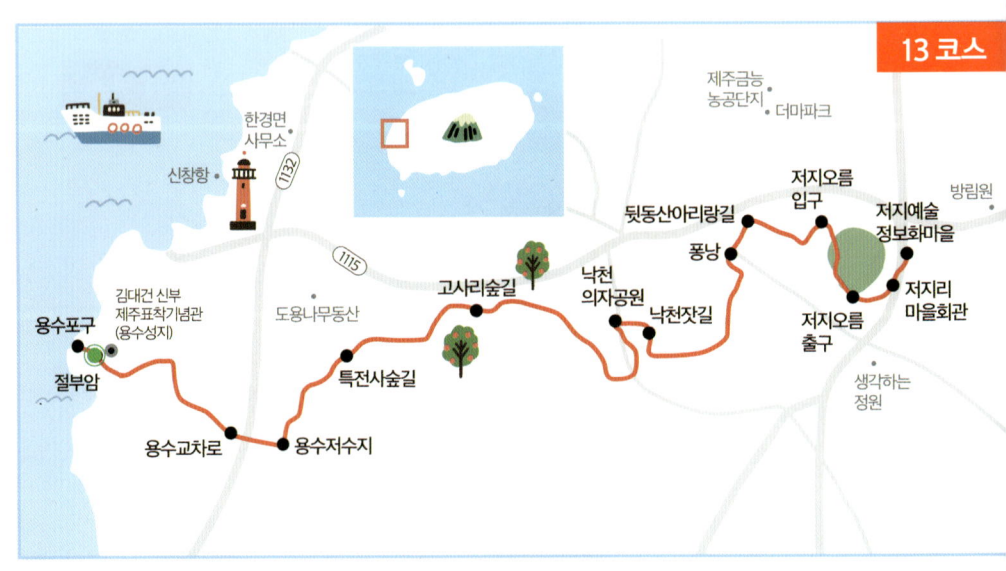

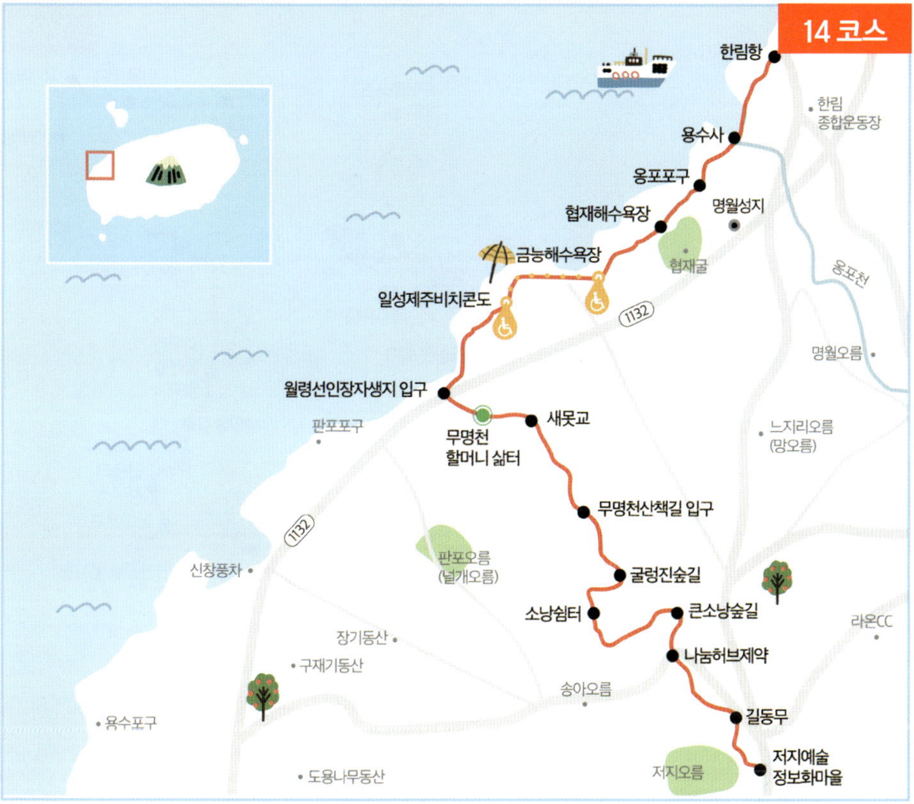

15 코스

- 하이클래스 제주
- 먼물습지
- 고내포구
- 애월초교 뒷길
- 배염골
- 한담해안 산책로
- 고내봉 입구
- 15-B
- 곽지 해수욕장
- 도새기숲길
- 금성천 정자
- 과오름
- 과오름 둘레길 입구
- 귀덕1리 어촌계 복지회관
- 한수풀해녀학교
- 귀덕초교
- 백일홍길
- 켄싱턴리조트 한림점
- 납읍리 사무소
- 카페 푸르곤
- 상가리 마을회관
- 15-A
- A-B 갈림길 수원농로
- 성로동 농산물 집하장
- 버들못농로
- 납읍숲길
- 납읍초교
- 대수 포구
- 영새생물
- 선운정사
- 혜린교회
- 금산공원 곶자왈
- 한림항
- 수원리사무소
- 한림천
- 민선천
- 금성천
- 어음천
- 축산물 공판장

16 코스

- 가문동 포구
- 하귀 포구
- 구엄어촌 체험마을
- 제주극동방송
- 구엄마을
- 남두연대
- 중엄새물
- 하귀농협 장례식장
- 광령1리 사무소
- 신엄포구
- 단애산책로 입구
- 신엄중교
- 수산봉 정상
- 서부 경찰서
- 광령초교
- 다락쉼터
- 구엄초교
- 수산저수지
- 수산교
- 청화마을
- 항림사
- 고내포구
- 희망의 다리
- 예원동 복지회관
- 항파두리 코스모스정자
- 애월읍사무소
- 용흥리 새마을회관
- 장수물
- 항파두리 항몽유적지
- 숭조당길
- 별장길 입구
- 고내봉
- 더럭초교
- 눈오름
- 장전초교
- 제주관광대
- (1136)
- (1135)

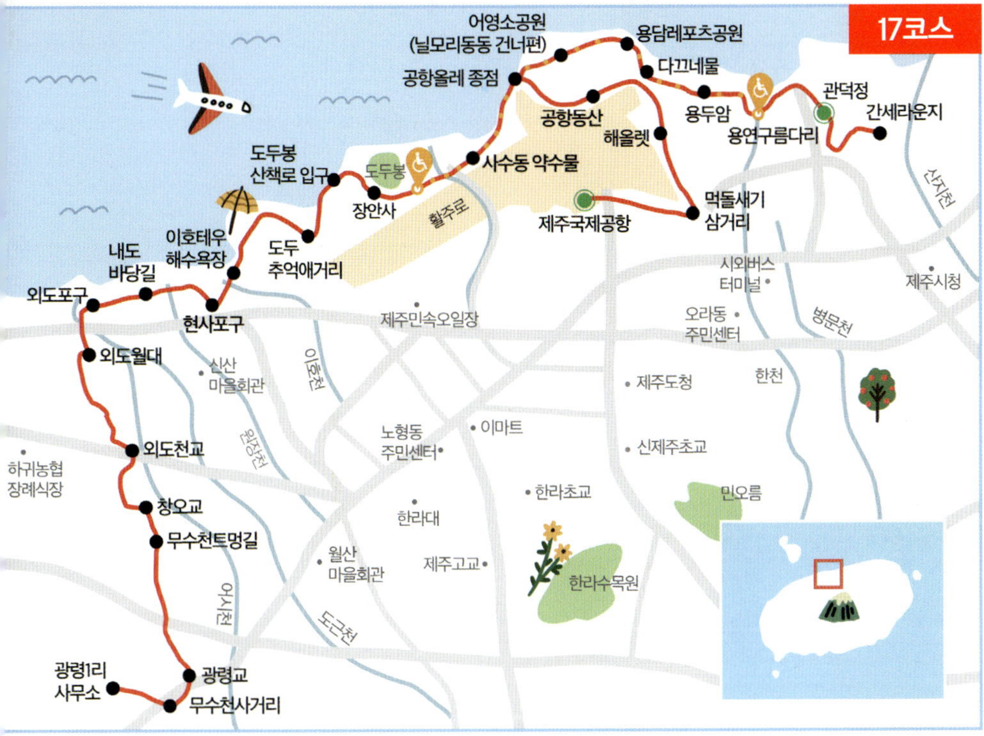

17코스
어영소공원
(닐모리동동 건너편)
용담레포츠공원
공항올레 종점
다끄네물
관덕정
간세라운지
용두암
공항동산
용연구름다리
해올렛
도두봉
산책로 입구
도두봉
사수동 약수물
장안사
활주로
제주국제공항
먹돌새기
삼거리
이호테우
해수욕장
내도
바닷길
도두
추억애거리
시외버스
터미널
제주시청
외도포구
현사포구
제주민속오일장
오라동
주민센터
병문천
외도월대
신산
마을회관
이호천
제주도청
한천
노형동
주민센터
이마트
외도천교
하귀농협
장례식장
월정천
신제주초교
한라초교
민오름
창오교
한라대
무수천트멍길
월산
마을회관
제주고교
한라수목원
어시천
도근천
광령1리
사무소
광령교
무수천사거리

18 코스
조천
만세동산
연북정
닭모루
조천
비석거리
시비코지
대섬
삼양
환해
장성
원당봉
입구
삼화포구
남생이못
제주외항
화북포구
조천중교
평화통일
불사리탑
1132
해신사
삼양해수욕장
정자
제주항연안
여객터미널
화북
비석거리
삼양해수욕장
원당봉
곤을동 터
사라봉
별도봉
문서천
김만덕
객주
화북공업단지
동회천
화북천
1132
삼수천
간세라운지
관덕정분식
산지천
방천
화북천
동회천복지회관
이덕구 가족묘
(회천동 673번지)

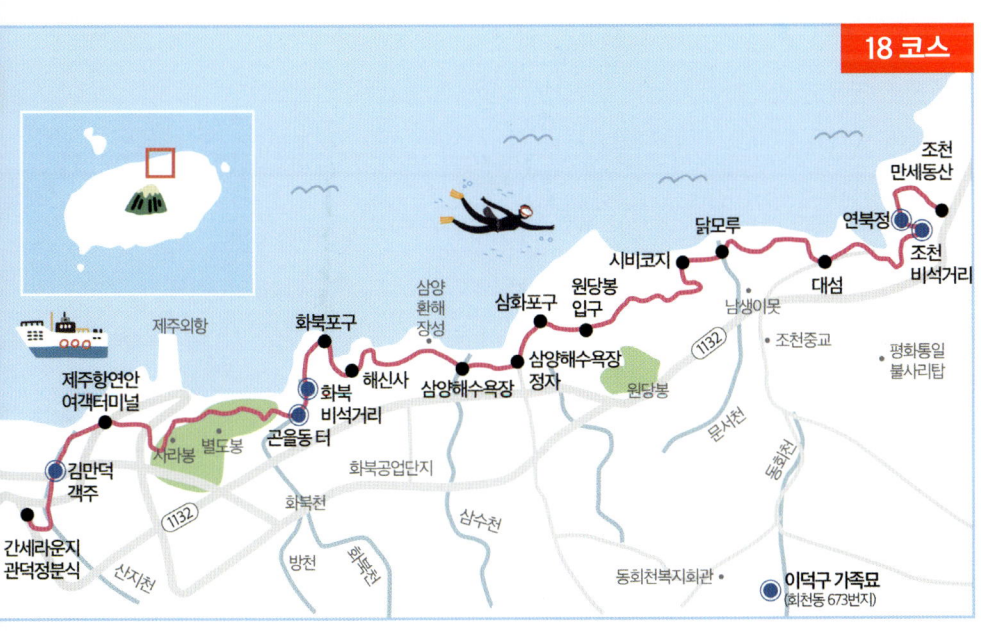

18-1 코스

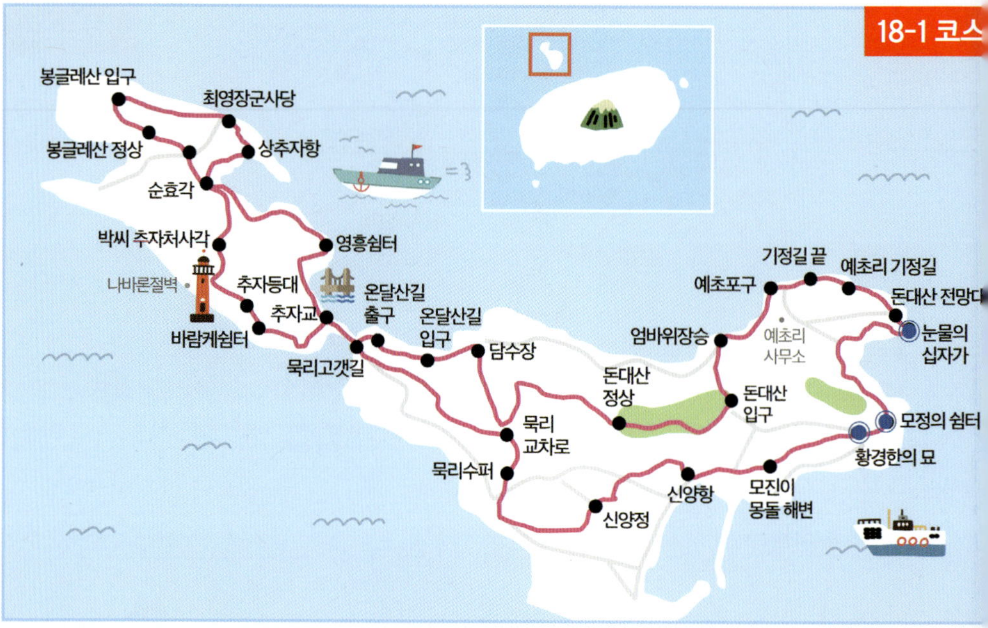
봉글레산 입구
최영장군사당
봉글레산 정상
상추자항
순효각
박씨 추자처사각
나바론절벽
영흥쉼터
추자등대
온달산길
출구
추자교
온달산길
입구
바람케쉼터
담수장
묵리고갯길
기정길 끝
예초리 기정길
예초포구
돈대산 전망대
엄바위장승
예초리
사무소
눈물의
십자가
돈대산
정상
돈대산
입구
모정의 쉼터
묵리
교차로
황경한의 묘
묵리수퍼
신양항
모진이
몽돌 해변
신양정

19 코스

김녕서포구
김녕항
김녕초교
동복분교장
1132
백련사
남흘동
서우봉 일제
진지동굴
북촌포구
등명대
관곡
신흥리백사장
해동포구
동복새생명교회
소망
요양원
묘산봉
신흥리사무소
조천항
북촌초교
서우봉
입구
제주
항일
기념관
제주대
해양과
환경연구소
함덕
해수욕장
너븐숭이 4·3
기념관
솔숲
동복리마을운동장
조천
만세동산
1132
벌러진동산
김녕농로
크라운
CC
묘산봉 관광단지
세인트포CC

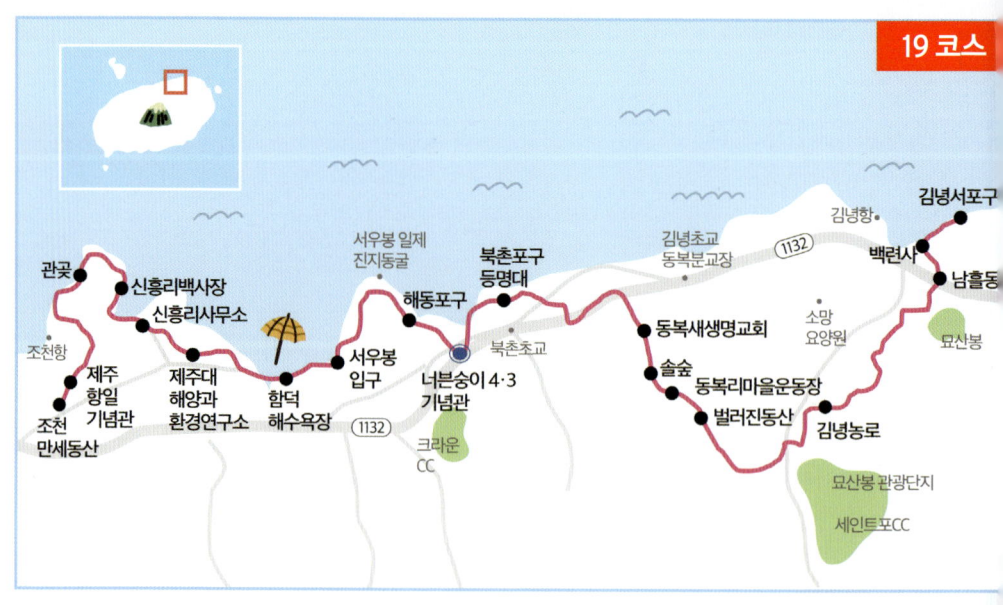

20 코스

- 김녕서포구
- 고래고래 게스트하우스
- 김녕해수욕장
- 환해장성
- 성세기 태역길
- 풍력실증연구단지
- 제주밭담 테마공원
- 월정마을 안길
- 월정해수욕장
- 당처물동굴 뒷길
- 행원포구 광해군 기착비
- 구좌농공단지
- 좌가연대
- 한동해안도로
- 계룡동마을회관
- 평대포구
- 평대해수욕장
- 평대초교
- 뱅듸길
- 세화오일장
- 세화해수욕장
- 구좌읍사무소
- 제주해녀박물관

기타 지명: 입산봉, 묘산봉, 용천동굴, 김녕사굴, 김녕미로공원, 만장굴, 1132

21 코스

- 세화포구
- 제주해녀박물관
- 낮물밭길
- 면수동마을회관
- 별방진
- 석다원
- 토끼섬
- 새싹꿈터
- 하도해수욕장
- 지미봉 밭길
- 지미봉 입구
- 우회로
- 지미봉 정상
- 지미봉 출구
- 종달항
- 종달해변쉼터
- 종달바당

기타 지명: 세화고교, 하도보건소, 하도초교, 하도제일교회, 용항포, 아리오갤러리, 구좌읍 폐기물 매립지, 종달리 수곡길, 종달초교, 우도, 1132